安徽省教师教育协同创新中心系列丛书
编　委　会

主　编:王　伦　朱家存

副主编:阮成武　周兴国　桑青松　葛明贵

编委会其他成员:李宜江　聂竹明

近现代皖籍教育家研究

教育家办学的历史观照

孙德玉 ◎ 著

安徽省教师教育协同创新中心
『近现代皖籍教育家研究』研究成果

教师

安徽师范大学出版社

·芜湖·

图书在版编目(CIP)数据

近现代皖籍教育家研究：教育家办学的历史观照 /
孙德玉著. — 芜湖：安徽师范大学出版社, 2016.12（2025.1 重印）
ISBN 978-7-5676-2361-3

Ⅰ.①近… Ⅱ.①孙… Ⅲ.①教育思想－研究－安徽
省－近现代 Ⅳ.①G40-092.5

中国版本图书馆 CIP 数据核字(2015)第 296230 号

近现代皖籍教育家研究——教育家办学的历史观照

孙德玉　著

策划编辑:王一澜
责任编辑:王一澜
装帧设计:丁奕奕　陈　爽
出版发行:安徽师范大学出版社
　　　芜湖市九华南路189号安徽师范大学花津校区

网　　　址:http://www.ahnupress.com/
发 行 部:0553-3883578　5910327　5910310(传真)
印　　刷:阳谷毕升印务有限公司
版　　次:2016年12月第1版
印　　次:2025年1月第2次印刷
规　　格:700 mm ×1000 mm　1/16
印　　张:18.25
字　　数:299千
书　　号:ISBN 978-7-5676-2361-3
定　　价:75.00元

如发现印装质量问题,影响阅读,请与发行部联系调换。

教育家办学的时代特征

《国家中长期教育改革和发展规划纲要（2010—2020年）》提出："创造有利条件，鼓励教师和校长在实践中大胆探索，创新教育思想、教育模式和教育方法，形成教学特色和办学风格，造就一批教育家……"作为时下中国教育发展的重大命题之一，"教育家办学"既为国家高层所重视，又备受社会各界的广泛关注，且具有突出的时代性、引领性和使命性。如果能够总结出教育家办学的共同特征，将激励广大教育工作者自觉投身教育改革与发展的实践。安徽近现代历史上出现了许多可圈可点的教育家，他们的办学思想与实践让人们敬佩不已，值得总结。

近年来，孙德玉教授所带领的团队一直倾心于近现代皖籍教育家研究。他们通过对近现代皖籍教育家的人生脉络和主要思想的系列研究，形成一系列具有区域特色的教育人物品牌研究，为加快推进我省教育现代化提供思想滋养，为安徽打造一批当代"本土教育家"提供行动启示，为身处教育变革时代的教育学人和实践者坚定创新信念提供精神激励。同时，通过对近现代皖籍教育家办学实践的全面而系统的分析，我们可以总结出教育家办学的一些共同的时代特征。

一、执著追求，无私奉献

教育家都是乐于奉献，以奉献才智、培育人才、振兴国家为己任。这种精神特质乃是一名教育家的思想基础和前提条件。教育家以教育为职志，将个人的生命价值寄托于教育。而一般教育工作者则计较名利，只注重个人的发展，缺乏对教育事业的奉献精神，他们不具备教育家的情怀，更不可能成为教育家。无私的奉献精神乃是教育家的灵魂。这种奉献精神就是对教育事业的忠诚，就是一种为了崇高的理想而心甘情愿、倾其所有、毫无怨言地勤奋耕耘的精神。如李光炯与安徽无为卢仲农合办安徽旅湘公学，后来因湖南封建势力反扑，在陈独秀等人的推动下，安徽旅湘公学迁至芜湖。后因民生艰窘，李光炯痛感安徽的落后，又转向从事职业教育。1912年，他决定将安徽公学改办为安徽实业学堂，设立农、蚕、商等实用学科，以培养经营农业和商业人才。为了办好职校，李光炯擘划经营，极费苦心，一度为募集经费，积劳成疾几至不起。大革命失败后，他不满时局动荡，再度回归故里，推行"教育不忘救国，教育面向社会"的主张。他呕心沥血创办宏实小学，附设图书馆、成人识字班、妇女班、农场、工厂等，推广乡村教育和职业教育。

二、理念独特，智慧卓越

能否形成融汇时代要求的办学理念，以独特方式为支撑的教育思想，是教育家区别一般教育者的重要标志之一。历数中外成功的教育家，无不拥有独特的办学理念，如吴汝纶所创办的桐城学堂是一所近代新式学校，也是他在近代实施教育的唯一一次实践尝试。吴汝纶在筹办桐城学堂的过程中，亲自起草了一系列办学文稿，这些文稿凝结了他的诸多思考——如何在中华危亡之际，教育兴国、救亡图存，真实地传递出他的心声——"读西书，识西国深处"于中土。桐城学堂的创办过程，比较全面地体现了一代教育家吴汝纶的办学理念与教育追求。这种实践启发我们：独特的办学理念是教育家的重要精神特质。作为教育家，应该在长期的教育教学实践基础上，形成具有普遍指导意义和明确价值目标的办学精神，这种办学精神有助于形成对于教育教学工作的独到见解和理性思考。独特的办学理念标示着学校是"这一所"，而不是"那一所"。同时，我们应有卓越的教育智慧，鼓足教育干劲，化解各种阻力，把握机遇，不仅要能办学，而且要会办学。

三、理性批判，强烈爱国

古今中外，几乎所有教育家都有这样一种特质：他们不受经典和书籍的束缚，不被诸多名人和大家所牵制，不盲从于官僚和权威的论调，而是自由地运用各种知识、学说，辨别其真伪，不断提出创造性的新观点与新理论。教育家既要懂理论又要会实践，他们结合自己的教育经验与实践不断地总结、概括、提炼，并使之进一步提升到一定的理论高度。因此，教育家必须有丰富的教育理论知识，能熟练用教育理论指导自己的实践，按教育规律办事。理性批判精神是教育家在心智模式上的核心特征，也是教育家在行动方式和价值追寻上的精神来源。这一精神特质在近现代皖籍教育家身上体现得淋漓尽致，他们的情怀博大、视野开阔、精神独立，他们的每一次行动选择都是成熟的自我意识、反思意识、批判意识的硕果。同时，他们的爱国情感也非常强烈，他们放眼寰宇、胸怀祖国、忧国忧民，又十分善良地希望通过教育来改变当时国家贫穷、落后的面貌。如房秋五虽为党外人士，但暗中支持中国共产党，赞同中国共产党爱国爱民的主张。在办学中，他曾多次掩护并支持共产党员从事革命活动；吸纳烈士子女入学；安排烈士遗孀工作；帮助共产党员教师，如吴克正、黄士元（黄镇）、郑曰仁、张良培等；悼念牺牲的共产党人，如吴克正、王靖疆、陈雪吾等。1968年夏，周总理与浮山中学校友朱铁骨少将谈及安徽的革命往事，盛赞浮山中学："它是当时那个地区的革命活动的中心。"

近现代皖籍教育家们都是在民族危机日益深重的情况下，把教育作为救国图强的首要手段，把办学作为改变民生的重要途径，这不仅是其爱国思想的具体表现，而且也反映出他们对教育的社会作用的深刻认识，其进步性应予肯定。

四、勇敢实践，大胆创新

锐意改革，勇于创新，这是教育家的共同特点，也是教育家的核心精神特质之一。这种实践的创新精神主要表现在遵循教育规律和办学规律基础上，在实践中创新办学路径、方法和手段，把有个性、特色的教育理念转化为独特的办学实践主张。如吴汝纶、房秩五面对帝国主义的侵略，为了救国图强，他们破旧立新，勇于实践，大胆提出一些改革封建教育的革新主张，顺应了历史发展的客观要求，坚决要求废科举、兴学堂；积极提倡西学，强调"兼包新旧"；亲赴日本考察教育，虚心吸取外国先进的办学经验，并亲自创办了桐城学堂和浮山小学，重视国民基础教育，等等。所有这些教育思想和实践在当时都属于"新的东西"，这不仅在一定程度上促进了社会风气的开化，而且对我国教育的近代化起到了积极的推动作用。需要特别指出的是，这种实践的创新精神并不是盲目的、随意的，它应该具有明确的目标、现实的基础、理论的支撑、科学的依据，这就需要教育家准确把握学校内部与外部的客观现实，不断增强问题意识，把教育的整体与局部、一般与特殊结合起来进行哲学思考，从而发现教育中带有规律性的深层次问题，并找到检验问题的实践路径。

总之，"教育家办学"既是时代的召唤，又是历史的积淀。"教育家办学"这一命题的提出，预示着中国教育将走向一个新时代。尽管目前人们对"教育家办学"的内涵理解尚有分歧，但普遍认为，教育家应当是一种复合型人才，他们集教育理论、教育教学经验、实践体悟以及卓越人格于一身，是教育事业真正的实干家。我们想要认识教育家，应该秉持一颗平常心，对教育家既不要盲目崇拜、敬而远之，也不能随意虚夸、慢而待之。基于此，"教育家办学"体现了教育发展方式从外延发展向内涵提升的转变。"教育家办学"的意义，在于让真正懂得教育规律的人来办学，让教育回归教育本质。教育家办学，就是要求办学者能够用专家的眼光去审视教育实际，用先进的理念去引领教育发展，用科学的方法去研究教育问题，用务实的行动去推展教育工作。教育家应站在社会所需、人民满意和学生发展的高度去规划教育愿景，践行教育理想，实现教育目的，完成教育使命。

把学校交给教育家来办，是教育发展的福音与正道，也是教育发展的必然诉求。我国的教师教育应勇于承担时代的使命，把培养未来教育家作为义不容辞的理想与担当，努力打造教育家的摇篮。教师教育的目标绝不是造就授业解惑的"教书匠"，而是要造就堪为人师不断创新的教育家。

我相信，《近现代皖籍教育家研究——教育家办学的历史观照》一书的出版，一定会为当代的教育家办学提供历史的镜鉴，也一定会为未来教育家的诞生起到积极的助推作用！

朱家存

2016年11月16日

目　　录

第一章　吴汝纶的教育实践与思想 ……………………………………1

　一、吴汝纶生平简介及教育实践活动 ………………………………1

　　（一）吴汝纶生平简介 ……………………………………………1

　　（二）吴汝纶的教育实践活动 ……………………………………2

　二、吴汝纶教育思想的形成背景 ……………………………………6

　　（一）家学熏陶 ……………………………………………………6

　　（二）社会影响 ……………………………………………………8

　三、吴汝纶教育思想体系 ……………………………………………10

　　（一）把教育作为救国图强的首要手段 …………………………10

　　（二）主张熔中、西学于一炉 ……………………………………10

　　（三）主张废科举、兴学堂 ………………………………………13

　　（四）主张海外游学，主动吸收外国先进办学经验 ……………15

　　（五）主动延聘外国教习 …………………………………………17

第二章　房秩五的教育实践与思想 ………………………………23

　一、房秩五生平简介及教育实践活动 ……………………………23

　　（一）房秩五生平简介 ……………………………………………23

　　（二）房秩五的教育实践活动 ……………………………………24

　二、房秩五教育思想的形成背景 ……………………………………35

　　（一）中国传统儒家文化的熏陶 …………………………………35

　　（二）清末民初教育救国思潮的冲击 ……………………………37

　　（三）西方实用主义教育思想的影响 ……………………………38

　三、房秩五教育思想体系 ……………………………………………39

　　（一）论家庭教育 …………………………………………………39

　　（二）论蒙学教育 …………………………………………………48

（三）论中学教育 ……………………………………54

第三章　李光炯的教育实践与思想 …………………………60

一、李光炯生平简介及教育实践活动 ………………………60

　　（一）李光炯生平简介 …………………………………60

　　（二）李光炯的教育实践活动 …………………………62

二、李光炯教育思想的形成背景 ……………………………70

　　（一）"桐城派"文脉的影响 …………………………70

　　（二）吴汝纶教育思想的熏陶 …………………………72

　　（三）先进的教育理念及科学知识的冲击 ……………74

三、李光炯教育思想体系 ……………………………………77

　　（一）论教育宗旨 ………………………………………78

　　（二）论中等教育 ………………………………………81

　　（三）论职业教育 ………………………………………90

　　（四）论乡村教育 ………………………………………96

第四章　高语罕的教育实践与思想 …………………………105

一、高语罕生平简介及教育实践活动 ………………………105

　　（一）高语罕生平简介 …………………………………105

　　（二）高语罕教育实践活动 ……………………………107

二、高语罕教育思想的形成背景 ……………………………113

　　（一）个人因素 …………………………………………113

　　（二）社会因素 …………………………………………115

三、高语罕教育思想的理论基础 ……………………………117

　　（一）早期的改良主义与"教育救国" …………………117

　　（二）大革命失败前的马克思主义与"革命救国" ……118

　　（三）大革命失败后的托洛茨基主义 …………………119

　　（四）贯穿高语罕教育思想的主线："爱之哲学" ……119

四、高语罕教育思想体系 ……………………………………120

　　（一）论教育的社会作用 ………………………………120

　　（二）论教育与人的发展 ………………………………121

　　（三）对旧式学校教育的批判 …………………………124

　　　　（四）论新教育的内容 ……………………………………………125
　　　　（五）论新教育的方法 ……………………………………………131
　　　　（六）论教师 ………………………………………………………133

第五章　张治中的教育实践与思想 …………………………………137
　　一、张治中生平简介及教育实践活动 ……………………………137
　　　　（一）张治中生平简介 ……………………………………………137
　　　　（二）张治中教育实践活动 ………………………………………139
　　二、张治中教育思想的形成背景 …………………………………147
　　　　（一）中国传统文化的熏陶 ………………………………………147
　　　　（二）教育救国思潮的影响 ………………………………………148
　　　　（三）乡村建设运动的影响 ………………………………………150
　　三、张治中教育思想体系 …………………………………………151
　　　　（一）论教育的作用和目的 ………………………………………151
　　　　（二）论教学 ………………………………………………………156
　　　　（三）论课程设置 …………………………………………………162
　　　　（四）论道德教育 …………………………………………………163
　　　　（五）论教师 ………………………………………………………166

第六章　冯玉祥的教育实践与思想 …………………………………169
　　一、冯玉祥生平简介 ………………………………………………169
　　　　（一）从出生到弱冠从军（1882—1902）………………………169
　　　　（二）从青年到成年（1902—1916）……………………………169
　　　　（三）一个旧军人转变为坚定的民主战士（1916—1930）……170
　　　　（四）坚持抗日，反对分裂，为国战斗（1930—1948）………171
　　二、冯玉祥教育思想的形成背景 …………………………………172
　　　　（一）中国传统文化的熏陶 ………………………………………172
　　　　（二）西方基督教思想的影响 ……………………………………173
　　　　（三）清末民初新教育思潮的冲击 ………………………………174
　　三、冯玉祥教育思想体系 …………………………………………175
　　　　（一）论学校教育 …………………………………………………175
　　　　（二）论家庭教育 …………………………………………………180

（三）论大众教育 ……………………………………184

（四）论军队教育 ……………………………………188

四、冯玉祥教育思想的历史地位 …………………………197

第七章　吴承仕的教育实践与思想 ……………………200

一、吴承仕生平简介及教育实践活动 ……………………200

（一）吴承仕生平简介 ………………………………200

（二）吴承仕的教育实践活动 ………………………203

二、吴承仕教育思想的形成背景 …………………………209

（一）家庭背景 ………………………………………209

（二）社会背景 ………………………………………211

（三）文化背景 ………………………………………212

三、吴承仕教育思想体系 …………………………………216

（一）论教育目的 ……………………………………216

（二）论教育作用 ……………………………………217

（三）论教育内容 ……………………………………218

（四）论教育原则与方法 ……………………………221

（五）论教师 …………………………………………228

四、吴承仕教育思想的特色与启示 ………………………231

（一）吴承仕教育思想的特色 ………………………231

（二）吴承仕教育思想的启示 ………………………234

第八章　胡晋接的师范教育实践与思想 ………………238

一、胡晋接生平简介及教育实践活动 ……………………238

（一）胡晋接生平简介 ………………………………238

（二）胡晋接师范教育活动的两个阶段 ……………239

二、胡晋接师范教育思想的形成背景 ……………………240

（一）良好的儒学熏陶 ………………………………240

（二）徽州传统教育近代变革的影响 ………………241

（三）中学与西学交融的影响 ………………………243

三、胡晋接师范教育思想体系 ……………………………244

（一）论师范教育的宗旨 ……………………………244

（二）论师范教育的制度建设 ···245

（三）论师范教育的人才培养模式 ···252

四、胡晋接师范教育思想的影响和启示 ·······························266

（一）胡晋接师范教育思想的影响 ···266

（二）胡晋接师范教育思想的启示 ···267

参考文献 ··270

后　　记 ··275

第一章　吴汝纶的教育实践与思想

一、吴汝纶生平简介及教育实践活动

（一）吴汝纶生平简介

吴汝纶（1840—1903），字挚甫，今安徽桐城人。吴汝纶出生于书香家庭，其父元甲，清咸丰元年（1851）举人，曾在家乡当塾师，被曾国藩聘为家庭教师。吴汝纶家境贫寒，受家庭影响，自幼刻苦好学，博览诸子百家之书，笃好文学，特别喜爱同乡方苞、刘大櫆、姚鼐等桐城派名家文章。正因为如此，后来他自己也成为桐城派后期的古文学家之一，被时人推崇为"海内文宗"。同时，他是中国近代一位积极兴学、育才并具有民主主义启蒙思想的教育改革家。吴汝纶于1865年中进士，授内阁中书。曾国藩任两江总督时，见到吴汝纶的文章大加赞赏，称吴汝纶是"古文、经学、时文皆卓然不群"的"异材"，于是留佐幕府。其间，吴汝纶得到曾国藩的指教，学问日益精进，与张裕钊、薛福成、黎庶昌同被称为"曾门四弟子"。曾国藩去世后，吴汝纶转入直隶总督李鸿章的幕府。曾国藩、李鸿章二人当时都是清廷权臣，朝政大计多取决于他们二人，而他们的奏章疏折又多出自吴汝纶之手。

吴汝纶曾出任深州（今河北深州市）、冀州（今河北冀州市）知州，并在两州开办书院，亲为讲授。后辞官，为保定莲池书院山长。清光绪二十八年（1902）任京师大学堂总教习，后赴日本考察学制。是年冬，乞假回乡，创办桐城学堂（该校自成立后几易其名。为不致混淆，本书中凡提到该校，统一使用"桐城学堂"一名）。次年（1903）春，桐城学堂规模甫就，吴汝纶积劳成疾，溘然辞世，终年六十四岁。

（二）吴汝纶的教育实践活动

1.宽经费、延名师，振兴地方教育事业

吴汝纶在清同治十年（1871）至十二年（1873）曾任深州知州，清光绪七年（1881）任冀州知州。吴汝纶先后出任深州、冀州知州十多年。他在深州任上，发现那里的学田被豪强霸占，教育经费无着，他不畏权势，毅然追回学田的赋税收入，作为书院经费。他还把这个州三个县的高材生集中到书院，并亲自登堂授课，时间长了，以至人们忘了他是州官而尊称他为大师。吴汝纶在深州任内因父母丧事返回原籍。期满后改任冀州知州，仍然锐意兴学。因此，深、冀两州文教事业成绩卓著，誉满京华。他在为政期间，还注意倾听来自民间的呼声。他在冀州时，经常邀请当地贤达讨论地方事宜，不仅使滏阳河千亩贫瘠的卤田变成膏腴的良田，而且便利了商旅交通，受到人们的称赞。

2.主莲池、倡西学，创办新式学堂，开风气之先

清光绪十四年（1888），张裕钊转任江汉书院教习，吴汝纶向直隶总督李鸿章毛遂自荐，辞去冀州知州，担任莲池书院山长之职。吴汝纶就任保定莲池书院山长达十四年之久。他在主持莲池书院之初，以学生举业为工作重点，其主旨是为科举服务。甲午战争以后，吴汝纶开始怀疑科举制度的内容和效果，于是他在这所古老的书院中开始了对教育改革最初的探索与尝试。吴汝纶一心主张汉语，认为汉语是天地间最精粹的语言文字，是我们国家所独有的优秀文化。说到实用，吴汝纶崇尚欧美新学，认为博物、格致、机械方面的知识，一定要向欧美学习；学会了欧美的优点，才能和他们竞争。吴汝纶到院后，锐意改革，聘请日本教师教授外文，改进教学方法。在这里，他最大的实践就是先后开设了英文和日文两个学堂，并且从美国、日本聘请了教习，把学习英文和日本作为与古文和举业同等重要来对待。他还亲自筹措经费、组织授课。同时，他购买新式图书，组织学生讨论时局。因此，国内慕名前来求学的青年很多，严复、林纾、马其昶、姚永朴、姚永概、李光炯、房秩五等人都受过其教益。当时住在北京城的日本和西方文人、学者也常往保定向吴汝纶请教。特别是日本教育界人士与吴汝纶来往频繁。他们之间的相互交流，促进了吴汝纶对西学的

了解。通过对欧美及日本的近代教育的分析和总结，吴汝纶认识到创办新型学校的重要性，认为培养和造就新式人才是当务之急，并萌生了兴办新式学堂的想法。

3. 东渡日本考察学务，描绘清末教育改革蓝图

清光绪二十八年（1902），清廷下诏开办新学，派吏部尚书张百熙为管学大臣。张百熙奏荐吴汝纶任京师大学堂总教习，加五品卿衔。吴汝纶坚辞不就，未获批准，于是奏请出国考察教育。他认为，日本明治维新以后，国力迅速强盛，是因为其教育的成功，要办好中国的京师大学堂，必须向日本借鉴。于是，他率领学生李光炯、方磐君等人东渡日本考察教育。在日本期间，他们先后到长崎、神户、大阪、西京和东京等地的各类学校和单位参观，并拜访了众多官员。吴汝纶及其弟子在回国前将他们在考察期间的所见所闻、所思所想进行分类整理，汇编成十多万字的《东游丛录》，这是中国最早的一部介绍日本教育的专著。他们的考察报告为制定"壬寅学制"和"癸卯学制"中关于师范学堂的章程提供了蓝本。1904年颁布的《奏定优级师范学堂章程》和《奏定初级师范学堂章程》就是在参考了《东游丛录》的基础上，以明治日本师范教育制度为模板而制定的，内容包括：确立涵盖初级师范学堂和优级师范学堂这样两个层次规范、比较完备的师范教育体系；规定初级师范学堂属中等教育阶段，优级师范学堂属高等教育阶段；设计优级师范学堂须附设中、小学堂，以为学生教学实习之用；规范小学师资培养机构除初级师范学堂外，还可设立简易师范科、师范传习所、实习教员讲习所。这标志着中国第一次确立了独立的师范教育制度，对教师的培养进入了专门化、制度化的阶段。

4. 爱家乡，重教育，创办桐城学堂，培养新型人才

吴汝纶创建桐城学堂最重要的动因之一是关爱桑梓，希望回馈家乡。在家乡创立新学堂，是吴汝纶的夙愿。吴汝纶虽身在异地为官，但时刻关心故乡的发展，特别关心家乡的教育事业。他主政深、冀两州时，看到北方人才辈出，欣喜之余，难免为家乡教育的落后而痛心。他既对安徽难开兴学之风大惑不解，同时更感焦虑不安。这在他与皖籍同僚、贤达、乡绅的通信中时有流露。戊戌政变后，他多次与桐城马通伯等人于书信中商谈创办学堂事宜。他在1899年给方伦叔的信中问道："马通伯前有公

呈,改办桐城学堂,其事如何?皖中风气难开,其议想成画饼耳。时局如此,将来西学必兴,先学先得利,皖中孤陋,事事落人后,亦其宜也。马议不行,执事在省,当与同志诸公商办一学堂……"[1]171在吴汝纶的直接推动下,筹办桐城学堂之事几年之间便有了很大进展。吴汝纶希望能实践其"为天下人才谋"的雄心壮志,多次写信给桐城县官员及各界人士,申述办新学的意义和拟在家乡兴办学堂的设想。吴汝纶在访日结束回国以前,心目中就有了新式学堂的大体雏形,即创办一所速成专科,为社会开化和传播新学培养人才。吴汝纶在访日回国后就开始着手创办桐城学堂,经过四处奔波,多方洽谈、交涉,终于解决了场地和经费问题。吴汝纶寓居省城安庆时,借巡抚衙门南院筹建了桐城学堂。他亲自拟定办学章程及襄助学务的人选,自任桐城学堂堂长。清光绪二十八年(1902)秋,他回桐城勘定学堂校址,除延聘国内知名学者任教师外,还聘请日本学者早川新次来学堂教授数学、几何、物理、化学等新学课程。他为学堂亲自撰写了楹联和匾额,楹联为"后十百年人才奋兴胚胎于此,合东西国学问精粹陶冶而成",匾额为"勉成国器",表明了他育才兴国的抱负、办学思想以及对乡里学子所寄予的希望。桐城学堂是吴汝纶"安得东西并一堂"理念的一次重大实践,是他倾心尽力兴学重教的结晶。

吴汝纶创办桐城学堂的动因之二是振兴教育,培育新式人才。在吴汝纶看来,西方资本主义国家之所以人才辈出,就在于其教育先进,学校林立。所以,他认为学校是培养人才的理想场所。他认为,"兵战""商战"并不是强国御侮的根本大计,必须兴学堂、育人才、提高国民素质,这才是振兴民族之基。在他看来,中国所谓"人才奇缺"的根本原因,在于传统教育体制下培养出来的士子,在大多数情况下都是呆板、因袭和没有创造精神的人,他们只会做堆砌骈偶华丽辞藻的文章,非经国济民之才,更不是新时代所需要的新式人才,无法满足已经变化了的社会需求。故此,他认为:培养和造就新式人才为当务之急,必须举国上下广立学堂,振兴教育。

吴汝纶创办桐城学堂的动因之三是新学不兴,旧学难废。1897年,他在致友人的信中说:"今国家若徒托空言,并不真兴西学,则蒙不敢知;若诚欲造就人才,以收实效,则不得但设三数西学而止,势必使各行省、府，县县各有学……"[1]97-98他融汇中西，大胆创新。吴汝纶之所以热心投身于桐城学堂的创立，除了上面所说的要为家乡办点实事，给家乡创立振兴的基业之外，可能还有一层考虑——他要按照自己的教育思想和对新式教育的期望，在实践中找到一个试验场所，创立一所符合当时乃至以后社会要求的新式学堂。由于感到当时已存在的学堂缺点较多，不尽如人意，他想将桐城学堂办成一所真正能够传授西学知识而又缺点较少的新式学堂，使其他各地创立新式学堂时能够有所借鉴、模仿。从吴汝纶为桐城学堂的设计来看，他是要为桐城，乃至安徽、全国，用自己的理想创办一所推行国民教育的师范学堂，作为将来全面推行国民教育的典范，这就使得桐城学堂的意义尤为重大。

在当时，新式学堂是一种新事物，社会上的顽固势力到处散布流言加以抵制，使倡导者受到"讥谤嫌怨"。桐城地方绅士对于创办学堂亦疑虑多端。吴汝纶于1902年9月从日本归国抵上海，了解到这一情况后，便于第二天致函桐城绅士，宣传新学。他说："某罢官后，百无系念，惟时觉吾皖人才，此时适逢极盛，深恐后来难乎为继，要须先达诸公，加意培养。近来各省皆有古学书院，皖省独无。前年曾上书傅相，劝为创建。"[1]39其目的就是为了改变"时事日非，吾乡人才益少"的局面。作为素有"文化之邦"美称且尊师重教之风盛行的桐城，乡绅名流无不为吴汝纶关心家乡教育的精神所感动，对他的建议表示支持。乡里有识之士纷纷响应，献计献策、捐资助学。所以，创办桐城学堂便水到渠成。这样，经过几个月的努力，至1902年年底，一切筹备工作基本就绪，吴汝纶担任学堂堂长，并根据公议的结果，为学堂拟定各种办学条款。其中有呈报批准办学的《开办学堂呈稿》，有说明学堂性质和任务的《创立学堂说帖》，有招生布告《学堂招考说帖》，有规定办学大纲的《开办学堂章程十七条》。从这些条款中，我们看到他既有明确的办学宗旨，又有较为周全的办学计划和具体的办学措施。特别值得一提的是其亲撰的《学堂招考说帖》，此帖热切鼓励县内学子："倘蹶然奋起，不甘为人奴隶，请自今日来考学堂为始。入学之后，稍窥新学藩篱，即保全人种之心，必日加日甚，非学至与外国竞胜不止。"[1]317这份言辞恳切、振聋发聩、洋溢着爱国热忱的"招考说帖"，道出了吴汝纶把振兴教育、振兴国家之希望寄托于创办新式学堂以培植人才的强烈愿望。吴汝纶把开学的一切准备工作安排妥当之后，回到桐城故里过春节，然而不幸染疾。临终前，他念念不忘的仍是学堂后事。据早川新次回忆："病势益恶，先生遂自觉难起，招小生及门人李光炯至枕边，握小生之手，抚胃肠心脏之上，为长叹息，托以学堂后事，及三四要件。"[2]1166 这种为救亡保种而努力兴学的至死不渝的精神，深得后人的赞佩。

吴汝纶病故之后，桐城学堂仍按原计划于1903年春正式开学。学堂招收两班学生，开设国文、日文、法学、数学四门课程。1904年，桐城学堂还根据吴汝纶生前注重发展师范教育的思想，选出二十余人组成师范班以培养师资，并选送房秩五等六人赴日本进速成师范学习。吴汝纶作为桐城学堂（今桐城中学）的创始人之一，为发展桑梓教育呕心沥血，做出了自己应有的贡献。无怪乎曾协助吴汝纶创办桐城学堂的日本教育家早川新次评价吴汝纶为"方今中国儒林中最有开化之思想者"[2]1167。

二、吴汝纶教育思想的形成背景

（一）家学熏陶

吴汝纶出生于安徽枞阳县的一个私塾先生之家。吴汝纶幼时家境贫寒，但刻苦好学，得一鸡蛋不肯吃，至集市换成松脂，供夜读时照明用。他师承桐城派古文，又不囿于其义法，为文能在平易中力追雄奇瑰伟之境，卓然成为桐城派晚期文学大师之一。他认为我国有史以来，是以文立教，周孔之教，独以文胜。其治学施教，以训诂通方辞，尤用力于评点校勘，为古籍整理做出了重要贡献。

吴汝纶自幼随父学文，他在日记中写道："某十二岁始为论说之文"，"某生有二十有二年矣，自束发受书，家君教以制艺之文，学之今十年"。清咸丰三年（1853），太平军占领桐城，其父避乱山中，吴汝纶随侍读书。吴汝纶初见曾国藩时，曾公叹异其材，问何从受学，吴汝纶回答说，但禀庭训，并无他师。曾公极为钦仰，随礼聘吴元甲为其子师。其后因吴元甲不愿久处，不久便辞馆。其父不仅教其课读，也以其孝悌、仁义、忠恕影响着他——父亲的所作所为给他留下深刻印象："家君孝义著于乡里……家故有薄田，诸父剖分而食，家君推不取……性俭素，居常御酒食，稍丰腆，必斥去，衣敝故，数年不易。"[3]257其父总是尽力帮助亲邻，"诸生修脯一入门，抱升斗求分者接踵门外如市"[3]257。其父还是一位有主见的人，做事不爱居功，"遇事有疑议，众嚛不发声，家君徐出一两言，无不判决，为之，无不辨。治事竟，不言劳"[3]257。他教诲吴汝纶："士人当使实出名上，无使名出实上。"[3]258吴元甲对吴汝纶在学问、文章、人格、品行上的影响都是巨大的。在青年时代就饱读经书，怀有"富贵极于一时，文章传于后世"的人生理想的吴汝纶，尤其重视汉学。但是，出生于鸦片战争时期的他，从小就亲眼目睹社会的动荡巨变，家族的声誉使他能够拥有与洋务派接触的机会。吴汝纶后来在任职曾国藩与李鸿章的幕府期间，由于曾、李二人拥有决策权力，吴汝纶得以参与奏疏的撰写。书生周旋于官场，不免产生感慨，吴汝纶后来逐渐对"夷狄之学"产生了兴趣。当时社会上对中学和西学持有一种偏激的态度，但是非常具有先见之明的吴汝纶，对传统文化和西方文化没有采取盲目崇拜或否定的态度，而是坚信传统文化与西方文化具有各自的功能，这也是他在莲池书院期间创办学堂的思想基础。

作为桐城派的主要人物之一，吴汝纶的学问高深，"其学以洁身不为利为本，无古今，无中外，唯是之求；渊涵渟泓，浑无涯涘，上与元气者侔，而下与万汇相昭列；自六经诸子百家传记，以逮国朝著述，与夫儒先遗闻绪论、断简零章，无不博求而慎取也"[2]1130。因此，贺涛在《吴先生墓表》中认为："先生在官，日以课士劝学为事。退而教授，益思作养人才，效用于时。其教人必使博知世变，易旧所守，故从游之士，言论志趣，与世俗异。"[2]1148-1149由于对中西学问的博求和为人师表，吴汝纶一度成为众多北方学子敬仰的对象。吴汝纶深受桐城派承继的理学经世思想的影响，笃信"学行起家，出为世用"，关注世变、有所贡献，是他孜孜追求的目标。吴汝纶主讲莲池书院的十余年，正值中国面临着西方列强侵凌瓜分，民族危机深重，改良运动兴起的阶段。他虽退居莲池，但仍时刻关注世事变化。吴汝纶主持莲池书院的过程中，将其倡导新学、经世致用等思想付诸实践，并取得重大成效，奠定了其作为一个教育家的思想和实践基础。

（二）社会影响

1840年爆发的中英"第一次鸦片战争"，揭开了中国近代历史的序幕，此后近代中国的发展呈现两种趋向：一是从独立变为半殖民地（半独立）并向殖民地演化的趋向，一是从封建社会变为半封建（半资本主义）并向资本主义演化的趋向。与中国历史总体趋向一致，1840年以后，中国教育近代化历程由此开启。与自给自足的封建农业经济基础和封建专制政体相适应的传统教育，开始了其向近代大工业生产和资本主义相适应的新式近代教育的转变，这一转变的历程虽然充满曲折，但其方向却是不可逆转的。

从鸦片战争到辛亥革命的数十年间，中国社会发生了天翻地覆的巨大变化。一方面，外国资本主义势力凭借坚船利炮，轰开了中国封建社会的大门，《南京条约》的签订使中国由战前的独立、闭关自守的封建社会沦为半殖民地半封建社会。中华民族饱尝了欺压、奴役之苦，面临着生死存亡的严峻考验。另一方面，抵御侵略、反抗压迫，奏响了中华儿女反对帝国主义、封建主义统治的最强音，也成为中国人民反击西方列强侵略的起点。许多仁人志士不忘国难、家仇，血雨腥风，或上刀山、闯火海；或献计献策，奔走呼号……他们在黑暗中摸索，寻找救国救民的良策，出现了从"师夷长技以制夷"到兴办洋务运动、开展维新变法等一系列救亡图存的实践和运动。其间，教育变革是重要的一个方面。围绕着"中学、西学"这一主题，思想领域的辩争和各种社会思潮不断涌现，无不影响着近代教育思想的形成和发展。因此，中国近代社会发展的历程，也是中国教育近代化的演变过程。中国近代教育思想的形成，无不烙上了时代发展的印记。从某种意义上说，一部中国近代教育史就是近代中华民族先进人物追求进步和发展的历史，也是我们走出国门、向西方学习、寻求教育救国的历史。吴汝纶作为一位靠科举进阶的封建官吏，上知国情、下察民情、洞察时势，未入天命之年即辞官弃爵，致力于教育事业。吴汝纶作为科举制度塑造出来的封建统治的代表，心系国家，主张西学，并躬亲实践，考察学制。为谋求教育救国的信条得以实现，表现出非凡的胆识，并为此献出了自己毕生精力。

由于耳濡目染，吴汝纶的政治思想也明显倾向洋务派的"中学为体，西学为用"的主张。他认为"得欧美富强之具，而以吾圣哲之精神驱使之，此为最上之治法"[1]285。正是这种政治主张，决定了他重视文化教育，并潜心走革新教育、救亡图存的道路。后来，吴汝纶在任直隶深州、冀州知州时，"其治以教育为先，……民忘其吏，推为大师"[4]10205。在深州，他把已废学田千余亩收入书院，置书迎师，亲自授课；在冀州，他锐意兴学，大力整顿书院，故"深、冀二州文教斐然冠畿辅"[4]10206。

后来，吴汝纶主持保定莲池书院，长达十四年之久。在保定，他还创办了一所西学堂和培养皖籍子弟的中学堂，延聘外籍教师任教。他在曾国藩、李鸿章洋务思想的影响下，开始关注和了解西方文明，逐步认识到中国要实现近代化，必须把教育作为救国图强的首要手段；必须废除科举，向西方学习并主动吸收外国先进的办学经验。

1902年，清政府决定整顿京师大学堂，新任管学大臣张百熙力荐吴汝纶出任总教习。吴汝纶借此机会请赴日本考察教育。吴汝纶等人在日本期间，对日本的学制、教学方法、教学设施等做了详尽考察，并将考察所得写成《东游丛录》。吴汝纶归国后，集父老乡绅之力并邀请一名日本教师在家乡筹办桐城学堂，作为新教育的实验基地。

清光绪二十八年（1902）冬，吴汝纶由安庆回老家度岁，次年正月十二日，不幸积劳成疾，溘然离世。

吴汝纶是清末桐城派一代宗师，公认的旧学鸿儒，有着丰富的教育经历与多姿多彩的教育思想。他一生关注教育事业，充分肯定教育的重要性。他以实际业绩成为清末地方兴学的代表人物，对中国传统教育的改造进行了有益的尝试。他曾为清末中国科举制度的废除与当时代表先进生产力的资本主义文化在中国的传播做出突出贡献，其晚年对日本学制的考察更成为清末中外教育文化交流中的一件大事。他的教育主张涉及诸多领域，观点鲜明、富有建设性，对中国近代教育的普及化、科学化具有极为重要的指导意义。凡此种种，都奠定了其在中国近代教育史，尤其是中国近代教育历程中的地位。应当指出，囿于时代的限制，作为思想倾向于改良派的吴汝纶，在其身上，新学与旧学，中学与西学，保守与革新的特点并存，他的思维中仍有较为明显的"中体西用"的痕迹。这是同一时代多数思想家、教育家的共同特征，也是那个时代留下的烙印。

三、吴汝纶教育思想体系

（一）把教育作为救国图强的首要手段

吴汝纶生活在帝国主义疯狂侵略我国和清王朝统治十分腐败的时代。在他生活的数十年间，相继发生了第二次鸦片战争、中法战争、中日甲午战争以及八国联军的侵华战争。面对民族危机的进一步加重和亡国亡种的危险，吴汝纶对帝国主义的侵略十分愤慨。1897年，当德国悍然派兵强占胶州湾后，他痛斥说："德人攘我胶州，乃深知我不能战，为此强霸之举。俄法连和，英倭连和，暂事旁观，若胶州竟归德人，则四国各有分割之势，吾国自此亡矣。此是敷天大愤，祸不专在一省。"[1]115为使我国转弱为强，他努力寻求救国之道，认为必须改朝政、兴士学。他说："朝政不改，国必亡，士学不改，种必灭。"[5]366在这两者之中，他又尤其重视改进士学。他认为，培养人才的质量直接关系到国家的存亡。他说，"国势积弱，咎不在执政大臣，而在学校。学校不能造就人才，何以备缓急之用"[5]289，"窃谓中华黄炎旧种，不可不保，保种之难，过于保国。盖非广立学堂，遍开学会，使西学大行，不能保此黄种"[5]311。所以，他积极主张通过教育为国家培养有用之才，以挽救国家的危亡局势。这夸大了教育的作用，说明吴汝纶还没有看清中国失败的根本原因在于清政府的腐败和封建制度的没落。但这种教育为先、教育救国的思想，在当时的爱国知识分子中是比较普遍的，也是难能可贵的。他没有提出社会革命的主张，仅想借助于教育改革，来使国家转弱为强、变贫为富，那只能是良好的愿望而已。不过，吴汝纶在民族危机日益严重的情况下，把教育作为救国图强的首要手段，不仅是其爱国思想的具体表现，而且也反映出他对教育的社会作用的深刻认识，其进步性应予肯定。

（二）主张熔中、西学于一炉

魏源提出"师夷长技以制夷"的思想，为近代中国人学习西方起了创榛辟莽的作用。到冯桂芬那里，不仅肯定"师夷长技"，而且明确提出"长技"即"西学"。但是，真正将"西学"大规模运用到中国并影响中国近代社会发展历程的却是"洋务派"开展的"洋务运动"。处在以封建传统为主体大环境中的洋务教育，受"中学为体、西学为用"指导思想的限制，其成效自然是有限的，这是中国近代教育发展难以逾越的阶段。

吴汝纶曾长期接触洋务派，但最终却未能成为洋务派之一员，其主要原因就在于他对西学的理解已经超越了洋务运动精英们的思想。在《答薛叔耘》中，吴汝纶批评洋务派学习西学"重物不重人"的短视，"转移风气，以造就人才为第一，制船购炮，尚属第二义"[5]32。在《与陈右铭方伯》中，他又以"未入流"自嘲，以示自己同洋务派相区别："近来世议，以骂洋务为清流，以办洋务为浊流。某一老布衣，清浊二流，皆摈弃不载，顷故以未入流解嘲也。"[5]103应该说，吴汝纶对西学的认识使他成为同时代人中的佼佼者。他在花甲之年还能以饱满的热情对日本学务进行考察，岂不正是他重视西学的最好明证？"癸卯学制"的形成明显带有模仿日本教育体制的痕迹，是非功过暂且不论，吴汝纶自觉成为近代西方学说在中国传播的实践者、先驱者却是不争的事实，这不正是吴汝纶倡导西学、力主新学，对中国教育近代化产生直接影响的例证么？

为了培养救国图强的有用人才，吴汝纶非常重视西学，并认为救国之道，必以士大夫"讲求西学为第一要义"[5]229。中日甲午战争之后，他分析了日本取胜的主要原因是将士皆明西学。因此，他主张我国的教育，既要重视中学，更要提倡西学。他明确指出，"西学当世急务，不可不讲"[5]353，"我国以时文为教，万不能自保种类，非各立学堂，认真讲求声光电化之学，不能自存"[1]214，"及西国政法各书阅之，可以增长识见，不为迂腐守旧之谈"[5]129，"能通西文，然后能尽读西书，能尽读西书，然后能识西国深处"[5]129。有了西学，既能了解外国、增长见识，又能学习一些自然科学知识，这比"以时文为教"的旧教育显然要强得多。他多次反复强调不学西学则国必亡，"开学当以西方为主，所以取人之长，辅我不足"[5]389。他曾大胆预言："后日西学盛行，《六经》不必尽读"，"此后必应改习西学，中国浩如烟海之书，行当废去"[5]231。

吴汝纶是桐城派后期的著名代表之一，被时人誉为"海内文宗"，他在感情上或许难以割舍中学，但他认为，要挽救民族危亡，中国士大夫必须弃旧图新，所以在理智上深深地趋向于西学。吴汝纶虽然清醒地认识到中学的缺陷而大倡西学，但他不是民族虚无主义者，不主张彻底摒弃中学。这样，如何处理中学与西学关系这一问题就摆到了他的面前。他在访日期间，经常与日本教育家探究这个问题，曾与日本教育名家井上哲次郎、伊泽修二、东京高等师范学校教授长尾慎太郎等多次探讨，希望通过日本在近代教育制度建立过程中解决东西文化冲突的考察，从中获取借鉴。然而，吴汝纶从日本教育界所得到的关于东西学关系的回答，却是莫衷一是："或劝暂依西人公学，数年之后再复古学；或谓若废本国之学，必至国种两绝；或谓宜以渐改，不可骤革，急则必败。"[5]407

吴汝纶经过对各种观点的反复思考，最后形成了自己的思路，那就是"会通中西"。

吴汝纶主持的莲池书院并非新式学堂，但他坚持冶熔新旧。即使在戊戌变法失败，清廷取消新政、恢复旧制的情况下，吴汝纶仍继续提倡西学。他一面主持莲池书院，一面开办东、西文学堂。1899年，他从书院中挑选十七名学生（其子吴闿生在内），每天到城外以英国传教士为师，学习英文，是为西学学堂。同时，他又办一东文学堂，邀请日本学者中岛裁之为师，教授学生日文及欧美政治、历史、宪法诸学。他还写信到冀州，劝冀属后生来莲池书院接受西学，学习救国之法。他在信中写道："救之之法，必以士大夫讲求西学为第一要义。使我国人人有学，出而应世，足以振危势而伐敌谋，决不似今日之束手瞪目，坐为奴房，万一不能仕宦，而挟吾学术，亦足立致殷富，自全于败乱之时。救种之道，莫善于此。"[5]229

重视西学，以西学为主，主张熔中西学于一炉，这种"兼包新旧""中西合璧"的教育思想，不仅是吴汝纶教育革新思想的一大特色，而且比洋务派的"中体西用"的思想又前进了一大步。这一思想在他为桐城学堂亲笔留题的匾额和楹联上，表现得淋漓尽致。他要求学生掌握中外学问的精粹，将来成为国家有用之才。正因为如此，他对兼长中西二学的严复称赞不已。他在给严复的信中写道："鄙论西学以新为贵、中学以古为贵，此两者判若水火之不相入，其能熔中西为一冶者，独执事一人而已，其余皆偏至之诣也。"[5]174严复是当时向西方寻求真理的先进人物。甲午战争失败后，严复翻译赫胥黎所著《天演论》，宣传"物竞天择、适者生存"的进化论观点，借以向人们敲响祖国危亡的警钟，并呼吁：只要变法图强，中国仍可得救。吴汝纶对这部译著高度赞赏，并亲自为《天演论》作序，给严复以充分的肯定和积极的支持。在致严复的信中，他写道："得惠书并大著《天演论》，虽刘先主之得荆州，不足为喻，比经手录副本，秘之枕中。盖自中土翻译西书以来，无此闳制，匪直天演之学，在中国为初凿鸿蒙，亦缘自来译手，无似此高文雄笔也，钦佩何极！"[5]144提倡西学，是当时进步的社会潮流，必然要遭到顽固守旧势力的反对。他们说采用西学是"礼失求野"，主张"不悖正道"。对此，吴汝纶进行了有力的驳斥。他说："天算、格致等学，本非邪道，何谓不悖正道！西学乃西人所独擅，中国自古圣人所未言，非中国旧法流传彼土，何谓礼失求野！……此等皆中儒谬论，以此边见，讲求西学，是所谓适燕而南辕者也。"[5]130

吴汝纶以旧学取得进士功名，却能审时度势，力倡西学，力主新学，强调"兼包新旧"，能如此有见地地提出这些适合时宜的教育革新主张，确实是难能可贵的。后来，蔡元培主持北大时提出"兼容并包"的办学理念，一定程度上是受到了吴汝纶的启发。

（三）主张废科举、兴学堂

鸦片战争失败后，很多有识之士已经看到封建教育的空疏腐旧，因而要求改革科举制度。甲午战败后，资产阶级维新派为了救亡图强，发展新学，深刻地揭露和批判了科举制度的危害性。清朝封建统治者为了维护自己的统治，也主张改变科举。改革教育迫在眉睫，成为举国上下关注的焦点。吴汝纶是科举制度的受益者，但是当他看到中国近代的落后与科举密切相关时，他立刻转变观念，猛力抨击科举制度，成为封建士大夫中较早明确认识到兴办新式学堂造就可用人才是国家富强、民族振兴根本大计的先进分子之一。吴汝纶毕竟是一位有远见卓识的教育家，所以他也看到了在中国兴办新式学堂，必须立足中国的国情、循序渐进，不能完全照抄照搬西方的经验和模式，必须找到一个适合中国实际而又能为广大中国人接受的教育模式。

百日维新期间，清廷光绪帝颁布了几十条改革法令。在文化教育方面，也有一些除旧布新的规定。如诏令废八股，考试策论，借以选拔"体用兼备""通经济变"的人才;筹办高、中、初等级学堂,兼习中学和西学;要求各省将所属省、府、县的大小书院一律改为兼习中西学的学堂;筹办京师大学堂;等。吴汝纶对于这些诏令的态度是积极的,他为废除"八股文"而称快。他说:"径废时文,五百年旧习,一旦廓清,为之一快。"[5]194不仅如此,他还进一步要求废除科举制度。他曾明确指出:"如科举不改,士皆专心八股,无暇他学,最足败坏人才。"[3]314怎样培养人才呢?他说:"愚意当径废科举,专由学堂造士,用外国考校之法,较有实际。但非得人办理,亦终归虚文。"[5]365他看到科举已是弩末,断然不许其子应试,而将其送往日本留学。进入二十世纪,"科举不废,学堂难兴"已成共识。但在如何改革、通过什么方式对科举制度进行改革的问题上,存在着"逐步废止"和"立即彻底废除"两种不同的选择。当时,朝野上下主张变法的知名人士,除吴汝纶之外,极少有人始终坚持"径废科举",大多主张"科举与学校并存"。吴汝纶旗帜鲜明,敢为人先,从1898年起就一直要求立即废止科举制度,实际上是要对科举采取"休克疗法"。

1898年7月3日,亦即光绪皇帝旨准设立京师大学堂的当天,吴汝纶在给李鸿章之子李季高的信中批评了康有为关于"科举不能骤废"的主张。他写道:"直应废去科举,不复以文字取士。举世大兴西学,专用西人为师,即由学校考取高才,举而用之……"[5]194吴汝纶多次向吏部尚书兼管学大臣张百熙进言"科举不废,学校不兴",强调为了拯救民族国家一定要废科举、兴西学。

虽然废止科举制度在吴汝纶生前并未实现,但事实证明,吴汝纶的意见切中时弊,有先见之明。随着形势的迅速发展,原先坚持"科举与学校并行"的张之洞、袁世凯等放弃"并存论",而主张"立即废止论"。1905年,科举制度终被废止。

以兴办教育、造就人才为己任的吴汝纶,更时刻不忘"尽心整顿书院,培养士人,欲化其朴陋之习"[5]115,提出了"转移风气,以造就人才为第一"[5]32,"人才之兴,必由学校"[1]214。当吴汝纶得知清廷诏令要求将书院改为学堂以及筹办兼习中西学的学堂时,他闻风而动,很快写信给桐城绅士宣传新令,建议将白鹤峰书院"改为学堂,专讲西学,以独应国家之求"[5]196，信中写道："昨读上谕，天下书院尽改为学堂，民间社学、义塾，一律讲习西学……若至众人同见，则已措手不及，今天下已汲汲谋新，岂可默守故见。"[5]196他认为改革的主旨在于培育人才。为此，他提出了培育人才的四种途径，即兴学、译书、阅报和游历，其中又以兴学最为重要，最为迫切。不难看出，吴汝纶已痛彻地认识到延续两千年的封建旧教育制度、旧教育体制必须彻底改革，创办新教育、培养新型人才势在必行。京师大学堂的创办正适应了这一形势发展的需要，因而也就成了朝廷和国人关注的焦点。当管学大臣张百熙力荐吴汝纶为京师大学堂总教习时，他深感责任重大，一开始他顾虑重重，甚至拟出十条辞就的理由。但作为热爱教育、愿意献身教育的有识之士，吴汝纶为了实现兴学校、育人才、振国势的远大抱负，深思熟虑后，还是欣然地答应了，表现出改革封建旧教育的迫切心情与坚定信念。

（四）主张海外游学，主动吸收外国先进办学经验

留学教育早在洋务运动之初就被提了出来，曾国藩、李鸿章是积极的倡导者。甲午战争之后，为补救国内学校育才之不足，吴汝纶提倡游学国外。他在与友人的信中一再强调留学教育的重要性，认为日本、俄国兴盛强大的原因之一就是重视留学，鼓励出洋学习。吴汝纶在这方面做出了表率——将儿子吴闿生送到日本留学，不参加科考。这在当时是难能可贵的。

在吴汝纶看来，西方资本主义国家之所以人才辈出，就在于其教育先进，学校林立。

为了寻求兴学救国之道，吴汝纶认为日本自明治维新以来"广建学堂，变通教法，振国势而臻富强"[2]657，学习欧美新法几十年后，日本"学制大备，欧美人多艳称之"[3]209。于是，他竭力倡导以日本为师，强调清末教育创新应该以日本为学习对象。在他看来，以儒家思想文化为基础的道德教育与以西方科学技术为基础的知识教育相结合的日本模式，应该是中国近代教育创新效法的理想模式。另外，吴汝纶还认为中国人学习日本较为容易、便利，掌握、运用日文是通往西学的一条捷径。他指出："东文若通，即能渐通西学，以西学要书，日本皆已翻译……"[5]212吴汝纶正是以这样的远见卓识，借清政府决定整顿京师大学堂之机，以清朝五品

京卿充京师大学堂总教习的身份主动请赴日本考察教育。他说："吾学不足为通国大师，京城风气非我所宜，又久退，岂宜再进，以此不敢承命。"[5]595 但为"稍答知己"，他乃"拟为尚书往游日本，一访各学校规制，归告尚书，以备采择"[5]600。张百熙"喜诺"。吴汝纶便于1902年东渡日本，所到之处，皆受到名流欢迎。他居日本几个月期间，对该国教育进行了较为深入而全面的考察。自长崎、神户、大阪，至东京、西京，参观了各级各类学校。对于大学和村町之学的校舍和教学设备，如讲堂、教室、图书、仪器等，他都加以研究；赴文部听讲也每次必到；从文部大臣、教育名家到普通师生，吴汝纶都与之交谈。至于教授之法、论学之旨，吴汝纶更是通过面谈等方式，与教育界人士深入探讨。吴汝纶在日期间，不仅实地考察日本各级各类学校，而且参加了日本文部为其专门开展的教育讲座或专题介绍十九次。他还广泛接触日本政治界、教育界官员和学者，虚心讨教教育问题，尤其是中国教育改革的问题。在考察即将结束时，吴汝纶及其弟子汇集考察所得，整理出版了《东游丛录》。书中包括"文部所讲""学校图表""摘抄日记""函札笔谈"等。"文部所讲"详细地记录了日本教育制度，各级各类学校所开设的课程，学校卫生，学校管理法，教授法，学校设备以及日本学校沿革的情况，并附有欧美各国小学校学科设置；"学校图表"收集了十九所学校的各种图表，有学校一览表、经费表、预算表、日课表、宿舍规则以及卫生图说等；"摘抄日记"和"函札笔谈"则记下了他在日本的活动情况和与日本有关人士所探讨的问题。《东游丛录》堪称我国学习外国教育经验的第一部著作。因此，日本阿部洋把《东游丛录》视为清末中国以日本为模式创立近代学制的重要情报来源之一，并给予高度评价。其考察所得汇成的报告稿《东游丛录》，实际上成了我国近代教育改革的指南，并对中国近代教育的发展方向起到了决定性的影响。

考察刚结束，吴汝纶就从日本致信张百熙，呈拟全国办学大旨。他根据日本的经验，结合我国实际，提出欲兴学堂，应由小学立基，但为适应当务之急，收效最快的办法是选择中学已就之才，进入专门学校学习。他说："欲令后起之士与外国人才竞美，则必由中、小学校循序而进，乃无欲速不达之患。而小学校不惟养成大、中学基本，乃是普国人而尽教之，不入学者有罚，各国所以能强者，全赖有此。"[5]435从小学开始培养人才，所需时间太长、速度太慢，不能适应当时国家急需，所以他提出了权宜之策："某素持私论，谓救急办法，惟有取我高材生教以西学，数年之间，便可得用。"[5]435

吴汝纶不仅把选择高材生教以西学作为培养人才的捷径，而且认为学生应该学习急需的专业知识。他根据当时的情况，认为我国学生学习的专业知识除政治、法律以外，矿山、铁道、税关、邮政数事为最急，海陆军法、炮工、船厂次之。由于兴办学堂需要教员，他又特别强调师范教育的作用，并把师范教育作为中国创立近代国民教育的重要一环。他说："窃谓吾国开办学堂，苦乏教员，又壮年入宫诸人，不得不粗明新学。尚书先开师范学校、仕学院，实为扼要办法。"[5]435在吴汝纶看来，外国对于中学尚无善法，加之我国财力不足，一时无法满足所需教习，所以，中学可以缓办。

吴汝纶赴日本考察教育，他将一些好的办学经验引进中国，在当时是先进之举。陶行知曾说："国外教育考察，最早者为光绪二十八年吴汝纶之日本教育考察。其《东游丛录》呈上管学大臣后，对于《钦定学堂章程》自有相当影响。"[6]如果人们仔细翻阅一下《东游丛录》，再对照《奏定学堂章程》，并联系中华民国时期大、中、小学的分设及学制、课程的设置等，便不难知道，吴汝纶此次赴日考察，对我国近代教育制度建设所起的推动作用有多么巨大。《东游丛录》成为清末制订学制的重要参考文献之一，奠定了吴汝纶在中国近代教育史上的地位。但是，《东游丛录》有一定的封建保守性，以它为重要参考源的清末学制必然具有浓厚的保守性与盲目性。事实上，1904年颁行的《奏定优级师范学堂章程》和《奏定初级师范学堂章程》都是在参考了《东游丛录》的基础上，以明治日本师范教育制度为模式制订的。

(五)主动延聘外国教习

在吴汝纶的教育思想中，他特别关注教师的素质、选任与培养，为近代中国教师教育做出了重要的贡献。

作为一名传统知识分子，吴汝纶表现了对社会发展的快速反应与适应性，在对待中西学说之间的关系上，他认为："欧美之学，号为文明，明有余而文则不足；……得吾国圣哲之精神，驱使欧美富强之具，尽取彼长，以辅吾短，世运乃益大昌。"[2]1131因此，吴汝纶要求教师要具备兼综中西的知识素养，要在中学与西学两方面下工夫，沟通中西学说，并和开民智、救国救种联系在一起，发挥文化的经世致用功能。

在他看来，学校教育必须分阶段设计，一般可分为童蒙阶段、小学堂阶段、中学堂阶段和大学堂阶段，要求教师在每一个阶段除了根据儿童的特点来进行教学外，还要体现"中学为体，西学为用"。这已明显反映西学东渐的影响以及西方科技思想在学校课程中的导入。当然，这些知识内容的选择自然对教师的素质提出了很高的要求和挑战。为此，吴汝纶重视教师的作用，并一直致力于教师选任与培养活动。他针对当时的教育现实，认为通过多个渠道培养教师可以加快人才培养的速度，进而解决办学中最核心的问题。总观他的教师思想，可以看出他在教师培养方面主要提出了以下几方面举措。

其一，礼名师。吴汝纶非常重视名师对学校教育的作用和影响，他在深州和冀州任职期间，曾采取措施整顿教师队伍。如对义学的教师进行鼓励，根据"先生文学之优劣，以定义学脩脯之高下"[5]479，这就意味着以经济机制为杠杆，加强对教师能力的考评。如果书院的经费充足，吴汝纶就建议书院聘请名师主讲，因而更能作养人才。因此，在深州、冀州期间，他曾先后聘请荆台的王树楠、武强的贺涛、通州的范当世等为教师，王树楠后来成为《清史稿》总纂，贺涛后来以古文享誉文坛，范当世则被称为"清代曹子建"。除此之外，吴汝纶还访得当地"贤有文者"十余人，每月于书院聚会一次，除商讨本州的兴革大计之外，还研讨学术问题。

其二，聘用外籍教师。聘请西师是为了学习西学，如果人们只通过译书来了解西学，那么人们不可能了解西学的精深微妙之处。明治维新以后，日本的近代教育改革成为新派人士资谈仿效的对象。吴汝纶心仪聘请东文教习，学生要兼学东文和中文，并在《东文学堂章程》中明确提出："一则东学三年、五年可望必成，不似中学之遥遥无期；一则东师课严，不似中学之或作或辍……"[5]276其实，清政府正式向日本提出招聘教习就是在吴汝纶访日期间，且吴汝纶做出了不少努力。吴汝纶在考察期间，除了撰写详细的考察日记外，还为大学堂物色了服部宇之吉、岩谷孙藏等日本教习，又推荐留日学生范源濂等任助教。吴汝纶一贯主张学校开设西学课程，特别是自然科学技术方面的课程，因国内没有师资故必须聘请外国人为师。为此，他也曾多次谈到可聘西方在华传教士为师。但他又指出，聘请欧美教师所费甚巨，加之学生掌握西语比较困难，相比之下，聘请日本教师比较有利，其主要理由为：第一，聘请日本教师费用相对少；第二，日语较易学得，便于教授；第三，西方自然科学和社会科学的重要著作及教科书大多由日本人翻译成日文。在日期间，他会见了服部宇之吉、岩谷孙藏等人，经考查认为他们适合担任京师大学堂教习，于是便写信向张百熙推荐："尚书先开师范学校、仕学院，实为扼要办法。所延服部、岩谷二君，此邦上下，皆贺我得人，皆望能尽其用。"[5]435由于吴汝纶的推荐，服部宇之吉和岩谷孙藏先后来中国担任京师大学堂教习，特别是服部宇之吉被师范馆聘为正教习，讲授教育学、心理学、伦理学等课程，为中国近代师范教育做出了一定贡献。同时，吴汝纶还推荐留日学生范源濂任其翻译、助教，译述服部宇之吉的讲义。吴汝纶在日本考察期间，积极与日本政府官员、教育家进行交谈并表达诉求，希望日本选派教习到中国任职。这也正合日本之意，如日户胜郎给吴汝纶的信中说："养成教员者，是教育上最先最大之急务也。……文相之意，方今之际，敝国虽乏干济之材力，然欲为清国送良教员，正在妙选未定，又不日期应阁下之质问，豫有所审虑碎心，待面谈吐胸中之见……"[5]764-765在与日本帝国教育会会长辻新次交谈时，辻新次谈及聘请外国教员，如若"始基之不慎，贻害于后学者匪浅。日本明治初年，迭受此种弊害，愿贵国勿复蹈此也"[5]793。他还直接向吴汝纶提出："窃拟募集敝国师范生之卒业者，授以贵国历史地理，并告以风俗人情及通行之语言，此假敝国人士，养成为贵国教员者也。"[5]793由辻新次所主持的帝国教育会专门设立了"清国派遣教员养成所"，负责训练来中国任教的教员。同时，吴汝纶又去信张百熙，力荐日本教员到中国任教。在吴汝纶的影响下，京师大学堂聘请了多位日本教师并开设各门课程，其中比较著名的有教授物理学和数学的太田达人，教授生物学和动物学的桑野久任，教授植物学和矿物学的矢部吉桢等。从此，清政府聘请日本教习成为定例。也正因为如此，有人称清末教育改革为

"日本教习时代"。

在中国师范教育的近代化建设中，日本教习的贡献是不可泯灭的，这与吴汝纶的大力提倡是分不开的。这些教习在各级师范学校任教，尤其是教育学科，大部分都由日本教习担任。后来的实践证明，日本教习在专业教育方面，如教育学、心理学、教学方法等方面，为清末的教育做了许多工作。

其三，办师范学堂。在清末变法及新政改革过程中，改书院，废科举，兴学堂，始终是热门话题，也为朝野所关注。书院改为学堂以后，加上新办学堂，出现了学堂林立的盛景。这样一来，师资短缺显得更加严重。面对教育的现实问题，吴汝纶建议学习日本的经验，先行开办师范学堂。吴汝纶十分重视明治日本的师范教育，在日本期间参观了不少师范学校，日本的寻常小学和高等小学的教习均是师范学校的学生。他还把有关日本近代师范教育的信息及时传入中国。他认为只有学习日本的成功经验，开办师范学堂，培养自己的教师，才能达到人人接受教育的目的，国家可望变得强大起来。

借鉴外国师范教育的经验，建立中国近代师范教育制度，这是吴汝纶对清末师范教育的最大贡献。他的考察报告为制定"癸卯学制"中关于师范学堂的章程提供了重要依据。如果说中国新教育的发展是受惠于独立建制的师范教育体制，那么清末独立的师范教育体制应该受惠于它的创建者——吴汝纶。

其四，出国留学。吴汝纶提出教师培养的又一个方案，即选择优异之士出国留学。吴汝纶非常强调留学教育的重要性，认为日本、俄国兴盛强大的原因，重要的一条就是重视留学，鼓励出洋学习。吴汝纶总结日本的教育经验正是依靠遣送留学生出国深造来培养自己的师资，认为这是一条很好的教师培养途径。

与洋务派曾国藩等1872年派幼童赴美不同，吴汝纶主张选派"国学根基已具备之生徒"出国游学。他认为，只有具备了深厚的中学根底，后方能全面、透彻地了解西学，更好地专注西方专门之学。十九世纪末二十世纪初，受时代潮流的影响，加之清政府的提倡，出国留学的人渐渐多了起来，不但有大量的公费留学生，而且自费留学的人也不少。当时，人们对私费留学生存在一定的偏见，吴汝纶则主张对公费和私费留学生都应一视同仁，并鼓励私费留学。在此之前，他在给张百熙的信中亦说："此间多持官生贤于私费之生之说，某甚不谓然。此等学徒，不烦国家供给，而能自求新学，备国家缓急之用，此宜奖劝鼓厉，使之源源而来……"[1]275-276 吴汝纶的认识是正确的，官私并举有利于发展留学教育，有利于多出人才、快出人才。

吴汝纶算不上是为中国教育近代化做出最大贡献的人，也不是创办新式学堂最多的人，但他投身教育、为教育事业鞠躬尽瘁的精神值得后人敬仰和学习。最感人的是他临终前的一幕：他自知将不久于人世，便将早川新次及门人李光炯招至枕边（当时家眷尚在北方保定，唯一的儿子还远在日本求学，没有一个至亲的人守在身边），他握着早川新次的手，临终之前所托之事仍是学堂之事，其精神令人感佩。

吴汝纶的一系列教育革新思想与实践，不仅顺应了历史发展潮流，而且促进了中国近代教育的发展。作为近代教育改革的先驱者，吴汝纶为中国近代学制的建立做出了积极贡献。尽管其近代学制体系的构建还很不完整，多数关于近代学制的思想都是方向性的或者是框架性的，没有系统化、细致化，但丝毫不影响他在中国近代教育史上的作用和地位。

吴汝纶的教育革新思想既反映了时代的潮流，具有一定的进步性，又受到时代和阶层的影响，存在着一定的局限性。吴汝纶属于封建士大夫阶层，当过曾国藩、李鸿章的幕僚。他所接受的是传统的封建教育，因而和封建势力有着难以割舍的联系。他始终没有也不敢把国家衰亡与腐朽的封建君主专制政体联系起来，而是把教育作为挽救已经腐朽、没落的清王朝的法宝，显然是不现实的。但是，面对帝国主义的侵略，为了救国图强，他破旧立新，勇于实践，大胆提出了一些改革封建旧教育的革新主张，顺应了历史发展的客观要求，坚决要求废科举、兴学堂；积极提倡西学，强调"兼包新旧"；亲赴日本考察教育，竭力推介外国先进的办学经验，并亲自创办桐城学堂；重视国民基础教育和师范教育；等等。所有这些教育思想和实践在当时都属于"新的东西"，这不仅在一定程度上动摇了封建顽固势力，促进了社会风气的开化，而且对我国教育的近代化起到了积极的推动作用。吴汝纶的教育革新思想给后人留下了许多有益的思考，即使在改革开放的今天仍具有一定的现实意义。因此，对这样一位"兼通新旧，融合中西的人物"，我们不应该忽视吴汝纶在中国近代教育史上的重要地位和重大影响。

第二章　房秩五的教育实践与思想

一、房秩五生平简介及教育实践活动

(一)房秩五生平简介

房秩五(1877—1966),名宗岳,号鲁岑,晚号陟园老人,今安徽枞阳人。房秩五自幼随父读书,至二十岁止。后迫于家庭生计,外出做塾师。1898年,参加科举考试,以县试第二、府试第一、院试第三的优异成绩入读安庆敬敷书院。

1902年,房秩五至安庆蔡家教书,结识陈独秀、葛温仲、潘晋华等反帝反清人士。他们经常一起纵谈时事,相约从事革命活动。1903年春,吴汝纶创办了桐城学堂,聘房秩五为东乡学长。房秩五一边跟随从日本来的早川新次学习日语,一边和陈独秀、吴守一等筹办《安徽俗话报》。同年秋,房秩五赴日本留学,期间翻译了小泉又一所著的《教育实用心理学》一书。1905年秋,房秩五在李光炯和卢仲农的电促下,回国主持安徽公学附设的芜湖速成师范学校。此外,房秩五还先后任桐城学堂学监、芜湖速成师范学校教员、安徽教育总会干事、安庆提学使署文案。

1908年春,房秩五应许世英之邀赴奉天,先后在辽宁省旗务司、民政司、造币总厂等机关任文案。1910年春,房秩五改任《东三省日报》主笔,经常在报上发表文章、抨击时弊,为当权者所忌。1912年6月,时任司法总长的许世英任命房秩五为《司法公报》编纂。房秩五出于对袁世凯的窃国暴行不满,遂辞职去湖北,在友人巡按使吕调元处任文牍,后至宜昌等处办理税务。袁世凯称帝失败后,时任内阁交通部长的许世英又委派房秩五为交通部视察。房秩五后至天津,与友人合股开办柳江煤矿,任该公司董事，负责驻津办事处的工作。1919年冬，吕调元任安徽省省长，便将其创办的垄堂煤矿事务委托给房秩五，并任命其为北平督办处坐办。1921年夏，许世英与意大利人合资成立华义银行，聘房秩五为协理。1922年秋，许世英出任安徽省省长，邀房秩五回皖担任芜湖道尹。1923年底，吕调元再任安徽省省长，挽留房秩五任芜湖道尹，房秩五坚辞不就。

1923年年底，房秩五回到故乡枞阳，全心致力于创办浮山学校。学校所聘教师多是共产党员和进步人士，如胡竺冰、吴克正、张良培、郑举之、黄镇等。1927年，"四·一二"反革命政变以后，由于浮山地处偏僻，房秩五在此掩护了许多共产党人，包括当时的安徽省省委书记王步文。

1941年，日军轰炸浮山，校舍被毁。房秩五为重建校舍，恢复旧观，在上海等地募捐，并得到友人许世英的大力资助。1946年，经房秩五与安徽省教育厅多次交涉，浮山中学增设高中部，成为一所完全中学。1947年冬，房秩五在安庆筑"亦浮庐"，全家由浮山移居安庆。

新中国成立后，房秩五曾以特邀代表身份赴京参加中国人民政治协商会议第一届全国委员会第二次会议，受到周恩来和朱德的接见和看望。同时，房秩五还被选为安徽省第一届人民代表大会代表。

1956年，房秩五自编诗集《浮渡山房诗存》出版，沈尹默为该书题写书名，光明甫、方孝远分别为该书作序，马后文为该书跋记。

1966年12月，房秩五病逝于安庆，享年九十岁，葬于浮山中学校园内。

（二）房秩五的教育实践活动

1.秀才出身，迫于生计，坐馆持家

房秩五生于乡村塾师之家，自幼随父读书，如其所言："余自幼及冠，均受庭训。"[7]332他在《丁丑六十初度登双瞻阁感赋》一诗中，详细回忆了幼年从父受教的情形："五岁侍父读，依依辨四声。跳蹒随襁褓，拜辞阿母行。阿母时念儿，遣使往复迎。父曰儿不学，将贻姑息名。母曰儿尚稚，督责无过程。严慈各有本，时复为儿争。哀哀目前事，此景复此情。稍长习文史，出语长老惊。睥睨诸儿童，头角独峥嵘。自谓拾青紫，

气可一世横。里儒或面谀，阿父辄目瞪。愿儿愚且鲁，宁在到公卿。器识与文艺，士宜审重轻。任重而道远，所恃毅与弘。先民有遗训，此理胡不明？退省阿父言，此意良怦怦。"[7]327-328 可以看出，房秩五家学渊源深厚，且他从小聪颖、灵慧，少年成才。他的童年是在父亲的严苛督责和母亲的慈祥护爱这两种相反相成的教育方式下度过的。在这个严慈相济的乡村塾师家庭中，房秩五接受了较为系统的传统文化教育以及儒家道德礼仪规训。

1898 年秋，二十二岁的房秩五参加科举考试，取得了县试第二、府试第一、院士第三的优异成绩，名噪一时。是年冬，他进入安庆敬敷书院就读。以他的话说，可谓"三年童子试，一鸣冠庠黉"[7]328。然而，他并没有就此踏上科考仕进的道路，原因主要有以下两点。一方面，时值帝国主义势力仍在不断蚕食着这个衰朽的国度，谋求维新的"戊戌变法"又惨遭清廷保守派的镇压，可谓时局动荡、内忧外患、民生疾苦。当此数千年来未有之变局，众多有识之士不再把登科仕进作为人生唯一的追求目标，而是满怀激情，努力学习各种利国利民的实用技术，积极投身于改造社会的大潮中，以达到抵御外侮、强国保种之崇高目的。另一方面，房秩五在通过院试选拔，取得参加乡试的资格后，家里已无经济条件供他继续应考。房秩五姐弟七人，他和两个姐姐、四个弟弟仅靠父亲微薄的束脩难以维持全家的生计。不幸的是，1900 年冬，他的母亲病重，次年家乡又遭水灾[7]329。家庭变故和自然灾害对于本就拮据的房家来说无疑是雪上加霜。所以，为了维持家庭生计，照顾病重的母亲，作为长子的房秩五不得不暂时克制自己的求学建业之心，毅然挑起整个家庭的重担，开始了他为期数年的坐馆生涯。

仅据《浮渡山房诗存》一书统计，房秩五在 1900 年前后曾先后被陈澹然[字剑潭，安徽枞阳人，清光绪十九年（1893）恩科举人。好读史书，为文不拘"桐城家法"。民国年间任安徽通志馆馆长，亦受聘于安徽大学，讲授中国通史]、方守彝（字伦叔，号贲初，安徽桐城人，桐城派后期名家方宗诚之子，与吴汝纶、姚永概并称"皖派三诗家"。晚年归隐安庆，整理诗文，出版二十卷本诗集《网旧闻斋调刁集》）、方守敦（字常季、盘君，安徽桐城人，方宗诚之子，诗人、书法家。1902 年随吴汝纶赴日考察学制，回国后力助吴汝纶创办桐城学堂。1904年与李光炯等在芜湖创办安徽公学。1939年与姚孟振等重印《桐城续修县志》）等皖中名宿延聘，负责教其子弟读书习文。房秩五并不满足于仅仅挣些馆谷或束脩，而是经常利用教课之便向这些前辈请教学问。所以，在他坐馆授书期间，学业非但没有荒废，反而大有长进。对于前辈的谆谆教诲，房秩五心存感恩，终生难忘。他在1939年所作的《感旧》一诗中，咏怀了曾有恩于他的十二个人，其中就有陈剑潭、方伦叔和汪朴斋三位前辈。

对于陈剑潭先生，他说："白荡湖边烟水冥，凤仪山下夕阳深。好将万古心胸拓，一语苍茫记到今。"[7]333

对于方伦叔先生，他说："孤馆春寒月上时，竹梧窗外影参差。灯前手授谈诗录，辜负深情两鬓丝。"[7]334

对于汪朴斋先生，他说："大药空思驻母年，当时高谊感云天。卅年游子春晖恨，怕上双溪夜雨船。"[7]334-335

依房秩五在诗前的序中所言，这些人均是"有德于我者，或受学，或受知，或受惠"，而陈剑潭、方伦叔和汪朴斋三位恰好各占其一。陈剑潭拓其心胸，可谓"受知"；方伦叔教其作诗，可谓"受学"；汪朴斋慷慨赠药，可谓"受惠"。房秩五在人生的起步阶段得此三人赏识与提携，实乃大幸！但从房秩五自身的条件来看，这种大幸有其必然性。别的姑且不论，仅房秩五在县试、府试和院试中卓然超群的优异表现，足可以让这些士绅名宿们下定决心争相延请其坐馆授学了。

数年清苦而充实的塾师生涯，缓解了房秩五的生活压力，解决了一个大家庭的生计问题。更重要的是，他在坐馆期间结识了许多皖中名宿和退隐贤达，与前辈们经常的交流和切磋，使得他才学益进，声名日显。另外，多年的坐馆经历使他积累了丰富的教育教学经验，为日后的设学兴教奠定了扎实的基础。

2.襄助吴汝纶创办桐城学堂，任东乡学长

关于襄助吴汝纶创办桐城学堂一事，房秩五曾回忆道："壬寅，先生以京师大学堂总教习奉派赴日本考察学制，秋九月携日人早川新次回安庆，创办桐城县学堂，自任堂长。余时在皖作塾师，先生命余入学曰：'汝辈年长，不及习西文，可学日文，借求新知识。'乃于堂内设五乡学长名目，以堂长年薪三百千分为学长膏火。城乡马子潜，南乡吴受益，北乡光明甫（明甫已入南京高等学堂，改吴梦雏），西乡宋胪初，东乡则余。盖深知余等家贫，非有膏火不能就学。"[7]335 吴汝纶作为桐城派的殿军，素有教育救国的抱负。他在主持莲池书院的多年间，对教育理论颇有研究。他曾说道："窃念中国危亡呼吸，妇孺尽知。……欲救此厄，必在培才。"[5]457 房秩五自日本考察学制回到安庆后，深感家乡教育的落后，决心创立新式学堂，以达其兴西学、启民智、开风气之目的。吴汝纶经综合考虑，计划先将桐城学堂办成一所以法学和理财为主科，旁及"科学初阶"和"研究学"（哲学的一种——作者按）的专门学堂[5]463。

1902 年 10 月 11 日，吴汝纶致信桐城县令蒋少由，详细说明了学堂的招生计划和教习选聘等事宜。招生方面，学堂欲"录取廿岁内外，确能文理雅畅，识解明通之学生六十名"，每乡十二人。另有附取生六十名，以备候补。教习方面，"聘用中文、算学教习一人，岁送束脩二百四十两正……东教习一人，岁送束脩六百两正……至英法文应俟求得良师，再行聘请，束脩临时再议"[5]467。因录取名额是按乡分配，加之学堂教习奇缺，吴汝纶另设"五乡学长名目"，延聘各乡学行俱佳的青年才俊担任。房秩五因其才学、品行早已誉满乡里，故而受到吴汝纶的赏识和器重，遂被聘为"东乡学长"。据房秩五回忆，他在桐城学堂的学长膏火是由堂长吴汝纶从自己的年薪中勉力分拨提供的。吴汝纶为发展新学，慷慨解囊、无私奉献，这种崇高人格令房秩五感佩不已。

五乡学长是集辅导中学和学习西学任务于一身的特殊职务，但房秩五更多是在学堂里学习新知，接受西方文化的洗礼。多年以后，房秩五仍清晰记得当时随恩师吴汝纶受教的全部过程："是时先生借抚署南院屋为校舍，移住其中，筹办一切，预计明年（1903 年——作者按）正月开学。十二月初余解馆侍先生，二十余日朝夕讲论，受教良多。二十三日辞归，先生曰：'余数十年不在家度岁，越数日吾亦将归矣。'讵除夕抵家，元旦得病，十二日即归道山。"[7]335 吴汝纶作为晚清桐城派的领军人物，学贯中西、器识宏远、力倡新学，高名早为天下扬。令人扼腕的是，他仅与房秩五相处了二十余日，便得病骤逝，魂归道山。房秩五曾写诗怀念恩师："早有高文空一世，晚将新学迪诸生。百年终遂还山愿，谒墓人来泪几倾。"[7]335然而，就在这短暂的时日里，房秩五已是"受教良多"，尤其对西学、实学以及教育救国的理念，有了更加深刻的认识。从房秩五整个人生经历特别是其教育经历来看，先师吴汝纶对他的影响最为直接，也最为持久。实际上，自协助吴汝纶创办桐城学堂始，房秩五的人生就与教育事业结下了不解之缘。

房秩五在桐城学堂除了跟随吴汝纶学习新知外，还遵照吴汝纶的指示，积极跟随日本教习早川新次学习日语，为赴日留学做准备。早川新次"学兼东西"[5]459，尤"精于研究学"[5]463，拥有丰富的教育实践经验和深厚的教育理论素养。早川新次著有《今代教育精神》一文，吴汝纶阅后评注道："所论开创主义、人力主义二事，均有绝特之识，非粗才所知。"[8]吴汝纶的日记中还收有早川新次翻译的两篇教育论文，即《早川译学校设备一则》和《早川译学校清洁法》[2]721-724。可以想见，一心向学、立志从教的房秩五肯定不会错过与这位学识宏通的日本老师讲求其他学问的机会。

房秩五襄助吴汝纶创办桐城学堂的这段经历是他兴办新教育的肇端，为其将来献身教育事业奠定了基调，指明了方向。他自桐城学堂始，便踏上了更为广阔的人生舞台，其活动足迹遍布大半个中国，直接见证了中华民族的苦难与悲恼。在他一生华美的乐章中，虽然间有为官和经商的小插曲，但从事教育一直是其难以释怀、苦心经营的主旋律。

3.与陈独秀共办《安徽俗话报》，编撰教育专栏

1904年春，陈独秀从上海回到安庆，此时他的政治思想已从维新派转变成反帝反封建的革命派。房秩五当时正在安庆桐城学堂任"东乡学长"。作为安徽近代第一所新式学堂，桐城学堂云集了一批像房秩五一样志存高远、学行兼优的热血青年。他们愤世嫉俗，关心国事，力求新学，以振兴中华为己任。这些人正是陈独秀宣传革命思想的最佳对象，所以"仲甫几无日不来校纵谈时事，极嘻笑怒骂之雄"，"意气甚豪"[7]389。

陈独秀深知报纸对于宣传革命思想的重要性，早就萌生了自办报纸的想法。1903年，他参加了章士钊主创的《国民日日报》的筹划和编辑工作，积累了丰富的办报经验。章士钊后来曾赋诗一首，充分肯定陈独秀对于该报的重大贡献："我与陈仲子，日期大义倡。《国民》既风偃，字字挟严霜。格式多创作，不愧新闻纲。当年文字友，光气莽陆梁。"[9]陈独秀在结识房秩五、吴守一等人后，将独立办报的想法告诉了他们，立即得到他们的积极响应。他们将刊名定为《安徽俗话报》。房秩五负责编纂教育栏目，"守一任小说，余稿悉由仲甫自任之"[7]389。"每期稿件均由陈独秀汇齐，寄至芜湖科学图书社，由科学图书社承担发行工作，《安徽俗话报》的社址便设在该社。由于芜湖当时还没有印刷厂，所以，每期由科学图书社寄至上海，由章士钊的东大陆书局印刷，印好后再寄回芜湖。"[10]

陈独秀在《安徽俗话报》的发刊词中将该报宗旨概括为"两个主义"："第一是要把各处的事体，说给我们安徽人听听，免得大家躲在鼓里，外边事体一件都不知道。……第二是要把各项浅近的学问，用通行的俗话演出来，好教我们安徽人无钱多读书的，看了这俗话报，也可以长点见识。"[11]3陈独秀在随后所附的章程里，又将这"两个主义"归纳为八个字，即教大家"明白时事"和"通达学问"[11]4。综观《安徽俗话报》各期所载内容可知，"明白时事"和"通达学问"仅是该报的对外说辞，唤起普通民众的爱国思想和救亡意识才是其真正目的。

《安徽俗话报》共设十三个栏目，包括论说、要紧的新闻、本省的新闻、历史、地理、教育、实业、小说、诗词、闲谈、行情、要件、来文等。除论说与要紧的新闻栏目外，其余栏目并不固定，且不断有新栏目出现。其中，教育栏目共有文章十六篇，仅次于论说栏目（二十一篇）。除第八期、第十期、第十一期、第十三期和第十九期无教育栏目外，其余各期均登有教育类文章，详情可参见表2-1。

房秩五负责编纂的教育栏目同样秉承着"开通民智、救亡图存"的宗旨，他试图通过宣传和普及正确的教育理念来唤醒人们麻木的心灵，使他们认识到教育对于国家和民族的重大意义。据表2-1可知，在所有十六篇教育类文章中，作者饬武（房秩五）共发表九篇，作者三爱（陈独秀）共发表四篇，作者铁仁发表两篇，作者了白发表一篇。这些文章的内容涉及家庭教育、蒙学教育、国语教育、女子教育、国外教育等。房秩五的文章其实有三大篇，分别为《整顿蒙学馆的法子》《蒙学应用各书的说》《家庭教育》，均采用分期连载的方式，主要讨论的是蒙学教育和家庭教育，共计一万六千字。

表 2-1 《安徽俗话报》教育类文章一览表

期次	题名	作者
一	整顿蒙学馆的法子（上）	饬武
二	整顿蒙学馆的法子（下）	饬武
三	国语教育	三爱
四	蒙学应用各书的说（上）	饬武
五	蒙学应用各书的说（下）	饬武
六	家庭教育（一）	饬武
七	家庭教育（二）	饬武
九	家庭教育（三）	饬武
十二	家庭教育（四）	饬武
十四	王阳明训蒙大意的解释（上）	三爱
十五	家庭教育（五）	饬武
十六	王阳明训蒙大意的解释（下）	三爱
十七	敬告各位女东家太太	了白
十八	西洋各国小学情形	三爱
二十	女子教育（上）	铁仁
二十一 二十二	女子教育（下）	铁仁

注：饬武为房秩五的笔名，三爱为陈独秀的笔名，其余笔名的原名不详。

从语言风格上看，教育类文章通俗易懂、简洁明了，体现了"俗话报"的基本特色。从该栏目的总体内容看，房秩五所关注的主要是儿童教育。房秩五和陈独秀所写的六大篇文章，以及作者了白所写的《敬告各位女东家太太》一文，阐述的都是儿童教育，只不过有的侧重从理论上加以解释，有的侧重从实践上加以说明，且范围并不限于国内，而是延伸到了"西洋各国"。

据房秩五回忆，《安徽俗话报》"计自甲辰正月出版，每月二册，风行一时，几与当时驰名全国之《杭州白话报》相埒。追暑假时，桐城学堂改名桐城中学，移回县城，余赴日本学师范，守一亦回桐城授课，仲甫乃将《俗话报》全部迁至芜湖。适秋冬间，李晦庐、卢仲农两君将原在湖南创办之安徽旅湘公学迁回芜湖，改名安徽公学。次年夏，又由安徽公学附设一安徽公立速成师范学校，促余回芜主持其事，维时仲甫亦间在各校授课，《俗话报》出版如故也。未几，因登载外交消息，为驻芜英领事要求中国官厅勒令停办"[7]389。以上文字较为详细地描述了《安徽俗话报》当年的发行盛况，以及该报从创办到被"勒令停办"的前后经过。由上可知，房秩五因中途赴日留学，并未一直参与《安徽俗话报》的编辑工作，而是在留日归来，主持芜湖速成师范学校时才继续参与其中的。然而，当时严峻纷乱的国内环境使得这份高扬革命民主大旗的刊物注定逃不掉夭折的命运。事实上，这份刊物仅发行了不到两年时间。值得一提的是，这份报纸让两个爱国青年的心紧紧地连在了一起，房秩五和陈独秀二人从此结下了深厚的友谊。

4.留日归来，主持芜湖速成师范学校

前文已述，房秩五曾随日本教习早川新次学习日语，为赴日留学做前期准备。实际上，房秩五在从1903年春就任东乡学长到1904年秋赴日留学的这段时间里，不仅打下了扎实的日语基础，而且从早川那里学到了不少新学知识，汲取了许多先进的教育思想、理念。房秩五之所以"奋志走蓬瀛"[7]328，选择学习速成师范，很大程度上是受到吴汝纶的影响。吴汝纶以为，"欲自立于世界，则必以国民教育为的。必行国民教育，先须开师范学堂"[5]419。当时中国新式教育刚刚起步，各地均急需大量懂教育的专门人才，作为一种短期内培养教育人才的专业，速成师范正好可以解决这一难题。

房秩五因家庭贫困，到日本留学的全部费用仅有桐城学堂补助的一百元钱。房秩五到东京两个月之后，旅费告罄，生活堪忧。无奈之下，房秩五向同在东京的好友潘晋华（潘晋华为著名诗人潘赞化的堂兄，房秩五与其数年前同为安庆青年励志社成员，交情甚笃）求助。潘晋华建议他翻译日文专著，寄回国内发行，并应允先资助其付印。房秩五采纳了好友的建议，经慎重选择，决定翻译日本著名教育学者小泉又一所撰《教育的心理学》一书[《教育的心理学》一书由大日本图书株式会社初版于明治三十七年（1904年）二月，后又数次再版。另，小泉又一至少还有两种专

著被译成中文，分别是《欧美教育实际》（商务印书馆1908年版）和《教育学》（文明书局1914年版）]。二十世纪初，教育心理学作为一门独立的学科尚处初创时期，各国学者都在加大对教育心理学的研究力度，尤以美国和俄国为甚，日本则紧随其后，而国内当时尚无专门的教育心理学译著。房秩五以其对教育规律的深刻领悟和对国际教育学发展趋势的敏锐洞察力，充分意识到教育心理学对于教育理论和实践的基础性作用和重大意义。此书于1906年由上海文明书局出版，书名译作《教育实用心理学》[12]。据房秩五回忆，该书"先后凡三版，除还刻资外，余款足资学费"[7]335。他晚年曾写诗感怀潘晋华当年的义举："江岛飘零百感侵，多君惠我刻书金。成连一去知音渺，悽绝人天海上琴。"[7]335

1933年，知名心理学者张耀翔在《图书评论》上发表《从著述上观察晚近中国心理学之研究》一文，其调查统计的结果是："诸书以房宗岳所译日本小泉又一之《教育实用心理学》出版最早，在光绪末年。"[13]时下几乎所有版本的教育心理学教材，在论及我国最早出现的教育心理学译作时，均持此说（可参见冯忠良、伍新春等编的《教育心理学》（第2版），人民教育出版社2010年版第18页以及陈琦、刘儒德主编的《当代教育心理学》（第2版），高等教育出版社2011年版第27页）。此后，直到1924年，廖世承编写的国内第一本《教育心理学》教科书方才问世。可以说，在我国教育心理学学科发展史上，房秩五是不折不扣的开拓者，其历史贡献终将彪炳史册。

1905年夏，安徽公学附设的芜湖速成师范学校成立。旅日刚满一年的房秩五接连收到好友李光炯和卢仲农的来电，催促其速回国主持校务。他没有拒绝，果断启程回国，准备用其所学实现自己的教育抱负。安徽公学的前身是安徽旅湘公学，系李光炯和卢仲农等人于1904年春在湖南长沙创办。安徽旅湘公学革命色彩浓厚，学校聘请了黄兴、赵声等人执教，以宣传革命思想、培养革命骨干为办校宗旨，指导学生阅读进步书刊。是年冬，因湖南政治形势恶劣，在陈独秀等人的推动下，该校迁往芜湖，更名为安徽公学。安徽公学创办初期，分中学和师范两部，教师多是革命党人和教育名士，如刘申叔、陶成章、柏文蔚、张伯纯、苏曼殊、谢无量、江彤侯等[14]。后来，随着办学规模的扩大，安徽公学在原有基础上增设了芜湖速成师范学校，其用意是在短期内培养大量师范人才，以应对皖省基础教育师资匮乏的局面。该校可能是芜湖乃至皖省近代最早的师范学校，开创了安徽近代师范教育的先河，走在了全国新式教育改革的前列。

房秩五接掌芜湖速成师范学校后，便将他在日本学习的师范教育理论用到校务运作中去，收到了显著的效果。当然，学校的师资队伍主要还是安徽公学的老班底，如陈独秀就曾执教于此。主持芜湖速成师范学校可以说是房秩五本人独立办教育事业的开始。房秩五在治校期间所积累的丰富经验为他日后创办浮山小学打下了坚实的基础。

5.历尽艰辛，抵死无悔，倾力在浮山办学

房秩五自1908年坐馆教书，到1923年返乡办学，度过了他人生中最为动荡不安的十几个年头。他在这段时间内做过机关文案、公署文牍、银行协理，办理过税务，经营过煤矿……但他始终淡泊名利，无意于商贾和仕宦之道。1923年11月，房秩五辞官回乡，一心致力于发展乡村教育。如其所言："这就结束了我十二年来的无聊政治生活，也就恢复了我十六年前的原来教育生活。"[15]5

房秩五早年就有过在浮山办学的设想。在《哭晦庐》（晦庐为李光炯的号，该诗是房秩五为悼好友病逝而作——作者按）一诗的注解中，他曾谈到："光绪丙午，余与君消夏浮山寺，僧疑君提寺款办学，慢不为礼。余两人因约，将来必办学山中，纪念此事。"[7]339房秩五回乡之初住在浮山华严寺中。其时，旧友李光炯、光明甫、史恕卿、朱缊山、周新民、孙闻园等人先后造访他。他总是颂扬先师吴汝纶离京返皖，创办桐城学堂之义举，并提出在浮山办学的主张。他曾说过，"龙眠、浮渡，吾邑之名胜地也"，"龙眠山已有桐城中学，浮山亦当有之"[16]。为了办好浮山小学，房秩五不辞辛苦，四处奔走，"虽屡遭挫折而志不稍衰"[7]391。与房秩五相交六十年的同乡方孝远写道："犹忆某岁在宜城，君因开筹备校事会议，约余与光君明甫诸老友同往浮山，掉扁舟行白荡湖中，风雨骤至，同人衣履尽湿，舟子惶惶，君独神态自若，盖此时已全神贯注于浮山校事，不复他顾。"开会时，房秩五"慷慨陈说，为农村学子奠百年大计，真有杜少陵'广厦千万间大庇天下寒士'之怀抱。事非亲见，谁能知之"[7]285。办校之初，学校经常受到反动当局的监视和阻挠。房秩五曾记录此事："时予住

寺营建学校，县当局某君有误会，托名游山，意存窥探。"[7]307

办学首先需要大量资金来建造校舍和添置设备。1924年8月24日，房秩五集合寿龙、石山、白湖、柳寺四保绅士和胡、吴、李、疏等各大族的族长，陈述办学之善举，首捐一千大洋，当即募得资金六千余元。10月，建成平房校舍五十余间。1925年初，聘请当地颇有影响的绅士房堃甫任校长，招收初等小学新生十一人，高等小学新生三十一人。2月，正式开学，名曰"浮山小学"。开设的课程有国文、国语、算术、常识、珠算、工艺、象形、书法、音乐、体操等。同年夏，房秩五又亲赴京、津、沪、宁等地，募捐到一万三千余元，建筑浮山图书馆西式楼房二十二间，陆续购置图书万余册。9月，招收初等小学、高等小学新生各一班。至此，小学部初具规模。

1926年，房秩五又四处募捐，增筑校舍四十间。1928年2月，浮山小学改名为"浮山公学"，聘请朱伯健（安徽桐城人，毕业于武昌高等师范学校，学识渊博，富有办学经验）任校长。4月，遵大学院令，组建校董会，捐款人公推房秩五为董事长。校董会确定以"启发民智，振兴国本，发展乡村教育"为办学宗旨。9月，招收初中新生一个班，初中部正式成立。1929年10月，学校改名为安徽私立浮山中学（以下简称为"浮山中学"）。同年，为了便于办理校务，房秩五在浮山脚下、白湖之滨营建了三间平房，取名"双瞻阁"，意指"可望先垅也"[7]329。此后，经过数年的发展和建设，浮山中学的办学规模几与吴汝纶创办的桐城学堂相匹敌，在当地引起较大轰动，名噪一时[15]13-14。

1937年7月，日本侵华战争全面爆发，因交通阻断，房秩五困居于天津租界，"无所事事，日以书报自遣"[15]7。1941年6月，房秩五在好友许世英的帮助下乘船抵沪。房秩五到沪后两日得家书，知浮山中学于5月28日遭六架日机轰炸，"校舍成墟，伤感无既"，遂赋七绝三首。其中一首曰："巢覆应知卵作尘，斜阳故垒不成春。旧时辛苦衔泥意，王谢堂前剩几人。"[7]340为了复兴浮山中学，房秩五"一面函告史君（房秩五好友史磊冰，1939年9月被聘为浮山中学校长——作者按）及各校董，切实计划，恢复原状；一面印刷捐启，广为劝募，并将学校被炸详情，函告许静仁君请其救济，结果陆续收到许静仁君拨助救济费两万元，各处私人的捐款亦约两万元"[15]8。1943年夏，浮山中学的原状已完全恢复。1945年春，浮山中学增设高中部，成为完全中学，改名为安徽桐城县私立浮山中学。房秩五曾说："我在浮山办学本以从小学办至完全中学为目的，浮山也没有再进一步办理任何学校的条件。"[15]8至此，房秩五数十年之夙愿终得实现。

关于房秩五的政治倾向，他曾说："我一生无党无派，在前清留学日本时，曾有人邀我入同盟会，我也很想加入，但一念及父亲年老，家口众多，因之中止。国民党成立，我是不愿意加入；共产党成立，我又无资格加入，结果是一无所属……"[15]9房秩五的长子房师亮（1922年与朱德、孙炳文等人赴德国留学。1925年转赴莫斯科接受军事训练，次年回国，参加北伐战争。1929年再度留学德国。1937年获符兹堡大学医学博士学位。回国后，任昆明昆华医院主治医师、同济大学医学院教授。中华人民共和国成立后，房师亮任安徽省卫生厅副厅长，安徽省第四、五届政协副主席，第三、五届全国人大代表，第四届全国政协委员）早在德国留学期间就经朱德和孙炳文的介绍加入了中国共产党。在浮山办学期间，房秩五多次掩护并支持共产党员从事革命活动。1927年，"四·一二"政变后，凡是不能存身于上海、安庆各处的共产党人多到浮山隐避。"如当时安徽共产党书记王步文烈士曾到浮山寄居数月；四川孙炳文烈士在沪遇难后，其夫人携三子一女也到浮山寄居两年余。"[15]6学校聘请的教员中，郑曰仁、胡竺冰、吴克正、张良培等均为中共早期党员。房秩五曾赋诗多首挽悼为革命牺牲的共产党人，包括吴克正、王靖疆、陈雪吾等。因房秩五与共产党人过从甚密，后来受到牵连，一度被迫雪夜离开浮山。1968年5月，周恩来总理在接见浮山中学校友、原廿军副军长朱铁骨时，谈及桐庐一带当年的革命活动时说："浮山中学不同于一般学校，它是当时那个地区的革命活动的中心。"[15]17

二、房秩五教育思想的形成背景

（一）中国传统儒家文化的熏陶

1877年1月，房秩五出生于一个清贫的乡村塾师家庭，其祖父和父亲均以教授私塾为业，故房秩五自幼接受庭训。他在《我的回忆》一文中说道："我五岁时就跟父亲读书，念到二十岁止。"[15]换言之，房秩五随其父学习的时间长达十六个年头。其时科举制度尚未废除，房秩五所学的核心内容自然是传统的儒家经典。房秩五自幼聪敏好学，终日浸淫于孔孟之道和程朱之理，对儒学要义了如指掌，如数家珍。儒家提倡忠孝，讲求仁义，推崇兼济天下的入世精神。这些特点和品性在房秩五身上均有不同程度的展现。比如，房秩五本人就是一位不折不扣的大孝子。1900年冬，房秩五为"侍母病"，从敬敷书院辍学，于次年"就近馆双溪汪朴斋先生宅"[7]329。"父母在，不远游"的古训在房秩五身上得到了最好的注解。房秩五不但孝顺双亲，而且乐善好施，时常尽己所能，伸出援手，救济他人。仅举一例，以为佐证。1906年，房秩五任桐城学堂学监，主管校务。当时校内有一学生名光硕士，家境贫寒，"年少才高"[7]348，但"与同学不相能，愤而退学"[7]289。房秩五甚感可惜，为不使英才埋没，慨然资送其至湖南明德学堂肄业。"后同程演生、徐天闵诸君毕业于安徽高等学堂，学益进，志益放。"[7]348房秩五的毕生经历完全可看作传统儒士的近代写照。他身处乱世之秋，学有所成后，怀着一腔救国保种之心，办教育、做主笔、兴实业、任官职……他中年以前，四处奔走，历尽艰辛，甚至遭受迫害，但从没有畏葸不前，知难而退。但世道不济，官场黑暗，以"老夫子"自居的他厌倦了尔虞我诈和钩心斗角。为了保持自身的清白，也为了完成早年的夙愿，他在1923年年底辞官回乡，投身乡村教育事业。在中国历史上，与房秩五有类似人生经历的儒家知识分子，何其多也！房秩五正是在"兼济天下"和"独善其身"中度过了他跌宕起伏的一生。

有一点需特别指出，房秩五一生酷爱读书，而尤以古籍为多。他闲暇时总是书不离手，含英咀华，汲取了丰富的传统文化的营养。晚年的房秩五对于乡邦文献兴趣浓厚，曾花费大量的时间和精力阅读和整理乡邦文献，为桐城地区文献资料的保存和文化事业的发展做出了重要贡献。房秩五一生惜墨如金，不喜著文，但素爱作诗，留有《浮渡山房诗存》自编诗集一部，收录古近体诗约三百首，以平生居所为序分为四卷。马厚文指出，房秩五的诗"词旨芳洁，兴象华妙，骚情雅思，蕴藉深厚，有风人之遗意"[7]392。房秩五的好友光明甫更是认为房秩五与方磐君、李光炯堪称清以来的桐诗"三足"[7]284。

（二）清末民初教育救国思潮的冲击

教育救国思潮在十九世纪末到二十世纪初的几十年间，风靡全国，盛极一时。上至国家最高统治者，下至每一个爱国志士，都在谈论教育，并试图通过变革教育来增强国力，抵御外侮。这一思潮实起源于1895年中日甲午战争爆发和《马关条约》签订以后[17]。此时，虽然没落的晚清政府已实施了三十年的洋务运动，但是对日本的战败彻底唤醒了国人本已麻木的心灵，也让清朝的统治者们惶恐不安，忧心忡忡。昔日的"先生"被自己的"学生"打败，这让许多有识之士看到了日本的强大和中国的孱弱，进而发现日本强盛的关键在于其教育事业的发达。正如维新志士康有为所说："近者日本胜我，亦非其将相兵士能胜我也。其国遍设各学，才艺足用，实能胜我也。"[18]此后，中国从洋务运动时期的"兵战"转至"学战"，积极推行教育改革，诸如废科举、兴学堂，发展师范教育和实业教育等等一系列措施应运而生。中华民国成立后，教育救国的思潮非但没有消退，反而愈演愈烈。中华民国成立伊始，临时政府便在南京成立了教育部，取代了清末的学部，负责统筹规划全国的教育事务。不久，在第一任教育总长蔡元培的主持下颁布了"壬子·癸丑学制"，统一了全国学制，彻底改变了晚清时期的教育体制。

1898年，房秩五入读安庆敬敷书院，时年二十二岁，风华正茂、血气方刚，乐于学习新事物，接受新思想。房秩五面对清廷腐朽、国家残破、民族日衰的颓废气象，一腔的爱国热忱油然而生，决意以自身所学贡献社会、救亡图存。房秩五生长在一个塾师家庭，他的祖父和父亲终身都以教书为业，教书育人的家庭传统早已印染在其心中。正因如此，教育救国的思潮才可能自然而然地被他接受并付诸实践。

实际上，教育救国的思想真正走进房秩五的内心并被其引为平生教育的宗旨，主要得益于他的恩师吴汝纶。吴汝纶作为桐城派的殿军，学贯中西、品行高雅，备受时人尊崇。吴汝纶历来主张教育为国家之本、民族之基，国家之强大与否全赖教育之发展程度。吴汝纶在谈及日本国民教育时说："日本现用德国教育之法，以团结国民为主，谓之国民教育。其法务使人人读书识字，程度不必高，而为教普遍，即能强国。"[5]418-419吴汝纶前半生为官从政，后半生设学施教，直至魂归故里。1902年，吴汝纶受管学大臣张百熙保荐，以京师大学堂总教习身份赴日本考察学制，深切感受了日本教育的发达，全面了解了日本教育制度的情况，并著有《东游丛录》一书。清末颁布实施的"壬寅学制""癸卯学制"的核心内容大体上是取法日本，而《东游丛录》一书则是其制定学制的重要参考资料。有人指出："其考察所得汇成的报告稿《东游丛录》，实际上成了我国近代教育改革的指南并对中国教育近代化的发展方向起到了决定性的影响。"[19]

1902年秋，房秩五被吴汝纶聘为桐城学堂的东乡学长，"二十余日朝夕讲论，受教良多"[7]335。正是在这短短的二十余天内，他对教育救国思想的认识达到了一个新的高度，同时对先师的办学义举感佩之至。可以说，吴汝纶是房秩五在兴学施教路上的第一位领路人，其教育救国的思想在房秩五身上得到了充分体现，并由其继承和发扬光大。此后，房秩五为了践行教育救国思想，完成先师未尽之事业，东渡日本，学习速成师范。归国后，他受邀主持安徽公学附设的芜湖速成师范学校，同时担任桐城学堂的学监。办理校务之外，他还曾担任安徽教育总会干事和安庆提学使署学务公所文案等职。房秩五1923年辞官回乡后，为普及乡村教育，倾力创建浮山小学，造福一方百姓。好友马厚文对此评论道："尝一出观察芜湖，愤时事不可为，思以教育植国本。"[7]391

（三）西方实用主义教育思想的影响

崇实尚用是近代西方教育的核心理念之一。自从晚清政府的国门被西方列强的坚船利炮打开后，此种精神理念随之传入中国，深刻影响了中国近代的教育改革事业。特别是第二次鸦片战争之后，洋务运动兴起，"中体西用"的改良主义思想逐渐深入人心，尤其得统治阶层和精英知识分子的支持。虽然洋务运动在中日甲午战争后以失败告终，但三十余年自上而下的改革实践已让国人充分认识到西方实用主义理念的威力。就教育领域而言，"实学实用"的基本要义在一定程度上得到了较好的体现和落实。比如，废科举、兴学堂（尤其是创办师范学堂和实业学堂）等教育体制的改革，削减经学课程的讲授时间，引入西方先进的科技知识，改变传统僵硬死板的教学方法，等等。

1906年3月25日，清朝学部明定教育宗旨为忠君、尊孔、尚公、尚武、尚实[20]。1912年9月2日，北洋政府教育部公布中华民国教育宗旨：

"注重道德教育，以实利教育、军国民教育辅之，更以美感教育完成其道德。"[21]1其中，民初的"实利教育"部分继承了清末"尚实"的概念内涵，鲜明地体现了西方实用主义教育思想的深刻影响。

实用主义教育思想和理论在我国的广泛传播与应用始于二十世纪二十年代。彼时的国内教育界多以美国的教育模式为典范，纷纷效仿美式教育的做法。尤其是当时的实用主义教育理论和进步主义教育运动，更是吸引了众多教育界的有识之士。其中许多人为了"求取真经"，不远万里负笈留美，学习实用主义教育理论及其实践。有名者如陶行知、蒋梦麟、胡适等，对当时的教育改革实践产生了重大而深远的影响。彼时美国教育界的领军人物也纷纷受邀来华宣传他们的实用主义教育思想，并对中国的教育改革提出意见和建议。其中就有实用主义教育理论的先驱人物杜威、教育史家孟禄、教学设计专家克伯屈等人。这种"走出去"和"请进来"双管齐下的做法，有力推动了实用主义教育思想在我国的传播与发展。

房秩五一生经历了晚清、民国和中华人民共和国成立初期三个历史时期，但其主要的教育实践经历则在清末民初。1904年，房秩五襄助吴汝纶创办桐城学堂；1905年，房秩五留日归国后主持芜湖速成师范学校；1923年年底，房秩五辞官回乡筹建浮山小学。不难发现，房秩五当时正好处于崇实尚用的社会氛围和教育环境中，自然受到了实用主义思想的熏陶和洗礼。他在《安徽俗话报》上发表的文章中多次指出，"四书五经"空疏无用，荼毒人心，呼吁人们多学实用的科目或技艺，以备将来谋生之用。1925年2月，浮山小学正式开学，开设的课程有国文、国语、算术、常识、珠算、工艺、象形、书法、音乐、体操等[15]13。其中，算术、常识、珠算、工艺等课均偏于实用，对日常生活很有帮助；书法、音乐和体操可陶冶学生情操，培养学生积极向上的生活情趣。通过以上两例，我们可以大致看出房秩五的教育思想中所蕴含的实用主义理念和精神。

三、房秩五教育思想体系

(一)论家庭教育

家庭教育是一个人接受教育的初始阶段，亦是最为基础和重要的阶段，它在很大程度上决定了个体将来发展的潜力和上限。历史上很多教育家都非常重视家庭教育在整个教育体系中的奠基作用。比如，南朝的颜之推及其所著《颜氏家训》堪称我国家庭教育史上的典范，被后人广为传颂，至今不辍。晚清以降，新式学堂兴起，现代学校教育体制得以建立并不断完善，儿童教育的任务开始逐渐由家庭转移至学校，致使家庭教育的基础地位有所动摇。房秩五敏锐地发现了这一特定历史时期的教育问题，于是大力呼吁人们特别是儿童的父母重视家庭教育。有一点需要指出，即虽然当时社会普遍兴起了办学热潮，但还无法满足国人的实际教育需求，而解决这一矛盾的重要途径即是重新提倡良好的家庭教育。从这个意义上讲，房秩五重视家庭教育的思想主张可谓顺应了时代变迁和教育发展的历史趋势，具有十分重要的现实意义。

1. 何谓家庭教育

房秩五认为，人的一生通常要接受三种教育：家庭教育、学校教育和社会教育。他在《家庭教育》一文中给以上三种教育分别下了描述性的定义。其中，他对家庭教育的定义是："从一两岁到那五六岁的时候，朝暮出入，饮食起居，都离不掉家庭以内。这个时候，教育全在父母身上，所以叫做家庭教育。"[22]25细究起来，此定义至少包含三层意思。首先，家庭教育的对象是一两岁至五六岁的儿童。通常处在该年龄段的儿童尚未正式入学，心智尚不健全，对新鲜事物的兴趣强烈。其次，家庭教育的场所仅局限于家庭以内，一旦脱离家庭生活场域，即不称其为家庭教育。最后，家庭教育的实施主体是父母。父母作为儿童的监护人，对自己孩子的"朝暮出入"和"饮食起居"负有全责，也是孩子最早的启蒙老师。

房秩五关于家庭教育的定义较之专业的教育理论而言，极为普通，也极为简洁。这与《安徽俗话报》的办刊宗旨和语言风格有关。本着"开通民智"的宗旨，该报教育栏的主要目的是向广大民众宣传和普及一般性的教育实践知识，而非阐发高深的教育学术研究，但此定义仍然揭示了家庭教育的本质特征，指明了家庭教育的核心要素，显示出房秩五具备扎实的教育理论功底。

2. 家庭教育的可能性与必要性

家庭教育何以可能？房秩五在界定家庭教育的基础上，进一步阐述了实施家庭教育的可能性。

房秩五认为："人生在小孩子的时候，知识将开，还没有大开，不问什么事，他都是想做的；不问什么话，他都是想懂的。所以终日跳动，没有一刻儿坐得住；遇事穷问，没有一刻儿不做声。这个时候，若要替他说一句话儿，教他做一件事情，他自格外记得，终身印在脑筋哩。"[22]26 可以看出，房秩五在分析家庭教育的可能性时充分考虑到了儿童年龄的阶段性特征。智力方面，"知识将开，还没有大开"。现代医学证明，儿童的大脑已基本发育成熟，为他们日后的学习奠定了生理基础。行为方面，"终日跳动，没有一刻儿坐得住；遇事穷问，没有一刻儿不做声"。生性好动，遇事好问，几乎是儿童共有的行为表现，也是他们观察和模仿的必要条件。心理方面，对新事物有本能的兴趣和求知欲，"不问什么事，他都是想做的；不问什么话，他都是想懂的"。以上儿童的三种年龄特征为父母进行早期施教提供了可能性。在强烈的好奇心和求知欲的驱使下，儿童的学习效率自然很高，尤其善于记忆，有的内容甚至可以"终身印在脑筋哩"。

家庭教育缘何必要？房秩五认为，家庭教育、学校教育和社会教育是每个人必经的三段教育过程，但从施教的先后顺序及教育影响看，家庭教育堪谓学校教育和社会教育的"根基"。他还以"造屋"和"种树"为喻，直观、形象地说明家庭教育的基础地位和重要作用。"譬如造屋，墙角必打造稳稳的，那屋方能够坚固。譬如种树，根底必培植深深的，那树才能够发生。"[22]25-26 造屋的关键是打下坚实、稳固的地基，种树的关键是将树根深埋地下。个体的成长同样如此，父母只有在孩子年幼时施以优良的教育，才可能为他们以后的学习和生活铺平道路。换言之，家庭教育正是担当了儿童教育的重任，为儿童此后进一步接受学校教育和社会教育提供了必备的基础和保障。反过来，儿童若没有得到家庭教育的正确规训，势必在以后的学习和生活中遇到许多困难，其成材的可能性亦将大为降低。正如房秩五所言："'少成若天性，习惯成自然。'盖小时教得好，后来就是好；小时教得不好，后时就难得好。"[22]26

有一点需要特别指出，当时国内尚无专门的幼儿教育机构幼稚园，而西方国家早已有之。熟谙西方教育的房秩五正是看到了这一点，才呼吁人们重视家庭教育，以弥补我国教育制度上的缺憾。如其所言，"外洋各国，怕家庭教育不能周到，还设个幼稚园，专教育三岁以上六岁以下的孩子。我们中国既没有这幼稚园，家庭教育越发要讲究才好"[22]28。

3.家庭教育的主要内容

房秩五在《家庭教育》一文中曾说："我今把那家庭教育分作四章：第一章说体育，第二章说德育，第三章说智育，第四章说女子教育。前三章专讲那教育子女的法子，后一章则把那经理家政一切的事都包在中间。"[22]28可以看出，房秩五明确将家庭教育的内容分为体育、德育、智育和女子教育四个部分。其中，前三者可谓所有教育形态的基本成分，家庭教育自不例外，需要说明的是房秩五为何将"女子教育"另辟一章。原因至少有以下两点。其一，1904年1月13日，即房秩五《家庭教育》一文发表数月之前，清廷颁行了《奏定蒙养院章程及家庭教育法章程》，其中规定"蒙养家教合一之宗旨在于以蒙养院辅助家庭教育，以家庭教育包括女学"[23]。换言之，家庭教育包含"女学"有其制度依据。但此规定明显将女子教育排除在普通学制系统之外，使其毫无地位可言，反映了清末学制改革的不彻底性。其二，房秩五认为家庭教育的主要责任者是母亲，因为"男子经理外事，在家庭的时候不多，那小孩子终日依依，无非是在那母亲膝下。既常在母亲膝下，那母亲的教训必比那父亲的教训易入些，那母亲的责任也就比那父亲的责任更重些"[22]26。在家庭中实施女子教育，在很大程度上就是培养未来承担家庭教育重任的合格母亲。这种家庭教育内部的良性循环也是房秩五计划专章介绍女子教育的动因之一。但房秩五因故没有完全落实其写作计划，只论述了体育和德育两个方面，没有论及智育和女子教育。现就房秩五所论体育和德育两点分述如下。

（1）体育

房秩五所讲的体育，内涵较广，除一般性的体育活动外，还包括与身体护育有关的生理、卫生、保健和养生等方面的知识。

首先是身体的养护。房秩五认为儿童的身体养护应特别注意五个方面，分别是头脑、眼睛、牙齿、骨骼和皮肤。限于篇幅，仅举数例，以窥其大略。关于头脑，房秩五认为初生的婴儿脑门嫩弱，所以要护养好胎发，以保护头盖。待年龄稍长后，"更不可随手乱打"，"伤他脑筋"，因为"一切聪明记性又都在脑子里"[24]22。关于眼睛,父母"清早要教他把清水常常洗洗,傍晚不可教他看极细的东西,头部不可太暖,住屋不可多烟"[24]22。关于牙齿,房秩五认为牙齿的好坏与身体健康有紧密联系,"齿保得好,老来自受用无穷了"[24]23。为此,他特别介绍了四种护齿的方法:"一要用药制的牙粉常常洗刷,二不可吃极冷极热的东西,三不可咬细丝及顶硬的物件,四饭后要用杨枝扫除齿间余物,更把清水及微温汤漱之。"[24]22-23

其次是饮食的选择。至于饮食的选择,房秩五一共讲了七点,分别是哺乳、牛乳、谷食、肉类、果饵、烟酒和食法。概括起来,其实只有两大块内容,即食物种类和饮食方法。关于食物种类,房秩五所述观点大多较为实用。比如,他认为儿童吃肉应注意以下几点:"小儿馐膳,忌太硬的,忌太咸的,更重忌油腻的。盖油腻的东西,就是大人吃下,也恐怕有积滞的弊病。况小孩子肠胃本弱,更容易受伤。大约肉类总以牛肉、鸡肉、鱼肉、鸟肉为最上。汤汁还要淡薄些,才没有脂肪质。"[25]19关于果饵,他谈到:"已熟的果物能助消化,小孩子也不妨吃,但太酸太辛太辣太甜的都有害小儿的身体,总以不吃为是。至于饼饵,或是糖质,或是粉质,小儿吃下,那一种黏泥的质液滞在肠胃,也就容易生病。盖小孩子发育过盛,肚子便容易饥饿。每日三餐不足,尽可给他四五餐,便必须用粥饭,万不可用饼饵。若把饼饵给他吃,将到吃饭的时候,必不能多吃。是既有害小儿的发达,并有害小儿的习惯了。"[25]20关于食法,房秩五主要批判了传统的饮食习惯,他认为"中国家庭向重快食的风气",恐怕会"有哽咽的弊病",还易致儿童消化不良,使肠胃受伤[25]20-21。正确的饮食习惯应是细嚼慢咽,让食物在肠胃内充分消化掉。不难看出,在阐述饮食的选择时,房秩五不但提供了具体详细的饮食建议,还明确指出了如此这般的内在原因。

再次是衣服的搭配。房秩五着重阐述了衣料、服色、服制、少穿、洗濯、鞋履、寝具等七点内容。概而言之,儿童在衣服搭配方面应依次注意以下问题:一,"一切褙裸衬衣,总以轻暖柔软为上"[25]21;二,"无论里衣外衣,总以白色为上。湖色可,淡黄色也可"[25]21;三,"衣服万不可宽大,致妨碍他","又万不可逼紧,致束缚他"[25]22;四,"衣服是不可过厚的"[25]22；五，"要常常更换，常常浣洗，才不致有气味"[25]23；六，不穿"浅头高底"的鞋子[25]23；七，"小孩子的被褥，总宜轻暖。或用锦，或用布，都当实以新棉时常暴晒，时常洗涤，才能安适身体"[25]24。

最后是起居的安排。房秩五在起居安排方面主要谈了四点内容，分别是睡眠、早起、住屋和运动。他认为儿童的卧室必须是一个"清净处所"，"须受日光""须通空气"[26]15-16。父母还要让他们养成"早睡早起"的好习惯，最好能"午休一刻"[26]16。至于运动，房秩五认为不常运动的儿童，"久之那筋骨自然弛懈，精神自然涣散了"。儿童应多在"野外游玩，吸收些新鲜空气"。饭后，不可过量运动，也不可静坐室中，"总以散步阶庭，作合宜的游戏为妙"。除此，他还列举了一年四季适于儿童的游戏："春天游花园、放风筝，夏天泅水、捉蝉，秋天打球，冬天捉迷藏，等等。"所有这些运动项目"都于小儿精神身体有绝大关系的"[26]16-17。

总体而言，房秩五关于儿童体育方面的论述带有鲜明的"俗话报"文章特征，条分缕析，通俗易懂，实用色彩浓厚且兼具一定的理论性，其中的很多观点和主张不仅适用于儿童，对成年人亦有重要参考价值。上述有关家庭体育方面的观点总体上是科学的、进步的，但也有个别论断仅仅是基于他个人的主观经验，并无充分的科学依据。

房秩五不但发文积极宣传他的体育思想，而且身体力行，时时践行其所提倡的体育保健观念。他生于1877年，卒于1966年，在纷繁人世间经历了九十年的风风雨雨。之所以如此长寿，除了得益于他豁达的人生态度外，还在于他坚持一生的良好的养生保健习惯。1928年，房秩五听闻好友马子潜抱恙，房秩五写诗寄之，与其分享了自己的养生要诀："别来眠食可曾安，寄语长生诀数端。漫怕脚酸勤散步，闲将鼻白静参观。眼昏且戒侵晨酒，脾弱聊停过午餐。更有一言能早起，人间何用饵芝丹。"[7]311简言之，房秩五共说了四个养生习惯，即勤散步、少喝酒、按时吃饭和早起。他晚年笃信佛学，只吃素食，不沾荤腥，但身体依然硬朗。他的孙媳妇薛昌津曾回忆道："老人家从60岁起即餐素食，喜食自家磨碾的芝麻米糊，他身体健康，精神爽朗。"1962年，"我见到他那年，虽已85岁高龄，仍行动自如，还兴致勃勃地和我们去照相馆合影。"[27]266另外，还有一事可作旁证。房秩五的儿子房师亮十四岁即离开安庆老家，来到他身边，进入天津德华中学接受新式教育[27]280。1921年夏，房师亮（时年十八岁）考入同济医工专门学校（同济大学前身）医科，后曾两度留学德国，1937年获符兹堡大学医学博士学位。房师亮回国后历任昆明昆华医院主治医生、同济大学医学院教授、安徽省卫生厅副厅长。房师亮之所以走上从医的道路，很可能是受到了父亲房秩五体育观的影响。

（2）德育

房秩五认为，"人生在小孩子的时候，混混沌沌，一事不解，对他讲高深的学问，固然是不懂得。就对他讲人情物理，也恐怕是不知道"。但是，"小孩子虽然懵懂，却那不知不识中，也自然有些特性。那些特性，约分三种：一种是好性质，父母要引诱他好好保存；一种是坏性质，父母要管教他快快改脱；一种是可好可坏的性质，父母要监制他"[26]17。换言之，儿童虽然智识未开，情理不通，但每个人都有与生俱来的性情特征，这些先天的性情特征构成了实施道德教育的前提条件。房秩五基于以上认识，在德育方面着重阐述了儿童所保有的三大特性。

首先是"儿童的好性质"。房秩五认为儿童的好性质包括共同性、真实性、慈善性、自爱性和竞争性。共同性是指儿童不喜孤独，不爱落单，愿与他人合作，共同完成一件事情。这种共同性是他们成年后进行团结协作的基础，因此父母要时时将此道理讲给孩子们听，从小就注意培养他们的这种思想意识。唯有如此，后来遇到重大事件时，才不会手足无措，落落寡合。真实性指的是"小孩子本不会扯谎，全是一片真实的心肠"，"实实在在，总没有一句捏造的话语"[26]18-19。儿童天性纯真，不知欺瞒，不懂隐匿，但由于父母的训教不力，导致他们逐渐学会了撒谎和欺骗。正如房秩五所言："近来做父母的都像是怕小孩子不会扯谎，往往叫他无中生有，有中生无，死的拉活的，活的拉死的，令那小孩子只学得一张垂嘴，在人跟前花言巧语，一派江湖。"[26]19他之所以特别强调儿童的真实性，根本原因在于诚信是个体立足社会、谋求发展的必备品格。"人生干绝大的事情，做绝大的人物，都是靠着一个信字。"[26]19慈善性是指儿童所持有的善良本性，亦即孟子所说的"恻隐之心"和"不忍人之心"[26]19。孟子作为"性善论"的代表人物，认为人性本善，教育的作用就是保存和发扬这种善，以达到"明人伦"之目的。至于儿童慈善性的具体表现，房秩五列举两例，以为佐证："小孩子们嗜欲未开，那性质就没有大变，所以看着疲癃残疾的人，断没有个不叹息的；看着宰杀牛羊的事，断没有个不怜悯的。"[26]19深受儒家文化影响的房秩五认为："这一点儿性质，扩而充之，异日爱同胞，爱万汇，就是那大人者不失那赤子之心的话咧。"[26]19因此，"做父母的总要好好教他，譬如鸟雀的巢，教他别要折毁；虫蚁的穴，教他别要践踏"[26]19-20。自爱性指的是儿童的羞恶心和廉耻心。房秩五认为小孩子的性情最能自爱。比如，他们见到好东西，心里纵是万分想要，"那面子上总是碍口怕羞，不肯前进的"。若有人当面说他们长得丑，他们"总是哭哭啼啼，不肯承认的"。此之谓"羞恶之良，人皆有之"[26]20。做父母的职责就是"要养他这种性情，异日才不至于不顾廉耻，干那为非作歹的事"[26]20。竞争性是指儿童天生具有"争胜""好胜"的心态。无论做什么游戏，他们总要分出胜负，方才甘心。但多数父母认为这种天性是孩子异日"惹祸招灾的根本"，往往责怪他们"好勇斗狠"。房秩五以为，"现在世界，也是一个竞争的世界。或把学问竞争，或把工商竞争，或把兵力竞争，争得狠的就胜，争得弱的就败"[26]21。竞争的世界需要具有竞争性的人才，打压儿童的竞争性必然导致他们"及早就学成个柔懦不振的形样"。

其次是"儿童的坏性质"。儿童的天性有好有坏，好性质固然要保持、扩充和发扬，坏性质则应及时调整、转换乃至消除。儿童的坏性质同样包含五种，分别是依赖性、破坏性、执傲性、忿怒性和妒忌性。依赖性与独立性相对，是指儿童凡事都依靠大人，没有丝毫自理的能力。若儿童从小依赖性较强，长大后必缺乏"独立的思想"和"自治的习惯"。所以，父母要注意从小培养孩子的独立性：孩子跌倒了，让他自己站起来；"饮食要教他自吃，不必喂他；衣服要教他自著，不必代穿"[28]15，如此等等。破坏性是指儿童多不受约束，为所欲为，经常给周围环境造成各种损坏。"譬如到了公园，就欢喜折园中的花木；到了寺院，就欢喜涂院中墙壁；到了郊外，就欢喜落田中禾穗。至于投瓦砾于街衢上，抛木石于河水里，遗粪溺于道路上，这些恶习都是无功德的证据。"[28]16父母要随时随地将这些情理讲给孩子们听，让他们学会顾惜公共物件或他人器具，培养他们的公德心。如果自己的孩子偶尔做了那破坏的事，也要"严加责罚，警戒下次"[28]16，以防止他们日后做出损人利己的事来。关于执傲性，房秩五指出：小孩子也有脾气，"若遇一件事情，惹翻了他的脾气，那就泼辣涂地，哭哭啼啼，就把好言语来哄他，把好东西来引他，他也是不肯歇的。这个惯习，若要任他性子，不及早责他改变，异日必定桀骜不驯，不受约束。时那父母的教训，师长的命令，朋友的劝诫，一概漠然，必至于犯王法，不见容于社会了"[28]16-17。房秩五借用日本教育学者塚本滨子在《家事教本》中的观点，进一步指出，"训练儿童，总以从顺为第一要件"，且"母亲待子，既加亲爱，也要有十分的威严，才不算是舐犊之爱"[28]17。换言之，父母在日常家庭生活中应秉持严慈相济、恩威并重的教育原则，以期早日克服儿童的执傲性，培养他们温顺平和的性情。忿怒性是指儿童遭遇痛苦时极易发怒，以致肆意叫骂，不听人劝，难以制止。他举了一个十分生动的例子："小孩子们本无知识，或是柱子碰了头，或是石头踢了脚，登时发怒，直把吃的东西，要的东西，一概不要，只在他母亲怀里，辗转叫号，必要他母亲把那柱子石头拍打几下，他心里才能甘服。"[28]17小时易怒，得理不饶人，蛮横不讲理，长大后很可能"全是一副刚愎的心肠，不肯让人一步"[28]17。他援引日本教育学者热田贞吉的观点指出："小孩子这种感情固乃是生来就有，但也有从父母时发怒容，以至传染于儿童的。"[28]17因此，房秩五建议："做父母的总要性情和平，遇事忍耐，别把那些乖戾的形容给小孩子学到。就是小孩子性情暴躁，也当替他说个理情，教他想想，将来那忿怒性也自可以消除了。"[28]17-18最后一个"坏性质"是妒忌性。房秩五认为，妒忌性是人所共有的一种先天的性情，不分男女，不论长幼。"小孩子顶有利己心，又顶有胜人的心"[28]18，这两种心性相合便生出妒忌心来。"譬如一切好要好吃的东西，小孩子们总想自己独得，他人没有。若是自己没有，他人独得，那妒忌心就起来了。不是想把他人的夺来，就是想把他人的弄坏。"[28]18妒忌性和竞争性有时都表现为争强好胜，根本区别在于"竞争性是人有好处，我也争自求好，和他人一样"，而"妒忌性是人有好处，不晓得自己求好，总想把他人的好处得来"[28]18。儿童的妒忌性是一种"恶劣的根性"，若得不到及时、有效的遏制，他日必会"忌他人的事功，乐他人的灾祸"，无法与人共事[28]18。所以父母要时时处处"教小孩子做个光明磊落的人物。切不可说年纪还小，事情不大，任他长这种恶习呀"[28]18。

最后是"儿童可好可坏的性质"。房秩五以为，属于这类性情的主要有模仿性和轻信性两种。模仿性是指儿童"既无知识，又无定见，加以性情活动，每欢喜学他人"[28]19。现代心理学研究早已揭示，模仿作为人类的一种本能行为，对于儿童行为习惯的养成至关重要。但儿童没有足够的辨别能力，"总是见到好的就学好，见到坏的就学坏呀"，"见人骂人，他也就骂人；见人行礼，他也就行礼"[28]19。换言之，儿童模仿效果的好坏并不取决于儿童自身，而取决于他所模仿的对象。所以父母要营造一个良好的"家庭风范"，"一言一笑，一举一动，都要老成庄重，留个好好的样子给小孩子学习"[28]19。关于轻信性，房秩五指出："这个时候，经历既少，知识初开，大人说一句话语，无论是真的是假的，他都深信不疑，印入脑髓。"[28]19与模仿一样，轻信也具有两面性，其最终的发展结果主要取决于父母的家庭教育。所以，父母平日里应多给孩子讲优美高尚的人情物理，少讲阴暗低俗的社会现象。

不难看出，房秩五在德育方面着重论述的是人性问题，并在此基础上阐发了关于儿童道德教育的基本原则和方法。在中国古代思想史上，人性论包括性善论、性恶论和性不善不恶论等几种观点。其中，性善论的典型代表是孟子，性恶论的典型代表是荀子，性不善不恶论的典型代表是告子。房秩五并没有囿于某家某派的人性观，而是根据自己的生活经验和教育理论知识，将人性划分为"好的性质""坏的性质""可好可坏的性质"三类。从前文的分析可知，好的即为善的，坏的即为恶的，可好可坏即为不善不恶的。这一划分在形式上综合了以上三种人性论，具有一定的理论深度。在具体的论述过程中，房秩五不但经常援引我国传统思想中关于人性的经典表述，而且大量借鉴了日本教育学者有关家庭教育的理论观点，可以看出房秩五教育理论素养的深厚。

（二）论蒙学教育

清末时，人们普遍认为，救亡图存的当务之急是兴办教育、开通民智，而教育成败的关键在于蒙学。房秩五出身秀才，曾做过数年塾师，对蒙学教育有着深刻的体认。其蒙学教育思想集中体现在《安徽俗话报》有关蒙学教育的署名文章中。他以白话为文，直陈教育时弊，通俗易懂，简易平实，深受读者喜爱。需要说明的是，其时清廷刚刚颁布"壬寅学制""癸卯学制"，通令各地办理新式小学堂，但国力孱弱，无法在短期内普遍设立，变通的方法之一即是整顿原有的蒙学馆。因此，房秩五虽然表面上论述的是蒙学教育，其本意却是为了解决当时的小学教育问题。

1.蒙学教育的地位："学堂中第一要紧的"

房秩五在评述蒙学教育的作用时，最终总是回到民族兴衰与国家强弱这一出发点上。他尝道："近来有识见的人，大半以学堂的多少，定他国家的强弱。学堂办得多的，那国家必定是强。学堂办得少的，那国家必定是弱。蒙学又是学堂中第一要紧的。"[11]22 房秩五明确将蒙学摆在学校教育的首要地位，其思维逻辑是沿着"国力强弱—学校教育—蒙学教育"这条线展开的。国力强盛则说明教育事业发达，而教育事业的成败则是由蒙学教育决定的。反言之，蒙学办得好，势必为整个教育事业的发展打下良好基础，而发达的教育又会极大地促进国家的强盛。

房秩五之所以秉持蒙学"第一要紧"的观点，原因在于他深刻认识到儿童才是国家的未来，他们所受的教育对一个国家的未来发展具有奠基作用。"世间小孩子，勿论贫和富，都是我国家一个国民。若有一个小时先生教得不好，就坑害了一个国民。"[29]20-21 换言之，蒙学教师现在教授的对象不仅仅是"小孩子"，更是将来承担民族振兴大业的"国民"。一国之国民如若萎靡不振，愚昧不堪，何来国家的兴旺发达？房秩五将"小孩子"与"国民"挂上了钩，蒙学教育的重要性自不待言。

不仅如此，房秩五还把中外学龄儿童的学识做了一番比较：国外的儿童懂得诸如天文、地理、政治、社会、教育等"普通的学问"，而中国的儿童只"学些无用的时文试帖"。"中国的古制无奈相沿既久，人心渐坏，这些制度都废掉了。"[11]22 古今中外蒙学教育状况的鲜明对比，显露出当时中国蒙学教育的颓废，也更加坚定了房秩五革新蒙学教育的信念。

2.传统蒙学教育的积弊："地狱"与"阎王"

房秩五主要以村塾为例，详列了旧蒙学教育的三大积弊。

首先，教学管理混乱，毫无章法。房秩五为我们描画了当时蒙馆混乱的场景："都是借几间小茅屋，黑暗暗的，也不很大亮；地上堆积些灰尘，也不肯洒扫；壁上涂污些墨水，也不肯刷去；这个桌子摆在东，那个桌子摆在西；这个拿了百家姓，那个拿了千字文；今日这个学生来，明日那个学生去。"[11]22-23教学环境恶劣，课堂秩序紊乱，学生来去自如，如此杂乱无章的管理显然不利于组织和开展正常的教学活动。

其次，蒙学课本稀缺，深奥难懂。《三字经》《百家姓》《千字文》几乎是当时蒙学教育的唯一入门读本。学生整日对着那些莫名其妙的"圣经贤传"，摇头晃脑，不知所云。诚如房秩五所言："中国蒙学书向来没有好课本，不是太鄙俚，就是太艰深了。"[29]18贴近学生生活实际、联系本地风俗人情的蒙学课本少之又少，再加上教习固守经传，不愿求变，学生只能无奈地读着"天命之谓性"和"大学之道，在明明德"这些生涩而又神秘的"天语"。

最后，教师消极怠工，教不择法。教学管理的混乱和蒙学课本的稀缺均是影响教学成效的外在因素，而教师的消极怠工和教不择法则从根本上导致了蒙学教育质量的低劣。房秩五将当时的蒙学教习分两种：一种是"全不过问学生"，"只想弄他几个学俸钱"；另一种是严厉古板，不讲方法，热衷体罚，"错一点儿，便一板子抽下去"[11]23-24。除此，他还给我们描绘了一幅"教习百态图"："天气阴了，整天地打打瞌睡，就是睡扁了头，也不知道。天气晴了，穿一件破大褂子，拿一把小洋伞，走到街上去望望，跑到朋友家里谈谈"，"一屁股坐在那张太师椅子上，愁着眉儿，瞪着眼睛，黑着脸，好像那阎王待小鬼一般。手上拿着五寸长的小木头，拍来拍去"[11]23。真是形象、生动而又不乏讥讽、调侃之意味！如此鄙俗、龌龊的教习，如何能担得起振兴教育、培植国民的重任呢？难怪房秩五会痛呼道："唉！这些蒙学，真真是地狱。这些先生，真真是活阎王。你道这班小孩子怎么能够有成才呢？"[11]24

3.蒙学教育革新的路径：多管齐下，"尽心"为要

针对当时旧蒙学教育的颓败惨状，房秩五本着救国兴邦、开通民智的信念，结合自己多年的教学管理经验，提出了四条革新举措，分述如次。

（1）"蒙学的管理要整齐"[29]17

房秩五以为，"中国这个时候，学堂的风气，没有大开。必定把乡间

的蒙馆一律改做学堂是很难的事。救急的法子，只有就蒙馆变通些，略像那学堂的样子一般"[29]17。由于学堂新兴，无法普遍设立，而彼时蒙学教育又零散而不成系统，应急变通的办法只有以蒙学馆为基础，在教学管理上最大限度地向学堂靠拢。具体的实施办法主要有两大"讲究"。

其一，讲究教学的样式。"授讲的时候要另拣一处，摆几条桌子，先生桌子高些，学生桌子低些；先生桌子向前面，学生桌子就向后面；先生桌子向左边，学生桌子就向右边。先生和学生总要紧相对，那先生的精神才能够照顾学生到。"[29]17这一颇具现代班级组织特征的课堂教学形式要求师生时刻相对，以方便教师全面观察学生表现，及时了解学生动态。同时，学生在座位上也不敢懈怠，必时时专注、用心。如此组织教学，其目的就是要维持好课堂教学秩序，以提高课堂教学的效果。

其二，讲究教室的布置。房秩五是从室内和室外两方面来讨论教室布置的具体要求的。室内，诸如"屋里朝南方的处所，必多设个窗子，好通光亮。窗子要能开能闭的，尽那空气好流通。……壁上不可太黑，也不可太白，灰色好，淡黄色也好；太白太黑了，都于学生的目力有害"[29]17。室外，则诸如"四围要栽常年不落叶子的树，但不可太近，反遮却屋里的光；也不可太密，反遮却外面的风"[29]18。房秩五对教室布置的要求可谓细致入微，面面俱到。室内室外、窗子座位、桌椅行李、甚至树木、茅厕皆囊括其中，且每一项布置均讲明具体缘由。教育环境或者"学校活动场所"，"在某种意义上，可以说是一定教育观的物质体现"[30]。对此，房秩五早有精辟论断："教育必注重环境，乃足以养优美之感情；学校必远离尘嚣，乃足以发高尚之思想；盖自然境与自然人影响极大，地文学与人文学感召至灵，其理易明，其效至速。"[16]

（2）"课本的程度要相当"[29]18

前文已述，当时的蒙学课本生涩艰深，无法达到启迪智慧、增长见识的目的，因此房秩五强烈建议各蒙学馆慎重选择蒙学课本。"课本的程度要相当"包含两层意思：一是蒙学课本内容的难度要契合儿童心智发展的规律，并紧密结合当地的风土人情，"由浅入深，由简入繁"，"循序渐进……无一毫躐等的工夫，并无一毫无用的学问"[29]18-19。二是教师应按照学生的学习能力将其分成若干班级，每班的学生当学习难度相同的课本，以便于教师的教学管理以及学生之间的交流。

因其时"中国学堂未齐，亦无一定的课本"[29]18，房秩五通过调查分析，向蒙学馆推荐了一系列较为完备、适宜的蒙学课本，并在此基础上初步普及了各门课程的内容及其教授法。他在《蒙学应用各书的说》一文中，依国文、历史、地理、物理、算学、卫生六科的顺序，以表格的形式将所推荐的蒙学课本的名称、册数、价格和出版社等信息罗列出来。例如，在讲到国文读本时，他认为国文是其他所有学问的基础，"国文不通，譬如那做屋的一般，墙角不打造好了，怎么能够架屋呢？就是架起屋来，怎么能够经久呢？"[31]14同时，他指出了传统国文教育的失败："乡间小孩子，常有念了七、八年的长学，还是一个信也写不来，一笔账也记不来。有了这种，那一些不念书的人，都当这念书是好难的事。大家都怕把子弟念了。"[31]14究其原因，则在于"那些先生，既不懂得教法，又没有好课本"[32]19。再如，卫生一科对时人来说是一门新鲜的学问，而房秩五却认为我国自古就有体育卫生的知识，只是人们不注重宣传和实践罢了。"就是我们中国书上，也曾说道童子舞象、舞勺。"[32]19他指出，孩童的身体正处在"生长力鼎盛的时候"，"神经发达"，活泼好动，大人们既不可"过束缚他"，亦不可"过放任他"，而应依据卫生学之相关原理，教他体操活动的方法和浅近的生理卫生知识[32]19。

（3）"教授的法子要活泼"[29]19

教学方法单一是传统蒙学教育的积弊和硬伤。蒙馆先生多要求学生死记硬背、不求甚解，标榜"书读百遍，其义自见"的读书之道。房秩五对此深以为痛，并将其上升到国家强弱的高度。他指出，"中国致弱的病根总由于太文"，而"乡间做蒙馆的先生更甚。终日坐在学堂内，几同泥塑木雕的一般，生怕活动点儿，便失了斯文体。不知教小孩子，太拘板很了，便不能长小孩子的记性，发小孩子的心思"[29]19。房秩五不仅道出了教学方法应用的重要性，而且揭露了教学方法单一的恶果，即不能长其记性，发其心思。

此外，他还提出了丰富教学方法的若干要则。一是教师应针对不同的学科内容采取不同的讲解方式。比如地理教学，教师应"先要教他晓得自己的乡里，晓得自己的国家，渐渐推到外国和本国的关系，地球和天体的关系，这才是有层次咧！"[32]18而且要"随时指点，随地指点，那小孩子自容易领略了"[32]18。房秩五还特别谈到了教师肢体语言的运用："譬如教授历史时，讲到张飞，便要学那虎跳龙拿、男气凌然的样子；讲到孔明，便要学那羽扇纶巾、儒将风流的样子。"如此一来，"那小孩子自不知不觉地把这段历史印入脑筋了"[29]19。二是学生在日常学习中应注意劳逸结合、张弛有度。从生理学的角度看，"人的脑筋都不止一条，用了这条，就要换那条，用了那条，又要换这条。专用一条，那脑力便容易疲倦"[29]19。"且伏案的时候过久，周身气血就有郁滞不行的弊病。不时时活泼他筋骸，便于儿童的身体发达有害了。"[29]20从心理学的角度看，"凡小孩子念书，总要使他心上常欢喜，切不可使他觉得愁苦。一觉愁苦，那躲学的弊病就出来了。就是勉强在学中，也不能得念书的益处"[29]20。实现劳逸结合的具体做法有三点：一，每日教授时刻"不可不少"，教授科目"不可不多"；二，"以繁难的课目教在先，以平易的课目教在后"[29]20；三，教师应带学生做各种课外活动，如出游、赏花、做游戏、练体操等。

（4）"教师的性情要平和"[29]20

教师作为学生的引路人，在教育活动中始终扮演着具有决定意义的重要角色。无论是教学活动的组织与管理，教学内容的甄别与筛选，还是教学方法的选择与使用，都离不开敬业而优秀的教师。而在师生间的交流与沟通中，教师的性格和情操又起着至关重要的作用。

教师如何做到性情平和呢？房秩五以为："作先生的，平心静气，把话诱他，把情感他，那小孩子们才有一种依恋先生，不肯舍去的意思。有这种意思，将那先生说一句话儿，讲一句道理，他自看同圣旨一样，时刻在心了。"[29]20具而言之，教师应同时具备热心和耐心。"热心"指的是教师要发自内心热爱教育事业，心存"造就国民"之念，对学生一视同仁，循循善诱，乐此不疲。房秩五本人就是一位以教育为志业的典范。他"少时应试府县，一时才气卓然，吴挚甫先生拔为桐城县学堂学长。一九〇四年，留学日本，习速成师范"[33]。后来，他"愤时事不可为，思以教育植国本"，遂辞官回乡，"与友人李晦庐先生创办学校，由小学而中学，凡筹集经费、建筑校舍皆出先生之手，虽屡遭挫折而志不稍衰，维护发展，三十年如一日，培养革命人才甚众"[7]391。房秩五曾感校事，作《饲蚕吟》一首:"一叶复一叶,叶叶恣汝啮。叶稀汝身肥,缠绵心不绝。一枝复一枝,枝枝疗汝饥。枝折汝身老,辛勤只自知。谓汝能利人,汝胡先自缚?谓汝善藏身,汝胡不解脱?牵缘汝自累,苦恼汝自寻。抵死汝无悔,羌谁鉴汝心?"[7]312-313他以蚕自比,为"利人"而"自缚",虽苦恼而不求解脱,虽劳累却抵死无悔,充分表达了自己献身教育的崇高情怀。

"热心"是教师从教之先决条件,但徒有热心是不够的,在具体的教学过程中,教师还要有"耐心"。耐心指的是教师应针对不同资质的学生,施以不同方式和程度的教育。尤其对于资质鲁钝的学生,教师既"不可发烦",更不可"信口辱骂",甚至拳脚相加,而应"总把好言劝导他",莫要"失他的羞耻心","伤他的脑气筋"[29]21。之所以如此,是因为"小孩子们,心花未发,总要委曲训他,好启他的灵性。过于急迫,生他畏惧的念头,便是窒他的思路了"[29]21。

房秩五蒙学教育的方法建立在批判传统蒙学教育的基础上,主要涉及教学管理、教学内容、教学方法和教师素质四个方面,观点新颖独到,论证有理有据。房秩五说:"以上四条,不敢说蒙学改良法子已尽于此,但照此做去,尽一分的心力,自有一分的效验。总望天下有蒙师责任的人,切不可以我所说的太俗漫不经心,这就是后来儿童的幸福了!"[29]21-22

(三)论中学教育

我们知道,历史上的教育家,有的侧重于教育思想或教育理论的改进和创新,有的则把主要精力投入具体的教育改革实践中,只有少数人在教育理论和实践两方面均取得了重大成就。以近现代皖籍教育家为例,堪称教育思想家的有吴汝纶、陈独秀、胡适等,堪称教育实践家的有李鸿章、胡晋接、李光炯等,而集两者于一身的则有陶行知。房秩五的教育贡献主要来自他的教育实践,而非教育思想或理论。他更多的是吸收了当时进步的教育思想和理念,并将其运用到具体的教育实践中,取得了显著的办学业绩,为当地教育文化事业的发展做出了重要贡献。下文讨论房秩五的中学教育思想,这些思想绝大部分源于其创办浮山中学的具体实践。

1.关于校址选择

(1)注重学校环境

创办学校的首要任务之一是选择校址,因为它关乎学校教育环境的优劣，并进而影响到校园文化的建设。关于环境与教育的关系，房秩五早有论断："教育必注重环境，乃足以养优美之感情；学校必远离尘嚣，乃足以发高尚之思想；盖自然境与自然人影响极大，地文学与人文学感召至灵，其理易明，其效至速。"[16]房秩五实际上是将环境分为自然环境和人文环境两种。其中：优美清寂的自然环境可以熏陶学生的性情，为他们提供一个舒适、安逸的学习场所；深厚的人文底蕴则可以激发学生的崇学热情，无形中提升他们的文化素养和思想水平。对于校址的选择来说，"自然境"与"自然人"同样重要，"地文学"与"人文学"互为补充，缺一不可。

房秩五之所以择址浮山办学，原因即在于其优美的自然风光和深厚的人文底蕴。"浮山，距桐城东九十里，距江六十里，三面临湖，望之若浮，一曰浮渡山。"[34]王阳明曾赋诗表达对浮山胜景的喜爱："见说浮山胜，心与浮山期。三十六岩内，为选一岩奇。"[35]房秩五曾撰文道："浮山为皖桐胜境，山水清淑，岩壑灵奇，既饶风景，又远尘嚣，环境优美，最宜讲学。"[16]另外，浮山文化气息浓厚，有"文山"之美誉。早在晋梁时期，浮山就建有寺宇，时名"浮山寺"，后改称"华严寺"，历代均有高僧大师住持其间。随着佛教的兴盛，文人雅士纷至沓来。唐有李白、孟郊，宋有范仲淹、王安石、欧阳修、苏东坡、黄庭坚，明有何如宠，左光斗，袁宏道、袁宗道，清有方苞、戴名世、刘大櫆、姚鼐等。他们来到浮山后，或题诗作画，或刻石留名。据统计，浮山摩崖石刻总计有四百八十三块，字数少则两字，多有千文，有的凿于峭壁，有的刻于幽岩，几乎峰峰可见题字，洞洞可览铭刻，崖崖可观佳作[36]。

（2）普及乡村教育

除环境因素外，房秩五择址浮山办学另一重要原因是为了普及和发展乡村教育。当时"都会城市竞言办学，而山陬僻壤多付缺如"，乡村教育无法普及，择址浮山办学正好可以解决农民子弟的入学问题[16]。时值二十世纪二十年代中期，中华民国已成立十年有余，但社会依旧动荡，经济依旧萧条，很多教育政策和法规难以得到有效的落实和执行。其中，"普及教育"政策就是一个典型的例子。1922年颁布的"壬寅学制"所制定的"七项标准"中，有两项直接涉及普及教育，分别是"发挥平民教育精神"和"使教育易于普及"[7]32-33。虽然时人对于普及教育的呼声很高，但屡弱的国力根本无力承担约四亿人口的教育普及任务。有鉴于此，国内各种形式的民间办学力量不断兴起，在一定程度上缓解了北洋政府的财政压力，促进了普及教育政策的落实。在此背景下，旨在普及教育的平民教育运动和乡村教育运动应运而生。

可以说，房秩五是当时各种普及教育运动的积极倡导者和实践者之一。他在芜湖道尹任上就已经在这方面做了大量的工作，得到不少教育界同仁的支持和赞誉。众所周知，当时平民教育运动的旗手是皖籍教育家陶行知先生。1924年10月，陶行知在《中华教育界》上发表《平民教育概论》一文，其中便表彰了房秩五在芜湖任职期间倡导平民教育的义举。文章称房秩五为"房道尹"，并指出房秩五是"民政长官"中提倡平民教育的先驱者之一[37]。不难看出，房秩五早有普及乡村教育的宏愿，并非一时心血来潮。房秩五建校于浮山的根本原因是为了解决农村子弟的入学问题，进而用生平所学全力发展当地的教育、文化事业，为家乡的发展贡献一份力量。

2.关于校董素质

房秩五作为浮山中学的创办人，从未担任过校长一职，但他曾任校董会的主任董事（又称董事长）。1928年2月，浮山小学接办李光炯所创宏实学校的一个初中班，改名为安徽省浮山公学，聘请朱伯健为校长。同年4月，遵大学院令，组建校董会，由捐款人公推房秩五为董事长，李光炯、光明甫、史恕卿、朱蕴山、周新民、孙闻园为校董。校董会确定以"启发民智、振兴国本、发展乡村教育"为办学宗旨[7]14。

房秩五曾对校董会的人员构成提出三点要求："一、声望高，有学识；二、热心教育，有办学经验；三、思想进步，作风正派。"[38]这些要求涉及学校管理者的思想、道德、学识、经验等几个方面，既有对一般管理者的素质要求，也充分考虑到教育工作的特殊性。学问好、作风正，才能管理育人，但那只是基础。一位杰出的教育管理者，特别是校董，一定要有一颗热爱教育、为教育献身的心；反之，若没有以教育为志业的宏愿，则不可能在教育上有所作为。

房秩五作为主任校董，完全符合自己提出的三点要求。论学识，他既是晚清秀才，深谙中国传统文化，又曾留学日本，汲取了大量西方的先进思想；论品行，他一身正气，两袖清风，慷慨助人，一切以民族和国家的利益为重；论办学经验，他曾协助吴汝纶创办桐城学堂，留日归国后又独立主持芜湖速成师范学校，还曾担任桐城学堂的学监。也正是因为房秩五自身所具有的这些综合优势，他才能被众多捐款人公推为校董会主任董事。

3.关于教师选聘

教师作为学校的核心群体，其教学水平的高低直接决定学校的办学成绩，教师队伍的稳定与否直接关系学校持续发展的动力。因此，兴学的首要问题之一即是教师的选聘。深谙教育之道的房秩五自然对此有深刻理解，但并没有就此做过专门论述。以下关于教师素质的观点是从其办学实践中提炼出来的。

其一，思想进步。前文已述，青年时的房秩五思想激进，具有强烈的变革精神，曾积极致力于民主革命事业。这种思想观念也直接体现在他的办学实践中。例如，他对校董素质的要求即包含"思想进步"一条。众所周知，教师的职责不仅是教授学生知识，更重要的是向学生传授正确的思想和方法。房秩五当时支持中国共产党，赞成他们的政治主张，所以在办学之初，延聘了不少共产党员担任学校教员，其中就有吴克正、黄镇、郑曰仁、任锐等。吴克正（1906—1930），安徽枞阳人，肄业于苏州体育专科学校，是原桐城县党组织的创建人和领导人之一。1926年11月，他受聘担任浮校体育教员，遂以教员的身份在师生中开展革命活动，秘密发展党员，使浮山中学较早建起了党团组织，并培养了一批革命骨干[15]64。黄镇（1909—1989），安徽枞阳人，与时任浮山中学校长的朱伯健是桐城学堂的校友，毕业于上海美术专科学校。1928年秋，他应朱伯健校长之聘，来浮山公学担任美术教员。在校期间，积极支持进步学生运动，通过各种方式宣传民主革命思想[15]50。任锐（1891—1949），河南新蔡人，曾就读于北京女子师范学校，孙炳文之妻。1927年，孙炳文牺牲后，她在房秩五及其子房师亮的帮助下，携三子一女来到浮山避难。次年，任学校图书管理员，兼教小学部常识课。当时，就读于浮山公学初小班的王赤生后来曾撰文回忆任锐老师的教学情况："任老师态度端庄和蔼，语言轻柔清晰，讲述生动，引人入胜。"[39]任锐在授课过程中，经常结合时事，宣传革命思想，激发学生的爱国热情。一学期中，她曾印发三次补充教材，分别是《二·七大罢工》《三·一八惨案》《五卅惨案》。

其二，学有专长。房秩五所聘请的教师，除了思想进步之外，一般都学有专长，术有专攻。例如，黄镇曾先后毕业于上海美术专科学校和上海新华艺术大学，精于绘画。黄镇在任期间，曾带领学校写生队步行六十余里，抵枞阳镇，登白鹤峰，游陶公祠，临景写生，陶冶情操[15]14。唐雨梅，吴汝纶莲池书院的高足，精于古诗词，曾于1943年就任浮山中学国文教员。房秩五闻此消息，欣喜至极，慨然赋诗寄赠，诗曰："射蛟台畔老诗人，晚向名山寄此身。避地犹闻开绛帐，谈经差足退黄巾。飞鸦集泮音能好，归燕衔泥迹已陈。辛苦百年完卵计，巢倾鸟去各尘尘。"[7]362

房秩五煞费苦心，四处宣传，八方奔走，招揽了一批学行俱佳的优秀教师。其中既有国学邃密、不问世事的隐者，如唐雨梅；也有极具革命精神的共产党人，如吴克正等。房秩五选聘教师，不拘一格，"有能者任之"，有时还会因招不到心仪的人才而扼腕叹息。比如，房秩五当年偶遇金陵大学一个叫周荫棠的学生，"与语，奇之"，遂"约至浮山中学授课，为母校所留，不果"。周荫棠后曾任湖南大学历史系教授，"学行均佳"，有"归老浮山，著述终身"之语。当房秩五从报纸上得知周荫棠不幸遇难后，伤感无限，赋诗哀之[7]377。

房秩五作为一名典型的本土教育家，在我国近代教育发展史上的地位可能无足轻重，即使仅就皖籍教育家来说，其在国内外的影响力也远远赶不上胡适和陶行知二位。但是，对于安徽近代教育的发展而言，他的历史作用和影响又十分重大。他是近现代安徽教育史上为数不多的拓荒者之一：他协助吴汝纶创办了皖省近代以来第一所新式学堂——桐城学堂，他所参编的《安徽俗话报》是当时国内为数不多的几种白话报纸之一，他在九十多年前创办的浮山中学至今还在为国家培养和输送大批优秀的人才。

房秩五的教育思想在今天看来也许没有多少新意，但在当时的历史背景下无疑是进步的、有价值的，虽然有一定的历史局限性，但他对家庭教育的重视、对传统蒙学的批判和对中学教育的认识等依然值得我们反思和借鉴。

　　本土教育家作为地方教育事业发展的领航人，担负着各地教育的重任，为地方教育事业的发展做出了不可磨灭的贡献。通过梳理房秩五的教育实践与思想，可以看出，本土教育家的养成是外部客观环境和内在主观因素共同作用的结果。其中，客观条件包括社会转型期的现实需要和地理环境的天然熏陶，而主观条件则包括爱国爱家、热衷教育、深谙教育之道和广结教育名士等四个方面[40]。这些条件和因素并无先后之分，轻重之别。本土教育家的养成既要有宽松的社会土壤，又要有矢志不渝的教育情怀，外部的客观环境和内部的主观努力同等重要，缺一不可。

第三章　李光炯的教育实践与思想

一、李光炯生平简介及教育实践活动

(一)李光炯生平简介

李光炯（1870—1941），名德膏，字光炯，别号晦庐老人，今安徽枞阳人。李光炯出生于一个清苦的知识分子家庭，十岁备尝幼年失母之苦。其父李云村时任宣城教谕，李光炯幼年时随父在宣城读书。李光炯未及弱冠，就在诗文方面崭露头角，常替父亲为乡人撰写信函、挽联。所作之笔，没有不称其父及乡邻之意。由于自幼受到父亲刚毅正直、急公好义性格的熏陶，李光炯从小秉性刚直，见义勇为。其父在世时，为替乡民争回白鹤峰书院洲产，与当地豪绅诉讼多年；父亲去世时，李光炯年仅十九岁，就继承了先父遗愿力争校产，历经数载志愿终得实现。李光炯不畏权势、为民请命的性格可见一斑。李光炯二十岁时，以案首第一名的成绩中博士弟子，仅隔七年，又考中举人。当时，吴汝纶为"海内文宗"，讲学于保定莲池书院。李光炯虽已中举，仍自觉不足，故负笈投奔吴汝纶，成为其座下高徒，学问得以日进。清光绪二十八年（1902），吴汝纶被任命为京师大学堂总教习，就职前赴日本考察学制，李光炯以吴汝纶学生的身份随行。考察期间，师生悉心研究日本近代学制，以备施用于他日。吴汝纶归国后回桐城故里，着手创办桐城学堂，李光炯襄助规划，效力尤多。当年秋，受湖南巡抚赵尔巽相邀，李光炯出任湖南高等学堂历史教习。因与该校数学教习卢仲农志趣相投，两人在长沙创立了安徽旅湘公学。安徽旅湘公学以"散播革命种子，培养革命人才"为办学宗旨。当时，大批革命党人云集长沙，李光炯曾以全家性命为质保护了黄兴、刘揆一等百余人。湖南办学环境日益险恶，公学不得不迁至芜湖，更名为安徽公学。1905年，公学附设速成师范学堂，由曾在日本学习速成师范的房秩五主持。为办好安徽公学，李光炯多方延揽名师，以致公学当时名师云集，如刘师培、陈独秀、苏曼殊、谢无量、柏烈武、江彤侯等。他们在讲学之余，多致力于革命。安徽公学成为安徽省革命活动的策源地。当时大江南北的革命党人，皆以芜湖及该校联络过往。后由于清廷觉察，众人不得不暂时离开芜湖。安徽公学开办不久后，李光炯感到安徽省匮乏女子学校，女子教育落后，于1906年和同乡阮强在芜湖创办了安徽女子公学。1908年，李光炯收到云贵总督李经羲聘约，至云南策进当地教育。他于任职期间施行了一系列有益于该地教育的举措。1912年，李光炯由滇返皖任安徽省都督府秘书长，为南北议和出了不少力，随后又出面解决了安徽省南北军政分立的状态，安徽省政局遂得澄清，先生功成身退。1914年，袁世凯复辟帝制，欲邀先生为其助，李光炯宁死不就。袁氏覆灭，皖省军阀割据，民不聊生，李光炯为改变军阀爪牙占领安徽省立第一师范学校的局面，在该校师生呼请下出任该校校长。1921年，安徽省立第一师范学校两名学生因请愿遭到军阀无情杀害，李光炯悲愤难当，为替遇难学生申冤，愤而发动震惊全国的"六二"学潮。李光炯观皖省政局黑暗，军阀祸皖，遂将澄清选举、废督、裁兵为己任，请命中枢，奔走呼告，与军阀斗争历时四载，主义终得伸张。二十世纪二十年代，李光炯目睹国家经济凋敝，深感职业教育之必要，于1919年与阮强筹设芜湖私立职业学校。李光炯为筹措经费，常年奔波，有几次因长时间奔走于风雪中，致染沉疴，几至不起。1927年，李光炯致力于发展乡村教育，期自基层开启民智，求强国之道。李光炯得岭南一富商资助，在老家创办了枞阳宏实小学，且附设了一系列民众教育场所。时诸好友何健、方振武屡次请他出任省政府要职，他一心办学，均坚辞不受。抗战爆发后，李光炯年老体衰，避趋蜀地，仍不忘家国，主张战时教育及生产教育。李光炯一生淡泊名利，数次辞官，矢志教育，躬身兴学，提掖后进不遗余力。生平侍亲极诚，对于族党后进多竭力培养。李光炯好读书，古文根底深厚，颇受桐城派影响，崇实去虚，所作诗文，往往传颂一时，但未尝以文章自命，著述甚多，但因不自珍惜，大都散佚，今所存者，不及什一。

（二）李光炯的教育实践活动

1.弃科举，求新学，助创桐城学堂

十九世纪末的清政府腐败无能，对内血腥镇压人民起义，对外丧权辱国，割地赔款，帝国主义趁机掀起瓜分中国的热潮。维新派发起了维新变法运动，希望通过变法图强。但维新运动因触犯封建统治阶级利益，不久就遭到顽固派的血腥反扑，以失败告终。李光炯同情维新派，六君子被害使他认识到不推翻清政府不足以救中国。当时年轻的李光炯正仕途得意，已考中举人，古人云："五十少进士，七十老童生。"科举之难由此可见。但科考之途如此顺利的李光炯并未如常人所料继续考取功名或直接做官，而是选择自绝仕途，放弃科考，另觅救国道路。一个旧式的知识分子是需要巨大的勇气才能做出这样的决定的，因为决然地割断自己的文化脐带是相当痛苦和难以承受的，若非有其他无可奈何的理由一般人是不愿接受的。李光炯因已了然清政府的腐败无能是当时中国内外交困的根源，故毅然抛弃这条为一己求荣华的道路，另择良方，寻找救国救民的其他路径。

吴汝纶时为国学大师，被世人誉为海内文宗，主讲于保定莲池书院，李光炯慕其学识，于是负笈游学于其门，成为吴汝纶的学生。得良师点拨，李光炯学问益进，深受吴师赏识。1902年，清末"新政"引发了中国历史上第一次兴学热潮。吴汝纶被委任为京师大学堂总教习，他在就任之前，自觉自己西学功底尚浅，对西方近代学制不甚了解，恐不能胜任，于是向管学大臣张百熙请求赴日考察。得到准许后，李光炯以吴汝纶弟子的身份同行，师徒在日本进行了为期三个多月的教育考察。李光炯在日本考察期间，悉心研究日本近代教育制度，做了大量笔记、图表，积极吸收日本明治维新以来的教育思想，努力寻求日本明治维新后短短二三十年间国力强盛的原因，探求教育对政治、经济的巨大反作用，思考教育救国这条道路。考察结束后，吴汝纶与其从日本聘请的名师早川新次等同回安庆，准备将于国外所得经验付诸实践，创办了皖省近代首批新式学校之一的桐城学堂，开了皖省办新学的风气，倡导新风，以待他日推至全国。吴汝纶亲自起草了一系列办学公稿，如《创立学堂说帖》《学堂招考说帖》《开办学堂章程》《开办学堂章程十七条》等。学堂开办当年招收正

额五十二名（津贴伙食），附取生六十名（自缴膳费）。本欲开读经、算学、词章、中外史学、中外地理、外国文、博物、物理、化学、体操、图画等课程，因受经费限制良师难觅，仅开国文、日文、法学、数学四科。日文、法学两科由早川新次教授。学堂创始人吴汝纶因受命须掌管京师教育，"某不能久居于故乡，光炯自可相助"[5]458，办理学堂等事其实多由李光炯亲为。吴汝纶因年事已高，办理学堂劳心劳神以致积劳成疾。1903年2月9日，在桐城学堂的筹办诸事接近尾声时，吴汝纶溘然长逝。临终前，他曾召集李光炯托付学堂一事。当时皖省风气未开，筹款兴学极为不易，安庆城内士绅对李光炯兴学堂之事多方阻挠。李光炯不畏强权，竭力为学堂争取洲产、校产，以其威望与毅力，取得文庙书院考棚废庵、田租及崇文洲地作为基金，暂借安庆巡抚衙门南院房屋为校舍，于1903年2月21日开学。学校因堂长吴汝纶已逝，设总监八人主持校务，李光炯位列其中。李光炯在桐城学堂开学当日为众师生演说，勉励学子心无旁骛，珍惜时机，用功读书，以待他日为寻找国家出路贡献力量。这是李光炯期盼以教育挽救国家、民族于危亡的心情的真实写照，也是李光炯教育生涯中的第一次兴学经历。此后，他矢志教育，在办学兴教这条路上奉献了一生的热情和精力。

2. 创办安徽公学及安徽女子公学

1903年，因桐城学堂的各方面工作已基本步入正轨，李光炯遂应允湖南巡抚赵尔巽的聘约，就任湖南高等学堂历史教习。因与该校数学教习卢仲农志同道合，两人于长沙共创了安徽旅湘公学。当时的中国，资产阶级民主思想已经开始萌芽，革命团体纷纷涌现，湖南的革命运动非常兴盛。当时，革命人士在长沙创立了"华兴会"，李光炯倾向革命，对革命向来抱支持态度，聘请黄兴、赵声等革命党人为教员。黄兴等华兴会成员决定在慈禧太后七十岁生日那天发动起义，后因风声走漏，清廷一时到处搜捕革命党。李光炯平日受湘省巡抚赵尔巽敬重，挺身而出，以身家性命保全众人，终于争取到时间，使革命党人及时销毁证据，清廷爪牙扑了个空，黄兴等百余人才得脱身。但此事过后，安徽旅湘公学成为清廷怀疑的目标，湖南环境险恶，难以立足，又因芜湖不是省会，不易引起清廷警觉，且在水陆交通方面，优势明显，还因陈独秀的革命活动多在芜湖，所以，在陈独秀的推动下，1904年冬，李光炯和卢仲农将安徽旅湘公学迁到芜湖，改名为安徽公学，租赁二街柳春园民房为校舍，李光炯和邓绳侯先后担任学校监督（即学校负责人）。陈独秀和李光炯本是同乡，在安徽旅湘公学刚成立时，陈独秀就在自己创办的《安徽俗话报》第二期为其登出招生广告。李光炯曾对友人说过："中国想要转弱为强，局部改良，骚不着痒处，于国无补，于民无益。必须推广教育，培养革命人材，积蓄力量，根除帝制，方可一鼓垂成。"[41]104由此可见，兴办安徽公学是李光炯实现其教育救国理想的重要实践，该校办学的目标亦以培养革命后继为重。学校迁至芜湖后，除招收普通中学班五十余名外，1905年年初，公学开设一年制师范预科。安徽公学当年开设的课程，多为实用学科，如历史、地理、理科、图画等，是一所名副其实的新式学校，与当时只读四书五经的旧式学堂大相径庭。清光绪二十九年（1903），清政府颁行"癸卯学制"，准备废除科举制度，提倡各地兴办新式学堂。在这种较为有利的政治环境下，为了筹措办学经费，李光炯利用自己是吴汝纶高徒的身份，经常官衣官帽，与一些开明士绅以及皖籍官员往来，起初许多人不免私议，后来知道他的良苦用心后，无不表示钦佩[42]。为了节省开支，李光炯设法保举本校教师张通典到官立赭山中学任监督，先由张通典为赭山中学选聘一批良师，李光炯再借他校师资到安徽公学兼课。"这样，他们的薪金由赭山中学支付，安徽公学只需付给他们少量的讲课金就行了。"[43]安徽公学因此得到许多学者、名宿授课，还曾有一位日本学者在安徽公学讲授伦理学。这样，学校的教学质量有了师资保障，声誉也因此大振。比如，公学当时云集了大批安徽民主革命领袖人物及学者名流，他们中许多人在安徽乃至全国久负盛名，如国学大师刘师培、陈独秀、谢无量、邓绳侯、苏曼殊，光复会领袖陶成章，革命党人江彤侯、俞子夷、柏文蔚，爱国教育家房秩五，等[44]。安徽公学成为了革命党人向学生灌输革命思想的阵地。1905年，陈独秀、常藩侯等人，在安徽公学内部成立"岳王会"，这是安徽境内最早成立的革命团体，李光炯也毅然加入。李光炯为了培养革命后进，虽身为安徽公学校长，亦常常登台授课，鼓励学生阅读进步书刊，推崇革命，宣传民主思想。为开启民智，警醒国人，1904年，陈独秀联合同乡好友房秩五、吴守一等，决定依托桐城学堂，开办皖省境内第一份白话刊物——《安徽俗话报》。因为桐城学堂于当年秋迁回桐城，陈独秀只得将该报的编辑部迁至芜湖的科学图书社。后适逢安徽公学自长沙迁回芜湖，陈独秀又受李光炯的邀约在公学任教，这样，陈独秀可以一边教课，一边负责该报的编辑、出版工作。

李光炯因受其师吴汝纶的思想影响，1906年秋，于公学附设了一所速成师范学校，学制一年，并电邀赴日学习速成师范的好友房秩五回校主持。这样，房秩五、陈独秀等人齐聚芜湖，《安徽俗话报》又得以正常刊行。《安徽俗话报》共发行了二十多期，最多一期发行了三千余册，在安徽及其他多个省份都有发售点，在当时的社会上引起很大反响，对于开化风气、开启民智有很大作用，具有很强的思想启蒙意味。试想一下，在当时黑暗的政治形势下，若不得李光炯和安徽公学的庇佑，这种进步刊物很难在清政府遍布各地的眼线中生存一年多时间。事实证明，李光炯创办的安徽公学，在以上两个方面对当时安徽的革命形势都具有巨大的推动作用。1909年，得广东米商霍守华资助，安徽公学的校舍得以扩建，在芜湖东门外校场街新造校舍一百三十余间，师生次年迁入。

受实业救国思潮启发，李光炯等人期望以事业发展谋国家复兴，将安徽公学改办为甲种实业学堂，设农、桑两科，后添设蚕科，开辟农业试验场，为诸生求真实学问。1914年，学校定名为"安徽省第二甲种农业学校"（以下简称"二农"），卢仲农充任校长。"二农"秉承安徽公学一贯的办学传统，为当时的社会培养了大批优秀的农业技术人才。1906年夏，李光炯与阮强等人创立了安徽最早的新式女子学堂——安徽女子公学，于芜湖河南大巷口的民房内招生上课，设有速成师范科及附属小学。1908年，该校迁往芜湖西门铁索巷，更名为安徽全省公立女子师范学堂，设师范、保姆、蒙养院三部，不久又开设国民小学及女子高小，经费一部分经省款供给，一部分由官绅捐助。当时师范科招收四个班，共五十余人。该校重视养成学生的动手实践能力，该校学生创作的手工艺品曾荣获意大利博览会金奖。1911年，辛亥革命爆发，学校受战事影响停办。1912年8月，恢复建校，1913年2月，学校更名为安徽省立第二女子师范学校（以下简称"二女师"），同时设有附属小学。未几，因赣宁军事影响，再次停办，1914年上半年恢复教学。此时的二女师实行旧式学制，分为本科和预科，1923年教育部推行新学制，该校师范科学制改为三年。

二女师学生努力好学，思想进步，支持和参与民主爱国运动。1919年，"五四"运动期间，二女师联合芜湖其他学校，举行了一系列示威游行活动。1921年，安徽省立第一师范学校学生姜高琦等因向当局请增教育经费而被反动军阀倪嗣冲杀害，6月13日，二女师、二农等学校的三千多人举行了示威游行，反对军阀任意枪杀学生，掀起著名的"六二"学潮。其中，二女师示威队伍的学生领袖就是李光炯之女李相珏。1921年10月11日，二女师学生自治会创办了平民夜校，1928年，二女师更名为二女中，设高中师范科和普通初中，附设实验小学及幼稚园。1930年，学校初、高中共有三百一十九人。1931年，初、高中共有三百一十二人。与当时省内其他同类型的学校相比，二女中的办学规模算是很大了。1934年，二女中依照省令，改名为安徽省立芜湖女子中学，师范科停招，成为普通中学。在教学方法上，该校高中部重视自由研究，初中部重自学辅导。为丰富学生精神生活，学校组织了各种课外活动委员会。1930年，学校新建一栋教学楼，各科教室、图书、教学设备基本都能满足教学需求。1937年冬，芜湖沦陷，学校停办，芜湖女子中学及部分其他学校流落湘西。

3.赴滇主持教育

1908年，云贵总督李经羲（李鸿章之侄）为了巩固统治基础，邀请李光炯出任其总督府幕僚，主持云贵两省教育。当时这两省教育基础薄弱。李光炯到任后，重视教育革新，培植后进，力倡实学，发展师范教育，努力铲除当地教育流弊。为了振兴滇中教育，李光炯邀请房秩五、光明甫等一同来滇，并请房秩五帮忙选聘皖省优秀教师赴滇助教。李光炯的这一系列改良滇省教育的措施，无不切中时弊。在他就任的两三年间，滇省教育的面貌为之一新，为该省培养出大批实用人才。更重要的是，资遣学生出洋深造以及选聘具有进步思想的教员任教，均起到开通民智，思想启蒙的作用。后来"辛亥革命军起，云南揭竿响应，未经流血之惨而大功告成，先生实推之"[45]。

4.创办公立安徽职业学校

1919年，李光炯和阮强、卢仲农、高语罕、房秩五、光明甫、沈子修、江彤侯等人商议，在安徽芜湖筹办一所工业职业学校。经过两年多的筹措，公立安徽职业学校在芜湖东门外高长街诞生，有一百二十余间校舍，设机械、木漆两科，三年制本科，两年后添设染织科，附设实习工厂和艺徒班，属于当时皖省中等职业学校中规模较大者。学校的重大校务由李光炯、阮强亲自主持。1923年，学校接办合并过来的芜湖工读学校。1928年，学校在东门大街青阳会馆增设女子部。1931年，公立安徽职业学校改名为私立安徽职业学校。1934年，学校共有九个班，加上附设的艺徒班和女子部一个班，共计三百多人。学校经费除须校董事会自筹三分之一外，其余由省教育厅和江苏驻芜米商每年供给八千元。当时，该校的学生人数之众，办学规模之严整，教学设施之完备，图书仪器之齐全，是皖省其他同类学校中少有的。

二十世纪二十年代，在进步教师及校董事会的推动下，革命思想在校内传播很快，该校师生一度成为芜湖民主革命活动的重要参与者。在响应"五四"爱国运动，抗议反动军阀杀害学生的"六二"学潮等一系列学生进步运动中，该校师生无不积极参与。更有该校毕业生曹渊，在黄埔军校学习时加入中国共产党，在北伐战争中英勇作战，后在攻打武昌的战斗中献出了年轻的生命。

私立安徽职业学校专授实学，注重培养当时社会急需的专门人才。李光炯晚年回到枞阳后，还时时挂念该校。该校机器厂制造的抽水机、引擎、手印机，染织厂生产的各式布匹、毛巾、蚊帐、线袜，木工厂制造的各种农具、时髦家居，广受群众好评。1934年，该校学生发明的虎钳、元车、油印机、抽水机等，参加了全国职业学校及中小学劳动作品展览。1937年，芜湖被日寇占领后，该校被毁于一旦，抗战胜利后得以复办。

5.出任安徽省立第一师范学校校长

清末民初，安徽教育颇能随时代前进，一系列新式学校纷纷出现，如桐城学堂、安徽公学等在全国属开办较早且成绩斐然者。但辛亥革命后，军阀祸皖，战事连年，起初是削减教育经费，1913年，倪嗣冲督皖时，甚至直接关闭了全省各级学校和教育机构，将教育经费挪作军费。1915、1916两年，经调查，安徽教育水平处于全国倒数第二，奄奄一息。1920年，反动政客赵继椿接任安徽省立第一师范学校校长，遭到进步学生驱逐。皖省教育界一致推举李光炯出任该校校长。李光炯认为，省内各中小学校以安徽省立第一师范学校为龙头，该校校长足以代表皖垣。为了振兴皖省教育，李光炯临危受命，毅然应允。从此，他与光明甫、刘希平成为"五四"运动和大革命时期安徽教育界的中流砥柱。他们以学校为阵地，联合全省教育界人士，反对军阀倪嗣冲，揭露军阀的罪恶行径，传播民主革命思想，推动安徽的革命进程。李光炯出任安徽省立第一师范学校校长后，也将"五四"运动的新风带入该校。他大胆革新，扫除学校的封建遗气，废除一些迂腐的教学方式和内容，选聘一批思想进步的教师，学校风气蔚然一新。李光炯还相当重视对学生进行职业教育，除教授普通各科外，开设多种实用工科，附设工厂、农场。李光炯当时受陶行知先生"知行并重"思想影响，并有蔡元培先生"兼容并包"的气度。他除了关心学生的学业外，还注意向学生传输民主革命的思想，在他的教导下，该校学生关心国事，追求进步，打破了当局不许学生参加政治活动的限制。在李光炯发起的为该校遇难学生昭雪申冤的"六二"学潮中，全校师生团结一心，痛斥军阀罪恶行径，在全国引起轩然大波。

6.创办宏实小学及私立宏实初级职业学校

1912年，李光炯在家乡黄羹乡李兰庄（今属枞阳镇）创办了私立李氏小学，1921年，又在李兰庄创办了私立普仁小学，后改为兰庄乡村师范。1927年，李氏小学更名为宏实小学，取"实大而声宏"之意。1927年，经李光炯多处筹措，宏实小学终告成立。"当时的宏实小学有前后两幢楼，共有房屋100多间"[46]129，设有大礼堂、办公室、自修室、图书馆、操场、教师宿舍、学生宿舍、膳厅等，并附设实习场所和各种民众教育机构。校园中多种植松柏花木，环境清雅宜人，后门的大操场配有各种运动设施。校董事有倪砚农、孙闻园、房秩五等。皖省督军柏文蔚曾为其创办的私立民生小学和宏实小学划出草场圩田一千亩，作为两校校产。二十世纪三十年代初，学校共有十二个班，在校生六百余人。校训为"诚、毅、勤、朴"，校徽为蓝白黄三色，用宏实二字组成镰刀、钉耙图案，取意劳工神圣。李光炯亲自为其撰写校歌。学校开设的课程有国文、算学、历史、地理、美术、音乐、生理卫生、手工劳作、体育。每个礼拜六下午，有两节时事课，李光炯选取国内外新发生的大事，讲给学生们听，目的是从小培养学生的爱国情操。该校教师多是皖省教育界名流及学问通达的知名学者，如张亮如、李承华、吴醒民、戴谷生、李相珏、陈炯如、何子诚、张汝娴等。宏实教师何养性后来回忆说，他于1928年"受李德膏之聘到宏实小学任教，李氏办学认真，择师非常之严，校内教师很多是进步的名流"[47]。李光炯在主持宏实小学的过程中，注意践行陶行知"教学做合一"的思想，提倡从做中学。他常让学生亲自劳作，在劳动过程中掌握些生产技能。学校的劳作课，会发给学生一些做手工劳动所需的材料，通过教师教，学生做，学生会学习到一些生活技艺，比如编制藤椅、手提箱等物品。由于宏实小学学风优良，师资过硬，注重对学生的德行教育，来校求学者众多。

抗日战争爆发后，宏实师生多进行抗日宣传，救济伤兵等工作，为日寇汉奸所恨，1938年秋，宏实小学被日军焚毁，1939年春，学校迁到桐城孔城镇续办，李光炯与朱蕴山、江彤侯等商议，将宏实小学与私立芜湖职业学校合并，改办成宏实初级职业学校。为了配合前线抗敌，宏实初级职业学校生产的军衣、军被等物资源源供向我方战场，为抗战做了大量援助的工作。1941年至1944年，学校数次遭到敌军空袭，曾先后迁至桐城倪家祠堂和义津小李庄。抗战胜利后，校董事会商定停办宏实初级职业学校，重办宏实小学。该校几经停办、复校，为民族独立做出了一定贡献，亦为我国染织界输送了不少人才。李光炯晚年专注于乡村教育和职业教育，"期望以教育来移风易俗，推广农业生产科学技术"[41]105，把全部心血都倾注在宏实小学和宏实初职上，数次辞去省政府委员等职务。"七七"事变后，李光炯携家人入蜀避乱，元配方夫人竟在途中病逝。老逢乱世，转徙流连，风雨兼程，不胜凄惶。李光炯时虽已年逾古稀，仍于战事之得失，民生之疾苦，关怀备至。每阅报，见战事胜利则大喜，否则凄惶终日。1941年，先生听闻"宏实小学及芜湖职校相继被敌毁，泫然流涕者竟日"[48]，以致宿疾复发，1941年4月8日病逝于成都，临终前留下遗嘱，将自己名下的周家汊内河股权、业权及田产，完全捐归宏实小学，外河股份业权完全捐归孤贫儿童教养院，将自己的三十只书箱，完全捐交宏实小学图书馆。李光炯恪守先人俭朴仪型兼知财产不必专给子孙的清白家风。李光炯淡薄荣利，俭约自持，隐居湖上时，日唯一蔬菜自给。生平奔走东西南北，乘车未尝头等，船未尝大餐间。李光炯一生笃志事功，淡然仕途，以终生精力倾注于教育事业，对于近代皖省教育的发展，助力尤多。可以称其为在清末民初废科举兴新学的浪潮中，首批推动安徽教育向近代化转型的教育家之一。他在师范教育、职业教育、女子教育、乡村教育等方面的教育实践与探索，为皖省近现代教育革新提供了经验上的借鉴，当属我省近代教育的开创者与奠基人之一。

二、李光炯教育思想的形成背景

（一）"桐城派"文脉的影响

说起明清时期的文章，"桐城派"是不得不被提及的。该派时为南方巨派，程鱼门、周书昌曾赞曰："天下文章在桐城。"[49]可见时人对其之敬仰。桐城之文风，宋时多法欧阳修、曾巩，清时多崇戴震。清代方苞、刘大櫆、姚鼐标榜洪范，海内景从，桐城派之名由是大噪。梅曾亮、管同、方东树、姚莹四君，师从姚鼐，将其师学说发扬光大，时人谓之"桐城四杰"，他们四人可称得上桐城派第一代人物。后起之秀有王悔生、姚石甫、戴存壮、苏子厚、方存之等，由此，桐城派之势日大，流派日宽。刘海峰、钱伯坰，独立新宗，另开阳湖一派。该派脱胎于桐城派，又与桐城派分庭抗礼。代表人物恽敬、张惠言、庄述望等，为阳湖魁首。姚木春、吴山子、毛生甫等皆为姚莹高足，弟子再传弟子，逐渐使该派被之四海，发扬光大，桃李满天下，成为颇具声势的一个古文流派。桐城派末流代表人物有"曾门四大弟子"之首的吴汝纶，马其昶、姚永朴、姚永概以及吴汝纶之子吴闿生、邓绳侯、方守敦、李光炯等。桐城派文章清真雅正，内容多取自儒家思想，尤其是阳明之道。语言多清顺通畅，记述扼要，平易清新。李光炯出生自书香门第，其父李云村为宣城教谕，李光炯自幼便随父在教谕官所读书，其父亲授学业，常给他读经讲史。耳濡目染，长期熏陶，李光炯十岁时即可工挽联，获乡人赞誉，其父与门人的往来书信皆由李光炯执笔，无一不称父意。李光炯年少时的英名，逐渐传于乡里。李光炯平生沉潜史籍，刻苦攻读，自幼便打下了厚实的古文功底。李光炯二十岁时参加科考，即以第一名的成绩补博士弟子，二十七岁时再次中举，科举之途，如鱼得水。然而，李光炯并未对他的学识感到满足，仍求知若渴。听闻吴汝纶讲学于保定莲池书院，他便决定弃科举而拜吴汝纶为师，成为吴汝纶的得意门生。吴汝纶时为桐城派末流的代表大家，古文精湛，曾任曾国藩幕僚，极受曾国藩的尊仰，被举为"曾门四大弟子"之首。吴汝纶博览诸子百家，笃志好学，其文章脱胎于桐城派，又主张有所变化，他的文章既有桐城派的清雅之征，又意气雄厚，矜雅简练，颇得《史记》之蕴。李光炯跟随这样的老师，文章习作的风格必受其影响，由训诂而渐转至实用，由重辞藻之华丽逐至重内容之充实，条理之简练。对于古今中外之文章，无不博求甚取，评点考据。

邓绳侯，清代书法家、篆刻家，文学泰斗、经学宿儒邓石如之曾孙，安徽怀宁人，与李光炯为世交，他们经常书信往来或者当面晤谈。李光炯退居湖上时，常与其泛舟湖上，饮酒赋诗。邓绳侯时为桐城耆旧名宿，学识深邃，博通经史，深谙"汉宋先行之言，及老庄仙佛之奥"[50]。邓绳侯治学严谨，往往研讨至深宵达旦。他推崇儒家典籍，认为学问之道，必先由此始。书法清妙俊雅，颇有晋唐书之神韵。文章洞识精微，超逸有高韵，宗法桐城文派。李光炯创设安徽公学，曾延请邓绳侯为监督，"校中生徒，多江淮杰士，日以救国大业相切劚，省中大吏时时注目，以公高文硕德，未至遽兴党议，后虽有人煽构，赖公维护保全"[50]。李光炯与邓绳侯交情颇深，不仅在辞章习作上常交流探讨，而且在办学之策、救国之道上亦多往来切磋，相互影响。邓绳侯比李光炯年长十几岁，学问亦比当时年轻的李光炯精深，得识邓公，李光炯于文章、做人方面，皆获益匪浅，潜移默化中，受到桐城派的熏陶。

另外，李光炯曾在《答枞阳国民教习汪郎溪书》中，提出桐城文化起于枞阳的看法。他认为，"枞阳山水妙天下，邑中文化实起于兹"[46]133。李光炯在此文中逐一梳理了桐城派自明代中期何省斋创始以来，二百多年间的发展状况，细数了每一时期该流派的代表人物及主要贡献，发出要将其邑前贤之芳泽被及后人，传至千秋万代之感慨，并盛赞枞阳山水秀丽，人杰地灵。李光炯生在山川秀丽、学风厚重、先贤辈出的枞阳，受该地风教习染，自幼好读诗书，饱读圣贤遗作，博古通今，与其出生地之人文环境有很大关联。

二十世纪初的中国，处在风云遽变，危机四伏的严峻关口。在民族危亡的特殊时期，庞大的文化群落往往成为思想的先行者。一大批枞阳学者继承先辈们"天下兴亡，匹夫有责"的革命热情，以天下为己任，肩负时代使命，高举着反帝反封建的旗帜，登上历史舞台。或大声疾呼，或走上讲堂，以三尺讲台为阵地，宣传革命思想，培养革命后进；或著书立说，警醒世人；或动员民众，策反军队，发展革命团体，期以暴力方式推翻旧政权。吴汝纶、李光炯、房秩五、陈独秀、史恕卿、光明甫、吴芝瑛、吴樾、房师亮、黄镇、朱光潜、东方美、童长荣等，皆在那个时代前赴后继，呕心沥血，成为那个年代无数仁人志士艰苦卓绝不懈奋斗的一个缩影。

（二）吴汝纶教育思想的熏陶

吴汝纶的教育思想在本书第一章有详细介绍，这里不再赘述。

李光炯作为吴汝纶的学生，深知其师为中国教育谋出路的呕心沥血，良苦用心。由于受吴汝纶教育思想的熏陶，故而他一生的教育实践基本上都在践行其师速成师范、专授实学的教育理念。他在1903年发表的《教育一斑》中指出，旧学已不切实用，我国应大兴于救国有真正价值的西学。这份言辞恳切、震耳发聩、爱国之情溢于言表的学堂招考说帖，充分表达了李光炯心怀天下、忧国忧民的情怀。李光炯还详细分析了我弱敌强的原因，在于我国旧学不切实用，若仍不思改革，学习他国，取长补短，将来国力悬殊，则优胜劣汰，国民不仅无处安居乐业，国家恐将有覆灭的危险。为今之计，只有引进西学，潜心研究别国强盛的原因，利用异国先进的科学技术武装自己，以求将来不至落后于他国，沦为他人奴隶，再图富强之策。受先师委托，李光炯为桐城学堂列出了招生人数和择生标准。看到桐城学子踊跃投考，感到先师努力求兴新学之功终未白费，顺应了民意，颇得民心，他感到十分欣慰。但由于师资和经费的匮乏，李光炯不得不忍痛从中遴选六十名学生入学。既是百里挑一，那对于入学生童的要求就必须有一定的标准，即较高的国文功底，具有一定的文学识解的能力。

李光炯在桐城学堂的开学演说中，声情并茂，痛彻心扉地告诫学子，如今我国旧学不敷实用，以至于种族岌岌可危，国人切不能再因循守旧，裹足不前，而应趁现在年轻气盛之际，发愤治学，取长补短，莫辜负吴汝纶先生当初的良苦用心。若将襄助吴汝纶创办桐城中学作为李光炯教育生涯的起步，那么自1903年至他去世前的这几十年间，李光炯从未停止过对教育事业的热爱和投入。李光炯在此期间一直执著于兴学育才，不管条件如何艰险，都未曾中断。由于受其师吴汝纶速成师范思想的熏陶，李光炯意识到，在家国形势危急的关头，欲以教育救国，急需大量师资，当时的社会局势又不容许教育循序渐进，徐图人才。解决师资问题的唯一可行之策就是中国的师范教育走"速成"之路，借鉴日本速成师范成功办学的经验。有了这一思想做引导，李光炯在安徽公学兴办的第二年便附设了芜湖速成师范学校，一年卒业，电召回赴日学习速成师范的房秩五主持。该校的教习多来自安徽公学，由于教师多学问深厚、满腹经纶，校长房秩五又深谙速成师范生的培养之道，该校学风醇厚，绩效斐然。1906年，李光炯在芜湖创办了安徽女子公学，使贫女能有一技之长，以安家立命。该校分初中、高中两部，高中为四年制师范学校，前三年学习师范科的必备基础知识和教育教学原理，第四年进入该校附属的国民小学和幼儿园实习。李光炯通过亲自登台授课，强化师范生的专业素质和业务水平。1908年，李光炯应约至云南主持当地教育。他到任后，特别注重对云贵地区师资的培养，出台的几大教育举措中有"分区设立师范学校"这一条，培养了大量具有新思想、新观念的教师，为云贵地区的政治、教育革新输送了新鲜的血液，加速了民主革命思想在这一地区的传播。后来，辛亥革命起，云南揭竿响应，和平光复，不能不推其教育革新之功。1913年，李光炯在其老家枞阳李兰庄，设立了李氏私立小学。并附有工厂，除教人识字外，还传授一些生产技术，教人做工。

李光炯受吴汝纶影响较深的另一点，就是职业教育思想。吴汝纶的教育理想是培养经世致用之人才，他在日本考察期间，搜集了日、英、法、德、美、俄等国的大量教育资料，一一进行研究，所以明了欧美发达国家教育制度之变迁，教育体制之情形，学校章程之设置，课程开设之情况，经费、师资之状况。通过对比，吴汝纶发现，日本自明治维新引进西学的三十多年间，成为这些国家中成绩最卓著，发展最迅猛的国家。吴汝纶结合我国当时各行业缺乏懂得先进科学技术人才的现状，认为中国教育可以效法日本，举办各种实业教育，"以造就办事人才为要，政法一也，实业二也……政治、法律之外，则矿山、铁道、税关、邮政数事为最急"[5]436-437。所以回国后他主办的桐城学堂，也遵循了这一思路。

1927年，李光炯得到岭南一富商的资助，在老家枞阳创办了宏实小学。李光炯择师极严，教材由教师自编，教法不拘一格。除了向学生传授文化知识和爱国思想外，李光炯还注重对学生生产技能的传播。鼓励学生多参加劳动，他认为，通过种花、种菜，学生可以了解植物何时开花、何时结果，如何栽培；通过参加手工劳动，学习编织、木工等技艺，既可以锻炼学生的动手能力，手脑并用，不做死读书的书呆子，又可以培养学生的生活技能，增加学生生存本领。

（三）先进的教育理念及科学知识的冲击

1.西方先进的教育理念之影响

十九世纪末二十世纪初的中国，面临着空前的危机，清政府的腐败无能加剧了帝国主义瓜分中国的热潮。甲午战争的失败，《马关条约》的签订，大量的割地赔款，促进了中华民族的觉醒，推动了中国社会迈向近代化的步伐，也使中国的教育开始睁眼看世界，在教育理念、教育制度、教育内容、教育方法等方面开始效法西方，逐渐移植西方教育模式，建立我国近代教育制度。中国当时的教育落后，其弊端在于，从时间维度上把国人的心智囿于孔孟那个古老时代的水平；从空间维度上，把中国的教育限制在一条单一的通道上，皆是"读书—考试—做官"学而优则仕的单调模式。培养出的人才，不过是依靠儒家思想来规范和稳定统治秩序。这种千百年沿袭下来的教育理念和制度，在面对西方先进文明冲击时，有用无用，巧拙悬殊，注定了中国传统教育制度将要谢幕。维新变法运动和清末"新政"，促进了新式学堂的大量出现，留日学生群体无疑是那个时代的开风气者和弄潮儿。他们满怀教育热情，胸怀救国抱负，就是他们，拉开了中国教育通过向日本学习，移植西方教育理念的序幕。这一切，就在中国社会走向转型和清朝统治阶级的自救中开始了。1897年冬，日本为了防止法、俄、德占领胶州而损害自己在此的利益，劝说湖广总督张之洞与日、英结盟，日方以帮助中国训练将才作为回报。1898年2月，张之洞派遣一百人赴日本陆军学校学习。这是中国首次派遣人员赴日考察教育，张之洞亦是尝试引进日本模式以改良中国教育的第一人。1902年，被任命为京师大学堂总教习的吴汝纶在就职前赴日考察其学制，李光炯随行。吴汝纶不仅考察了日本近代学制的内容及其精神实质，更深入研究了日本近代学制转换的文化机制。他在与日本近代官员及教育家的交流过程中，着重探讨了如何使中国教育兼顾中西文化的问题，后以日本教育融合东西文化的过程为借鉴。

日本近代学制变化的轨迹使吴汝纶和李光炯渐渐改变了自己的思维模式，他们革新中国教育的意图也愈发强烈，其教育行为也发生了巨大转变。吴汝纶将自己在日本与诸学者交流所得，关于中国近代学制如何设置的思考、建议一一写信给当时的管学大臣张百熙，为中国近代学制的确立提供了参考和借鉴。回国后，吴汝纶便迫不及待地将其教育革新思想付诸实践，创办了安徽近代较早中西兼顾的学校——桐城学堂。李光炯受其师教育改革的思想很深，于1904年和卢仲农一起创办了安徽旅湘公学，即后来著名的安徽公学。这所富有教育革新的主张的学校，除开设本国历史、地理课程外，还开设西方近代的伦理、教育、心理、生理、音乐、理科、体操等课程，体现了吴汝纶"打中西学问为一冶"的教育理念。此外，公学设有速成师范科，一年卒业，专门培养中小学师资，体现了日本教育家在中国普及教育问题上的建议。李光炯在他一生的兴学实践中，很好地把握了以上两点，以速成师范学校、师范讲习所、平民夜校等方式，依托其所办的安徽公学、安徽女子公学、宏实小学，努力解决中国当时师资缺乏的问题，并取得了一定效果。

2.日本近代先进科学知识之冲击

多种迹象表明，吴汝纶等人在日本考察学制期间，确有专门记录，该书是在日本出版的。安庆四中退休教师金杏村提供了吴汝纶当年的访日资料，我们经考证，认为并非吴汝纶本人所作，极有可能是吴汝纶高徒李光炯的手笔，现就这些访日资料进行以下论断。

（1）自然科学的启蒙

李光炯随师至日本医科大学考察时，第一次看到化验室诸试剂及仪器，标本室诸动物标本，法医院诸人体标本，特别是日本的医学器械可以测量人骨之长短，此有助于法官断命案。这让年轻的李光炯大为惊讶，叹息中国千百年来法医技术的保守，认为引进此类人体生理知识，可减少中国冤案的发生。李光炯在考察之余随师郊游途中，见到"化为石，形在而质已变"的蛇化石，这在当时中国的学堂并不可见。这启示了他：在开办学校的过程中，要注重自然科学的教授，增加一些实物类的教学设施，以直观的方式呈献给学生。日本兽医院中用仪器为牛、狗治病之事，让李光炯惊羡。李光炯改革中国教育之决心亦受此鼓舞。至一医室，李光炯旁观了西医为病人插胃管进行手术的全过程，仅二十多分钟，医生已将伤口缝合，结束治疗，而当时我国的医疗水平不允许做这种手术，仍限于"望闻问切"的古老中医水平。李光炯认为，这种技术不传至中国，真是医学界的一大遗憾，由此联想到，应当在古人研究水平上继续推敲钻研，以发前人之所不及。此外，李光炯还领略了光的散射原理，植物吸收养分的机制，浮力原理，等。这些近代先进的自然科学在李光炯的脑海中留下了深刻的烙印，让他看到了中学的不切实用，引进西学迫在眉睫，也让他在日后兴学育才的过程中，把注意力往西方自然科学上倾斜，倾尽全力为国培养所需的各类实学人才。

（2）社会科学的启发

李光炯看到，日本盲哑学校中的哑生由教习通过英美手势图传授手语，手语学成后，学习普通各科知识及木刻、木嵌合等生存手艺；盲童由学校教授盲文及按摩技术。日本向来重视对学生进行爱国教育，比如，东京音乐学校的日常教学中，注重教授一些振奋人心、催人上进的军歌、军乐。日本的传统技艺舞剑，在表演过程中，多配有赞颂古代英雄、义士的诗歌，观看者无不受到感召。这种非物质文化遗产，对于弘扬民族精神，培养国民的英烈气概很有作用。日本当时的幼儿教育及中小学教育实行班级授课制，所教每科的课时都有定数，学生所学课程也有定数。小学设有卫生室、体检室、家长联系室、学生歇息室、师生集会室，供师生课余时间在此聚谈，以防课堂严肃的气氛使师生之间尊而不亲。小学教习上课，西方教育家旁听，此乃日本当时的监视训导制度。小学还设有图画、体操、音乐、博物各教室、日本的女子师范学校，设有附属小学校，以供学生实习。师范生在校学习三年半，在小学充任教习半年，由西方教育专家予以指点。该校附属的高等小学实行混合班级制，一、二、三、四各年级聚于一室，由一位教师授课。该种教法，务求学生自己用心，多加自勉。每节课教授内容的分配，须教师仔细斟酌。比如，甲年级学生写字期间，可抽暇教授乙年级学生图画，乙年级学生画图时，不用过分照看，又可教授其他年级学生算术。李光炯认为，此法专为穷乡僻壤学生。年级不一，不能多延教习，不得不合并一体[51]。该种教法最适宜我国教育水平低下的乡村社会。另外，日本的小学教育很注重体操和游戏，认为，"体操活形体，游戏活精神"。

日本近代先进的教育理念以及发达的自然科学知识、社会科学知识给李光炯留下了深刻印象，他认识到：日本明治维新以来，一改陈习，大胆革新，大力引进西学，为己所用，才使其在短时期内迅速崛起，赶超中国。清廷几百年来的闭关锁国，故步自封，闭门造车，只能使中国越来越追赶不上世界文明前进的步伐，文化越趋落后，强弱悬殊，非有亡国灭种之厄运不可。这更激励了他回国以后积极引进西方先进科学，将自己革新教育的决心投入创办新式学堂的行动中去，使他更深刻体会到必须用革命革新政治，用教育启迪民智，以教育救国民于水火。他在代吴汝纶拟复野恒次郎的信中表达了对日本明治维新以来所取得成绩的祝贺。又指明中国近代文明失落的原因是，国人深受周礼之教，恐新学传播后，国学将遭受灭顶之灾，因而闭塞至今。吴汝纶师徒怀揣"天下兴亡，匹夫有责"之志，渡海至此，欲移植日本当时的学制，为中国近代教育体系的创建提供参考。这次访学经历，使李光炯眼界大开，通过了解他国文明的高速发展，对自己国家进行深刻的文化反思，他发现，向发达民族学习是中国教育自救的必经之路。中国落后的教育制度必须割舍，外国先进的文化理念必须为我所用。非励精图治，卧薪尝胆，合东西学问精粹以育人才，数十年至数百年之间，必人才奋兴，国家之复兴可图也。

三、李光炯教育思想体系

教育家是指其在教育发展史上做出过不可磨灭之贡献，对于当代乃至后代都将产生深远影响的教育工作者。他们具有远大的教育抱负，悲天悯人的教育情怀，执著的教育追求，丰富的教育实践，鲜明的教育思想。

按照他们对于教育事业做出的贡献划分，可分为教育思想家、教育实践家、教育理论家。教育思想家是指，对教育有自己独到的见解，并形成了自己的思想流派，如我国先秦教育家，儒家代表人物孔子、孟子、荀子，以及封建时代的著名思想家、教育家朱熹、王守仁、王夫之等。教育理论家是指专注于教育科学规律的研究，在教育科学的钻研上有所贡献的一类人，如新中国成立以来，在我国教育革新事业上有突出贡献的顾明远、杜成宪、陶西平等人。教育实践家是指开门办学或执鞭办教过程中，积累了大量办学实践或拥有自己的教学方法的人，如中国近代教育家陶行知、光明甫、刘希平、高语罕等。李光炯一生躬身教育，奖掖后进，属于当之无愧的教育实践家。他平生办学实践非常丰富，积累了大量办学、教学的经验，然而他留下的教育著述并不多，所以对于他的教育思想的研究，只能从他的教育实践及零星尺牍中略窥一斑。

（一）论教育宗旨

辛亥革命前，李光炯办学的目的是：培养革命骨干，散播革命种子。彼时，中国先进的知识分子不断地质疑传统，甚至将传统视为包袱不断舍弃，努力寻求新的文化制度。清朝末年，已有一批学者志士将目光转向海外，提倡引进西方先进的科技与民主精神，以改变旧中国积贫积弱的局面。随着中国近代第一次留学风潮的兴起，大批有良知的知识分子，怀揣着落后时代奋起直追与独立自主的渴望，回国后积极宣传西方文化，通过办学、办报等方式，努力传播西方近代的先进思想，借以培养经世致用的救国人才。

十九世纪末二十世纪初的清政府处在风雨飘摇、岌岌可危的局势中，帝国主义列强加紧对华的经济、政治侵略，清廷对外软弱无能，签订了大量丧权辱国的不平等条约，巨额的割地赔款使清政府加大了对广大人民群众的压榨、盘剥，各地的武装起义此起彼伏。清政府对内血腥镇压人民起义，义和团运动在帝国主义和清政府的联合绞杀下很快失败；维新变法在以慈禧太后为首的顽固派的疯狂镇压下百日夭折，六君子被残酷杀害。尤其是甲午战争的失败，《马关条约》的签订，深深刺痛了国人的心。李光炯身处那个时代，亲历了中国的一系列风云遽变，开始逐渐认识到，只有推翻满清王朝的封建统治，才能救国救民于水火。于是他放弃科举做官，从师吴汝纶。一方面，他仰慕吴汝纶的高文硕德；另一方面，他希望能跟随恩师寻找到救亡图存之道。1902年，李光炯随吴汝纶赴日考察学制。期间，他细致考察了日本近代强盛的原因及其教育体制。感于日本自明治维新以来国力的迅猛增强，李光炯萌生出我国教育取法日本的想法。对于清政府的腐败暴政，李光炯早已看透。他希望通过教育革新，达到传播新思想，开启国人心智的作用，在此基础上鼓吹革命，进行反帝排满之宣传，以散播革命火种，培养革命人才。他曾说过，"中国要想转弱为强，局部改良，骚不到痛处，于国无补，于民无益。必须推广教育，培养革命人材，积蓄力量，根除帝制，方可一鼓垂成"[41]104。怀揣着知识分子救国的一腔热血，李光炯清楚地认识到，旧式的古文诗书和经学伦理已经于时无补了，能挽救国家的是经世致用的西学。这种思想转变对于一个自幼经受四书五经洗礼的旧式文人是难能可贵的。所以，不管在襄助吴汝纶创办桐城学堂的过程中，还是他同友人创办安徽旅湘公学及安徽公学的过程中，他都以西学为武器，以民主革命的思想为利刃，来武装青年学生。李光炯所办的这些学校成为革命活动的联络中心，引燃了革命的星星之火，创建了革命组织，培植了强大的革命力量。安徽公学创立后，李光炯聘请了一批名流学者和革命党人来校执教。这些人常在课堂上向学生讲说革命道理，大谈反帝，还指导学生阅读进步书刊。1905年，陈独秀在教学之余，与房秩五、吴守一等人创办了安徽省近代第一份白话报纸——《安徽俗话报》。该报的办报宗旨为：深刻揭露帝国主义侵略、瓜分中国的阴谋，以及清政府的卖国求荣，腐败无能，以期警醒世人，救亡图存。该报依托安徽公学的庇佑，办报一年多时间，在安徽乃至全国引起巨大反响，在一定程度上起到文明开化和思想启蒙的作用。

辛亥革命后，李光炯偏重于乡村教育与职业教育。期望通过培养掌握先进技术的人才，来振兴经济。二十世纪二三十年代，帝国主义加紧对华的经济侵略与压迫，军阀割据混战，各股势力盘综错杂，国家四分五裂，政治上晦暗无道，文化上封建余毒仍未肃清，农村经济处在崩溃的边缘。我国自古以农立国，农村人口占全国人口的百分之八十以上[52]。1927年，乡村教育家傅葆琛的调查显示，当时全国的农村人口中，受过教育的仅占十分之一。由此可见，当时的教育资源主要集中在城市，农村绝大多数人没有受教育的机会。而生产的发展，工业的繁荣，国家的税收，无一不以农业为基础。当时农村经济的破产，不仅使国民经济的发展失去基石，工商业的发展原材料供应不足，而且使全国大部分的农村民众在生死边缘上挣扎。农村经济衰颓的主要原因是，生产力水平低下，而生产力水平的低下又是因为农村人口受教育水平不足引起的。欲振兴农村经济，必须普及农业知识及生产常识，必须大力发展乡村教育，早日普及乡村中小学教育。乡村问题已经成为当时中国社会的根本问题，梁漱溟先生曾经说过，"求中国国家之新生命，必于其农村求之；必农村有新生命，而后中国乃有新生命焉！"[53]二十世纪初，中国掀起赴美、赴欧留学的热潮。由于美国重视对自然科学以及生产技术的研究，并大力普及职业教育，使得美国在二十世纪初的第二次工业革命中经济得到迅速发展，综合国力大为增强。当时，世界上实业最发达的国家还有德国，这也与德国大力普及职业教育有直接关系。德国当时的学制规定，小学毕业生，不入中学者，并且年龄在十八岁以下，必须进入职业学校。这一强制性的规定，是德国职业教育发展的重要保障。美国认识到德国发展的原因是职业教育不能松懈，便借鉴德国成功的经验，大力发展国内职业教育，仅二十年便取得了显著效果。职业教育关系到工业的发展、实业的振兴以及国民生计问题的解决，如抵御列强侵略的飞机、枪炮、舰艇的制造，伤兵及失业者的安顿，以及可减少对洋货的依赖，等。留学欧美归来的学者，开始把目光转向美国、德国，由取法日本转为借鉴欧美，救国的路线转为职业救国，即发展实业，传播生产技术，提高生产力。另外一个背景是，我国乡村教育实施多年，仍难改中国经济倾颓的趋势。我国当时的学制规定，小学毕业者入中学，中学毕业者入大学，除了升学别无其他出路。然而小学毕业后能考取中学者不多，中学毕业后能升入大学深造者更属凤毛麟角。许多中小学毕业生，升学无望，且所学又不足以谋生，并且这些人因为读了几年书，又自觉清高，不屑于从事体力劳动。"故中国办学数十年，其法果仅能养成无数不良不秀之高等游民。"[54]李光炯认为，只有速设职业学校，普及生产知识，发展生计教育，才能培养出具有学者的头脑、劳工的体魄和改造社会之精神的社会所需人才。李光炯看到当时的社会现状，认为应当通过兴办职业教育发展社会经济。李光炯的思想紧随时代发展的步伐，结合当时中国社会的主要问题，与时俱进。当乡村教育与职业教育的落后成为扼制中国教育发展的两大问题时，他便将奋斗的指针转向发展乡村与职业教育，并且抵死无悔，执著一生。

（二）论中等教育

1.论中等教育的必要性

（1）中等教育是救亡图存的必然选择

二十世纪的中国处在风雨飘摇之中，清朝统治者对外不足以御列强，对内不足以敷民意，一味地夜郎自大，闭关锁国，不闻外面世界的发展与进步，导致我国的旧学与世界严重脱节，不切实用。而在此前的几十年间，国人仅靠略学异国技艺便可勉强支持，但此后列强对华侵略不断加深。在这种时代背景下，清政府为了挽救其统治地位，推行了清末新政，其中最重要的一条就是废除在我国延续千百年的科举取士制度，推进新学。这无疑宣告了中国知识分子历来通过读书考取功名的终结，也表明了以书院私塾为人才培养场所，以读经讲学为人才培养模式的消亡。

知识分子失去通过读书换取功名的苟安方式，面对动荡飘摇的时局，不得不将自身的安危、人生价值与国家民族的前途和人民的生存境遇联系起来。于是知识分子开始睁眼看世界，努力寻找救国的道路。当时蔓延全国的兴学风潮，正是知识分子的社会良知与肩负起的社会责任的体现。李光炯便于此时协助其师吴汝纶创立了安徽省内第一所近代学校，希望利用新学这一有力武器唤醒民心，开启民智，造就救亡人才。桐城学堂即将成立之际，吴汝纶因操劳过度不幸逝世，李光炯继承其师遗志，积极从事学堂的筹建工作，当时虽有地方官多次阻挠，但学堂仍如期顺利开办。李光炯从国家危亡、民族前途、个人存亡几个方面，勉励青年人发奋求知，寻求富国强兵之道。李光炯鼓励学子借桐城学堂的开办，一心向学。李光炯在桐城中学的开学演讲中，从学堂开办的"当喜者""不必虑者""不可忘者"，告诫诸生珍惜机会，用功读书。"当喜者"一是当时仅有省城才有中学，而桐城能首开风气，独立办学；二是聘请到的师资优良，如日本教习早川新次，使中国学子不必出行便可学到日本近代文化；三是学堂是吴先生心血的结晶，其规章宗旨皆是他与日本教育家商讨后结合中国实际制定的，不能说不科学、不精美。"不必虑者"，一为桐城中学首届录取正额五十二名，这五十二名学生皆由学堂津贴伙食，不取分文；二为不必虑之后无出路，科举既已为明日黄花，出路自在学堂，且当时政府大力支持倡导新学，实不必虑其出路也。"不可忘者"为吴汝纶以年迈之躯，远赴日本，挥汗查学，冒寒致病，不惜牺牲其身以为后辈不可忘也。吴汝纶虽然已经去世，但只要人人怀揣吴先生当年的教育梦想，人人都可以为国为民尽一份力。年轻人前赴后继，不断努力，中国的复兴，民族的前途就有希望。李光炯在他的开学演说的最后，再一次警醒青年，时刻思考自己所处何时、何国，所当者何时，不要忘记国家遭难，危在旦夕，同胞将为鱼肉，种族将灭。勉励学子学习他国长技，以充实我国国力，早日改变我类任人宰割的命运。

在李光炯看来，中学教育虽然包含为升学做准备的教育，但不应将升学作为唯一的教育。中等教育还应当为乡村社会服务，照顾多数不能升学的乡村学生，为建设乡村社会培养人才。因此，中等教育不应只涵盖为升学服务的普通中等教育，还应该涵盖培养乡村教育师资和农业技术人才的乡村师范教育及职业教育。

（2）乡村中等教育可以实现我国教育之新理想及中学教育的社会功能

1925年，李光炯协助其同乡好友创建了浮山小学，这是一所名副其实的乡村学校。李光炯在1935年给房秩五的信中希望房秩五在主持校务时，注意乡村中学应与城市中学有所区别，中学校应肩负起改良乡村社会的责任，应注意农村的具体情形，因地制宜地办学，以保证乡村中学培养出的人才可以为乡村社会所用，并充分发挥中学的社会功能，为乡村青少年提供不必入城即可享受的优良教育，使乡村建设所需的人才能自给自足，不必向城市寻找与乡村社会很有隔阂、不敷实用的冒牌人才。在这个意义上，李光炯建议浮山公学应带动当地初等教育及社会教育的发展，设立一批小学校、幼稚园、平民夜校、农人识字班，推进当地的教育发展步伐，提升整个地区人民的受教育水平。当时我国兴起生产教育与劳作教育的热潮，且最需增加这两种教育的便是中等学校。中等教育想培养学生的生产技术及劳动习惯，就需要有相当的设备以保证学生进行实验，对于农业教育，李光炯认为，学校要有可供学生学习的农场和农业工具。可见，工厂和农场对于培养学生的生产习惯及技艺是必不可缺的。而城市学校，工厂可以勉强开设，农场是很难有条件设立的。城市地价远贵于农村，许多学校仅占几亩之地，又哪有力量购置十亩、数十亩的地块来添设农场呢？有的学校虽有工厂，但仅十方、数十方之大，很难满足学生的生产实习之需。而乡村中学就不同了，不用受地域限制，土地多，且地价便宜，完全有开设工厂、农场的场地，足以实现生产教育与劳动教育之理想。

乡村文化机构匮乏，乡村中等农校是乡村文化的中心，应负起乡村社会改进及文化推广的义务。在实现此职能时，学生与社会发生紧密联系，足以使他们得到必要之训练。城市因不甚缺乏文化教育场所，故其学校一般只关注在校学生，容易关门办学，切断与社会的联系，学生因故仅受学校教育，仅可在校园接受训练。而乡村缺乏文化机关，中学便成为一乡或一村的文化中心，学校与社会联系紧密，学校教职员及学生应担负起改良社会的职责，图书馆、运动场、实验室，皆可向人民开放，供其使用。教育对象不仅限于在校学生，也可是乡村居民；教学场所不仅限于教室，也可以是农场或者工厂；教材不仅是教科书，也可以是自然界之动、植物；教育目的不仅是为升学做准备，更为乡村培养建设人才。

（3）乡村中等教育是培养乡村建设人才，促进乡村复兴的重要途径

乡村的建设与复兴有赖于知识分子与乡村青年的长期努力，并且需要他们下乡或回乡提倡。乡村本地的青年尤为重要。乡村教育家晏阳初先生和王怡柯先生认为，乡村建设工作的开展，主要依靠乡村本身的优秀青年，而不是从城市中来，不清楚农村工作具体情形的知识分子。乡村青年想要担负起复兴家乡的使命，必须具有初等以上的受教育程度。城市中等学校，不但不能培养此种乡村建设的骨干，而且使入城求学的农村学生不愿再回乡。所以很多地方都缺乏乡村建设的人才。很多倡导乡村建设的团体，无奈只能自己设法培养此种改进乡村的干部人员。中国幅员辽阔，仅靠有限教育家的个人努力是不足的。乡村建设需要的人才数量甚广，不能仅依靠城市中学的输入，而应让乡村中等学校肩负起此种使命，乡村中等教育若以此为一大目标，为农村输送大批具有真才实学且能够吃苦耐劳的基干人才，以推进乡村的各项工作，那么，乡村的复兴就指日可待了。

2.注重师资的选聘和培养

教师是一个学校的办学主体，是向学生传授知识、经验，并对学生

品格的形成有重大影响的人，也是完成学校教育、教学任务，保证学校机构的正常运转的教学工作者。李光炯办学时择师极严，十分注重教师质量，他择师有两大标准，一是要有真才实学，二是思想开明，接受新学。

李光炯于1902年随师吴汝纶赴日考察学制，为我国的教育改革积累了不少经验，归国后李光炯即协助吴汝纶创办了桐城中学堂。因为该校倡导新学，教授日语及西洋文化，吴汝纶先生在日本时，便聘请了精通中日文化的教育家早川新次先生前来任教。李光炯十分赞同先师这种千里择良师的做法，因为如欲学习外国文化，必先了解外国文字，只有掌握外文的中国人才能胜任外语教员，但因为国内熟悉外文的人实在难寻，只能从外国直接引进这种人才。选聘外国教习可节省中国培养外语教师的时间，且由外国人教授外国语言、语法、发音诸多方面都较标准，可以为学生创造练习发音、交流的语言环境，学习效率较高。李光炯认识到，向别处寻找外语教习，要么很难求得，要么即使找到也未必尽善尽美，他由衷欢迎早川新次的到来。1905年，早川新次要返回日本，临行前，李光炯专门写了一首诗，感激早川新次在桐城学堂两年来的辛勤付出和为中西文化交流做出的贡献。李光炯对于贤师的渴求和爱惜由此可见。

为了推广新学，必须选聘名家。李光炯择师的标准为，不问身份、思维背景，不管是本国人还是外国人，只要通西学，懂西文，就邀请来做教习。李光炯将当时设在长沙的安徽旅湘公学迁回芜湖，更名为安徽公学，为普通中学性质，首届生员五十二人。李光炯办学的宗旨为为革命储备人才。为了保证教学质量，他凭借吴汝纶及其弟子的声望，四处招揽名师，故而在公学任教的多为在安徽乃至全国的著名民主革命家和学者硕儒。比如，桐城派末流，如邓绳侯、江彤侯；留学归来的学者，如陈独秀、房秩五；民主革命志士，如柏文蔚、苏曼殊、谢无量、周震麟、陶成章；国内首屈一指的大儒，如刘师培、俞子夷、黄宾虹；等。除此之外，公学甚至还请到了一位日本著名科学家来校讲授理论课。因为公学经费有限，为了既聘请到学者、名流，又节省开支，李光炯便设法保举了公学教师张通典到官办的赭山中学任监督（学校负责人），利用这种便利，由赭山中学出资聘请名师，李光炯再请他们到安徽公学做客座教师。这样，有官立的赭山中学发给他们薪水，安徽公学付给他们的只有部分课时费。李光炯用这种办法请到不少名师。因此，师资来源的稳定为教学质量提供了重要保障，也使公学的名声大振。

李光炯本人倾向革命，办学的目的亦是为革命培养人才，因此他比较注重学生的爱国主义教育。他有时登上讲坛，向学生讲述国内外时事，针砭时政，颂扬革命。他鼓励教师向学生灌输民主爱国的思想，对学生进行反帝教育。因公学的教师多为革命党人，该校一时成为民主革命人士荟萃之所。

由于重视师资的培养工作，李光炯在公学开办的第二年，增设芜湖速成师范学校，电邀在日本学习速成师范的同乡好友房秩五回国帮忙主持。公学的教师平日常向学生讲述革命道理，揭露清廷的卖国求荣，揭示民族的巨大危机，以呼唤他们的反抗意识，培植他们的爱国思想。学生受此熏陶，多成长为富有爱国精神的革命后辈。在房秩五的主持下，该校办得有声有色，为后来芜湖的中小学培养了不少优秀师资。

1908年，李光炯主持云贵两省教育期间，很重视对当地师资的培养。当时滇省的中等教育水平十分低下，虽然各府设有中学，但大都有名无实。李光炯意识到：如欲发展中等教育，优良的师资是教育振兴的重要保障。于是，他不远万里，向身在皖省的好友借才，各处搜罗名师。李光炯托请房秩五赴滇共商振兴云贵教育之计，同时请他留意安徽教育界的教学能手，一同前来。他在给房秩五的信中提到，他已邀请到了一些知名人士，如辜兰生、光明甫等。除了这些教育大家，李光炯亦细心搜罗各科优秀教师。李光炯当时施行的教育改革虽急需得力助手，但他也没有降低对教师素质的要求。为了保证师资的质量，李光炯致信叮嘱房秩五，先将教师的基本信息登记在册，由他查看，筛选后再决定是否录用。李光炯在滇不过两三年，但这短短时间内，云贵两省风气大开，民主革命的思想得到传播，社会教化事业大振，所以，该地区顺应了辛亥革命运动的历史潮流，未经兵戈之乱而和平光复，李光炯之功不可忘却。

3.课程设置

李光炯自幼接受的是中国旧式的传统知识分子所受的教育，年少时饱读诗书，青年时代的他在科考之路上如鱼得水，春风得意。然而，他却成为封建礼教的掘墓人。原因是李光炯看透了以八股取士为主题的旧式教育，禁锢了士人的思想，仅以《论语》《大学》《孟子》《中庸》等为指定考试教材，使学子拒绝接受其他思想文化，视野狭隘，封闭自大，而且科举制度培养出的人才，所学非所用，在国事的处理上、与外国通商往来、带兵打仗、治理财政等方面都不能胜任。因此李光炯选择在他的科考得意时放弃科举之途，拜名师，求新学。李光炯深受其师吴汝纶教育思想的影响，故其在课程设置的问题上，也明显留有其师教育思想的痕迹。吴汝纶本属桐城派末流，古文功底深厚，但出于救亡图存的需要，他主张弃旧学，兴新学。他以日本近代教育改革的经验为借鉴，系统地规划过我国教育走向近代化的蓝图。与清末洋务派"中学为体，西学为用"的主张相比，他的教育改革思想更先进，更系统，也更具操作性。他在与日本诸位教育改革家的深入探讨交流中西学关系问题后，形成自己独到的见解，也是一条适应中国当时国情的思路，就是"打东西学问为一冶"。关于这一思想，吴汝纶在他的考察日记中解释道："教育精神在知实现理想之重要……若自国家言之，宜取东西文明之粹，打为一块，以立理想。"[2]707有了这一指导思想，吴汝纶在课程设置问题上考虑到会通中西学问的重要性，立足于培养国内当时紧缺的通晓西学的专业人才，吴汝纶的课程设置设计思路偏向于西学所占的比重，他在向当时的管学大臣张百熙提学制改革的建议时，这样阐述过他的思路："欲教育之得实效，非大减功课不可。减课之法，于西学则宜重博物、理化、算术为要，而外国语文从缓，中学则国朝史为要，古文次之，经文又次之。"[5]436-437在吴汝纶提倡的课程结构中，具有开设科目较少，西学比重大于中学的特点，此外，还可以看出他重视对经济的恢复有益、与国民的生产关系密切的理科课程，如博物、理化、算术，而对于生计、生产没有多大效用的经文、古文比较轻视。用今天课程设计的理念来看，吴汝纶当时的课程设置方案存在许多有失公允的地方，但放在当时中国急需各类挽救民族危亡人才这一社会大背景下，这一方案是可取的。

清光绪三十年（1904）冬，李光炯与同乡卢仲农共同在芜湖创办了安徽公学，这是安徽省内最早出现的新式中学之一，首届招生五十二名。1905年，这套课程设置体系，仅伦理、历史与传统学问有关外，其余各科均属西方近代新学科。1904年，清廷颁布了由张之洞、张百熙主持拟定的"癸卯学制"。李光炯的课程设置思路显然比"癸卯学制"更为高明，而且当时科举制度并未废除，李光炯大胆的兴学尝试不能不算是走在时代的前列，因为直至光绪三十一年（1905），光绪帝才颁布诏书，宣布乡试、会试及省岁科考试一律停止，昭示着统治中国学子一千多年的科举取士制度彻底终结。

李光炯的课程设置思想除了注意中西兼顾，具有时代性以外，还注重联系学生生活，培养学生建立自主的学习方式。课程设计注意多与社会及学生生活联系，具体指不仅留意课程的科学化、理性化之外，课程内容增加了时代性和生活化的元素，与学生熟悉的事物联系，又时时关注现实社会的状态，不仅使书本内容更贴近生活实际，更贴近社会发展的脉搏，少了些枯燥、乏味，多了些形象性、趣味性，而且使学生多了解社会生活，不至于成为学而无用，用而不学的书呆子。美国进步主义教育家杜威说过，"学校必须呈现现在的生活——即对于儿童说来是真实而生气勃勃的生活。像他们在家庭里、在邻里间、在运动场上所经历的生活那样"[55]。

李光炯于1921年在安徽省学界推荐及在安庆市学生的拥戴下，出任了安徽省立第一师范学校校长。在他掌校以前，上任校长赵继椿系北洋军阀嫡系，学校里供奉着孔子牌位，每逢初一、孔子生辰，全体师生要行三跪九叩礼，宣扬尊古奉古的封建思想。礼堂挂有《圣谕广训》，要学生每日诵读，作为修身的准则。课程设置中有读经、修身等科，课本有《弟子箴言》。李光炯上任后，一扫原来的封建遗气，废除了读经、修身两科以及向孔子牌位三跪九叩礼，教室及礼堂也不再悬挂《圣谕广训》。李光炯在课程设置上，重视实业教育所占的分量。在教学方法上，他借鉴了陶行知先生"知行合一"的思想，这些学科与学生平日生活息息相关，容易引起学生的求知欲，辅以将理论付诸实践的实习环节，更可加深学生对书本知识的理解及对实际操作能力的掌握。他广设实用学科的举措，不仅可以将学生的视野从书本、学校转向社会、生活，扩大学生的知识面，而且可以满足社会对农业、手工业技术人才的需求。

李光炯在课程设置上的另一特点为注意养成学生自主的学习方式。光绪三十二年（1906）夏，李光炯与阮强共同创立了安徽女子公学，培养速成师范人才。1913年2月，该校根据省令改为安徽省立第二女子师范学校。1928年春，根据省教育厅的指令，安徽省立第二女子师范学校改办为安徽省立第二女子中学，被时人称之为"二女中"，分为初中、高中两部，高中为师范科，属于普通中学性质。二女中实行学分制，课程分为必修和选修两种，学校规定每年必修与选修的学分数至多三十二学分，至少三十学分；二年级以下有必修学科，每年需修够二十七点五学分。我国新一轮基础教育课程改革，关于普通中学教育，规定课程由必修和选修两部分构成，注重时代性、基础性和选择性。而早在九十多年前，李光炯的课程设置思想已经考虑到学生在兴趣爱好、学习能力等方面的个体差异，除必修之外，设选修科，由学生根据自己的喜好选择学习，且保证了一些基础的文化科学知识的传授，以必修的方式予以强调和重视。李光炯的课程设计强调学生的主动参与、自主研究、积极思考，培养学生建立自主学习习惯。他旨在改变教师教、学生学的传统教学方式，鼓励学生勇于参与、思考、深入研究，以增强学生自学和自我解决问题的能力。据《芜湖教育志》记载，安徽省立第二女子中学由校务会遴选十七名教员，由其组织课外活动委员会，来发展学生的业余爱好、指导学生的课外生活。二女中设有文学、社会科学、自然科学、家事、读书、辩论、戏剧、运动、舞蹈、音乐、金石、书法、工艺、游艺等十余类兴趣小组。每人可选择加入，但至少两组，最多四组。委员会给学生布置一定课外任务，并领导各兴趣小组的日常工作。对于有特长或突出表现的学生，委员会予以嘉奖。二女中当时的课外活动兴趣小组，渗透了自主、探究与合作的教育方式，为培养学生独立的学习方式提供了机会，使学生在探索活动中学到了知识，真正做到认识来自实践，加深学生对知识的理解和记忆的程度。

4.不拘一格，开校风、学风之新

李光炯初办安徽公学时，聘请的教员既有精通古文国学的宿儒邓绳侯、刘师培、江彤侯，又有留日归来的进步青年陈独秀、黄兴，还有资产阶级革命派陶成章、苏曼殊、张通典、周震麟、柏文蔚等。这些人虽学术背景和思想主张有所差别，但毋庸置疑的是，他们都有真才实学。在教育管理上，李光炯摒弃了一些封建习气，如重视向学生灌输长幼尊卑、师道尊严的观念，培养学生忠顺的奴性教育，而是倡导建立具有民主的胸怀，人人平等的师生关系。在李光炯的种种教育举措下，安徽公学一扫清末的传统习气，校风、学风焕然一新。他选择教员，最重要的标准就是有真才实学，其次就是要有对教育事业的热心和奉献精神。当时，安徽公学名家云集，很多国内的进步学者、学术巨匠都在此地任教，校内学术氛围十分宽松，各种思想在此争鸣，百花齐放。课堂上，教师经常向学生宣传、推荐革命书籍，并在课下指导他们阅读、学习。此外，还常常向学生揭露清朝政府的腐败无能、丧权辱国，以及帝国主义侵略、吞并中国的野心。所以，学校革命的氛围十分浓烈。在这种熏陶下，从安徽公学走出去的学生很多都走上了反帝反封建斗争的前线，成为辛亥革命的中坚力量，如常恒芳、孙毓筠、刘文典、吴樾等。

李光炯革新思想的另一方面体现在打破传统的师道尊严，建立民主、平等的新型师生关系上。当时的社会传统认为，学生要绝对遵从老师，老师上课时，学生不可发问，不得打断，就算是教师有错误学生也不可指出，否则就会被认为大不敬；讲学完毕，教师不走出教室，学生是不可先走的；路上遇见老师，学生要立定致敬；等。而安徽公学的学生完全不受这一套规矩的约束。陈独秀担任安徽公学教习时，平时穿着随意，上课也不像其他人那样一本正经，但他出口成章，思想新锐，课上得很精彩，学生都愿意听他的课。他曾向学生讲授一种用西方哲学对照研究中国古籍的研究方法，让刘文典等学生深为佩服。

李光炯除注意向学生宣传五四时期的科学、民主精神，还打破学生不可参与爱国运动的传统，鼓励学生关心国事、勇于奋斗、不畏强权。正是在他的爱国主义教育的影响下，安徽学界才涌现出大批心系天下，为民请命的仁人志士。1921年，因反动军阀企图将教育军费挪作贿选费用，安徽省立第一师范学校的学生得知这一消息后，涌向议会进行抗议游行，军阀头目调动军队，包围了学生，并对其进行毒打和屠杀，致使该校学生姜高琦和一中学生周肇基被毒打致死，另外有五十多人受伤。李光炯听闻后，立刻安排人将受伤学生送往同仁医院抢救，他于是将反对贿选、废督、裁兵三大端为己任，奔走京、津、冀、豫，请命中枢。为了推翻反动军阀的压迫，李光炯联合各界旅京、旅津的安徽籍名人，如陶行知、胡适、高一涵等，陈述"六二"学潮的原委，与反动势力斗争。在李光炯等人不停奔走、严词声讨、不懈努力下，安徽省督军终于被废，教育经费被列为专款。李光炯不畏强权，敢于同军阀势力做斗争的精神，让他的学生深深体悟到什么叫坚持公理、为民请命、敢于斗争、不畏牺牲。

（三）论职业教育

1.以服务社会为宗旨

（1）根据社会需要置科设系

二十世纪初，中国兴起了一股实业救国的思潮，欲以农业、工商业的发展缓解国家积贫积弱的现象。纵观中国近世教育，多趋于书本知识的传授，而不考虑社会真正的需求。李光炯早已了然，职业教育以社会当前所急需人才为培养目标，大至抵御外辱时所用之飞机、枪炮，小至伤兵、俘虏之改业，人民谋生手段之养成，皆须仰仗职业教育解决。由此观之，我国欲振兴实业，解决国民生计问题，发展职业教育势在必行。虽然在十九世纪下半叶，我国就已经出现了近代实业学堂，如福州船政学堂、自强学堂、北洋武备学堂等，但这些学堂大都系洋务派官办，且数量很有限，多限于交通、军事方面。清光绪二十八年（1902），管学大臣张百熙拟定了全国学堂章程，即中国近代第一个学制系统"壬寅学制"。其中就有关于实业教育的规定。其时学制初立，实业学堂办得不多。中华民国元年（1912），国家公布新的学制系统，次年八月，国民政府教育部公布实业学校令，规定实业学校之种类为农、工商、船商、补习等，又规定女子职业学校，得就地方情形与其性质所宜，参照各项实业学校规程办理。"职业学校"这一名词始见法规，但设立女子职业学校的地方很少。据相关资料显示，中华民国元年（1912）至中华民国五年（1916）期间，全国甲乙种农、工、商实业学堂数及学生数，五年中无甚进步，就学生百分比而言，实业教育实则退步，且各年实业学堂学生数并未超过全国学生数的百分之一的比例。李光炯于1912年已具有这种改革的意识，认识到实业不兴，经济不振，中国将永难自立于世界民族之林。于是他在1912年7月，将早年创建的安徽公学改办为甲种实业学堂，设农、商两科，次年添设蚕科，并设有农场及蚕室，以供学生实习。后商科划出，改办为甲种商业学校。李光炯改办实业学堂的做法，顺应了时代发展的需要，且走在时代前列，不能不称其教育改革的嗅觉十分精准、敏锐。

（2）注重科技推广，服务民众

中华农学会曾于1922年报道过安徽省立第二农业学校棉作品展览会的盛况。该校的农科尤其致力于棉花的选种与改良，此次展览面向群众。该校学生朱凤美，采集当地杂草二三百种，种植盆中，各书其汉名、学名、科名，并择其能供实用者详加说明，此实为植物通俗教育之良法。参观者每日不下三四千人，而尤以农人为众。展览第二日，特开设各科研究室，由研究员解答参观者疑惑，并为其讲授各种农业改良方法。学生则举行露天演讲，向人们讲说农业改良的道理。二十世纪三十年代，省立二农改办为省立第二中等职业学校（以下简称"二职"），二职师生加大了推广农学的力度，更有力地为皖省农业服务。1933年，二职与芜湖稻作改良场合作，组建农业推广处，地址设于二职校内，担负向芜湖、当涂、繁昌、和县、含山、巢县、南陵、无为、庐江、宣城等地进行农事宣传推广的职责。"推广的方法有：1.田间指导；2.推广良种；3.文字宣传。"[56]二职的农学下乡活动，为芜湖周边各县带来了先进的农业知识，促进了这一地区农业的发展。二职设立于城郊，毗邻农田，与农民联系紧密，有利于该校向社会推广农业技术，为农民生产服务。该校曾于以下两个方面实施农学推广事业：一，赠送蚕种，该校西式养蚕室培育出的蚕种，质量甚佳，附近居民可自行前往学校领取；二，农民洽谈会，该校为推广农科知识，特组织农民参与此会，以讲课、答疑解惑的方式普及农学，与会民众常常达四百人之多。该校还筹备过菊花大会，将农科学生培育出的各种菊花，悉陈列展出，由民众观赏。除向民众推广先进的农事知识外，李光炯创办的学校还低价将其生产的产品销入市场。如李光炯1921年所办的公立安徽职业学校（简称"公职"），该校附属的工厂生产的产品长期销往市场，如农具、家具及一般零件，不仅物美价廉，而且坚固耐用，深受民众好评。该校毕业生多服务于铁路、公路及各大工厂，遍布全国，多能施展其技艺，成为该领域的技术骨干。

（3）应抗战需要，开展生产

抗日战争爆发后，李光炯尤致力于学校教育为抗战工作服务。1938年秋，李光炯创办的宏实小学被敌机焚毁，他悲痛欲绝，致信皖省教育界同仁，呼吁恢复宏实小学。在他与诸同仁的努力下，宏实小学于1939年春得以复办，改办为职业学校，全名为安徽省桐城私立宏实初级职业学校，借孔城镇的一座粮仓上课。因时期特殊，该校为抗战所需的物资提供供给。李光炯当时已年逾古稀，流亡蜀中，本不想打搅老友孙闻园、江彤侯等人，再以复校之事相托，但他眼观国难如此严重，皖财如此艰难，宏实学校若不于此时改办为能切实用之学校，倘不能收到切实效果，问心颇觉难安。因此，他病弱中连修多封书信，操办宏实复校事宜。李光炯在给江彤侯的信中，提出我方战场应注重战时农业、工矿业的发展，既可满足战时各种物资的消耗，又可趁此机遇使我国实业间接得到发展。宏实职业学校以上述诸原则为指导方针，其时，先设农林、染织两科，后停办农林科（因无实习场所），保留染织一科。学生半天上课，半天生产，该校生产的毛巾、线袜、毛毯等，均一边供给战场，一边设点销往市场，于人民衣着不无小补。该校十分注重社会工作，抗战以后，尤尽力宣传，并屡次募捐救济伤兵，极为敌奸所忌，1941年7月，日军进攻枞阳，再一次将该校校舍及图书馆付之一炬。

2.教学、研究与实习并重，培养实才

职业教育若仅以理论课程为重，而不辅以相当比例的实习，恐怕学到的都是些空虚无用的死知识，对于实际问题，仍无力解决。故实践课程对于职业学校的重要性不言而喻，不设试验，教育效果实难达到。陶行知先生所提倡的生活教育理论，其中重要的一条便是"教学做合一"。陶行知提倡在做中获求知识，鼓励学生在实际生活中获取本领，教劳心者劳力，让读书人做工，以使教育出的人才合理而又实用。李光炯在思想上赞同陶行知的上述理论，在他看来，欲以实用为归宿，普及职业教育，可自小学设置乙种农学课程，略讲农学之常识及基本知识。因此，李光炯认为，小学校及小学教员须担负起改良乡村的责任，宜在农业上多下工夫。小学之教员，须亲自来到田间地头，以身作则，亲自研究改良农业之方法。

1917年，中华职业教育社发起，其目的在于：第一，推广职业教育；第二，改良职业教育；第三，改良普通教育俾为适于生活之准备。该社的研究方法有：调查、研究、劝导、指示、讲演、出版、表扬、通讯、问答等。当年十月，全国教育总会颁布了职业教育进行计划案，规定职业

教育的职责有：一，调查及研究；二，培养师资；三，实行职业补习教育；四，促设女子职业学校；五，小学校注重实用。而二十世纪初，李光炯等人创办的安徽省立甲种农业学校，其教学方法就包含中华职业教育社所推广的调查、研究、劝导、指示、演讲、问答等方法，李光炯所办职业教育的目的也基本上涵盖了该社提倡的上述几点。李光炯等人创建的安徽省立第二甲种农业学校，设有农、蚕两科，分为本科（学制三年）和预科（学制一年），课程分为文化课和专业课。该校向来注重专业课及实习课程，校中的专业课及实习指导教师，曾被一位外国学者在其所作的《考察安徽教育报告》中称赞。校中教师热心于亲力调查、研究，以解决各种实验难题。并以这种科学的态度感召学子，以期学生研究解决问题之态度的养成。该校曾于中华民国七年（1918），向社会公开展览各科研究成果，据《安徽公报》记载，该校农科成绩展示品，从播种之日起至成熟之日止，依次制成标本八十余件。还有各种昆虫、细菌实验图七十余幅，各国、各省、各种粮食输入输出量比较图三十多张，以及种子质量检查、稻穗度量检查表，均陈列示人。蚕科成绩亦可观喜人。1928年，安徽省立第二甲种农业学校奉令改办为安徽省立第二中等职业学校（以下简称"二职"），设农、蚕、桑三科。学制变为两年预科，三年本科。校名虽经更迭，但该校重视实验及实习之传统却得以绵延。商科分商业与普通两种课程，重自学及实习。农、蚕科分普通课程、职业基本课程与职业课程，重实验研究与实习。实习期间，师生皆在田间，一面劳作，一面研究，以求学生理解农学真义。为方便学生实习及农学推广，二职与芜湖稻作改良场合作，将其作为该校师生实习场地。学生前往稻作场实习前，先由二职农科教员与稻作场协商实习之日期及程序，届时由教员带领学生到场实习。实习种类有育种实验、栽培实验、品种观察等。出发前，先由专业课教员向学生讲授实习注意事项，实习过程中，由校方带领队员及场方技术人员随时对学生予以指导及管理。二职与稻作改良场紧密合作，互通有无，不仅稻场可做该校学生实习场所，该校的稻子良种实验区及研究室也可随时向场方人员开放。1931年，教育部在《教育公报》上发文，规定各省应酌量情形，添办高、初级农工科职业学校。当年五月，国民会议第五次大会议决，确定教育设施案。这一时期，政府意识到职业教育之重要，开始大力提倡和扶植。二职借此发展契机，改办为芜湖高级农业职业学校（以下简称"高农"）。高农蚕桑科停招，仅留农科，分四年制高级部及两年制初级部。"高农"积极履行国家颁布的职业教育发展设施案，以养成生计能力和增加社会产出为主要任务，以该校一贯沿袭的重视实验与研究为发展动力，在教学、研究、实习、技术推广这四个方面科学规划。高级部实习课时占总课时数的百分之四十，学校附设农场以供学生平时实验、研究之用，继续为皖省农业领域培养技术人才。

3.以优良的师资和设备做保障

职业教育是以传授谋生手段，增加生产技能为目的所进行的教育，检验教学质量的重要指标是学生对于某项技能的理解、掌握及操作的熟练程度，而不是对于书本知识的熟知程度。所以，在职业教育的教学过程中，若教师没有一定的实践经验和操作水平，仅就其所学照本宣科地教给学生，那么学生所学的不过是一套空虚无用的洋八股，于实际的生产、生活是起不到改良作用的。教师的素质直接关乎所塑造出的人才的规格，没有优质的师资，教育的质量实难保障，职业教育也是如此。职业教育若不设试验，不叫人实习，学生的眼界便会局限于书本，真正的操作能力便无法提升。由此可见，优良的教习和足够的教学、实习设备是职业教育取得实效必不可少的条件。李光炯在提倡职业教育的初期，就意识到了师资和设备的重要性。由于当时我国的职业教育尚处于起步阶段，基础薄弱，李光炯建议，我国兴办职业教育可取法美、法两国的成功经验，因为美、法两国是当时农业教育发展最快的国家。美、法两国的农学，不过经几人提倡，已有普及之风气，虽子女成兵，莫不授之农事教育。李光炯认为，美、法两国农业教育发达的原因有两点值得国人学习：一是普及农业教育，二是在师资和教学设备上多下工夫。美国、法国将职业教育划归入学制体系，以法律的形式保障其贯彻实施，又在推广农业科技方面下足工夫，使得两国的职业教育在短时间内得到飞速发展。美、法两国的农业教育，在师资方面，有专门的师范学校予以培养，且注重对普通学校教员进行农业诸学科的进修，以利于农学在整个教育体系中的普及；农学设施方面注重在各学校附设农事试验场，以供学生进行实验、研究及生产实习。李光炯在借鉴美国、法国农业教育经验的基础上，提出我国农业教育的发展路径：自小学设置初等的乙种农学，以植其根基，选拔并培养优良之师资，开辟农场，购置实验设备。教师担负着向学生传授知识，执行教学任务的使命，处于教育、教学的核心地位，是教育目的能否实现的中心人物。良师兴国，职业教育具有自身的特殊性，就更需要根据其专业和学科的具体特点，选择适当的、能够名副其实的教师了。李光炯在职业教育方面的择师观，体现了他认识到事物具有自身的特殊性，需要具体问题具体分析、对待。

二十世纪二三十年代，李光炯和皖省教育界的名流，倡导实学，提倡手脑并用，培养掌握真正生产技能的实用人才。李光炯主持的安徽省立第二农业学校、安徽省立第一甲种商业学校、公立安徽职业学校，重视学校设备的更新和引进，学生边读书边实习，积极学习农业、蚕桑、染织、木工等方面的知识。

第一，很多中国人都有过度追求物质享受的欲望，假使一个月能挣十元，这个月的消费便要超过十元，若是将来经济状况变坏，他便受不了苦日子了，这也是中国社会乱的根源。要根除人性上的贪欲，唯有降低欲望，少些物质奢求，根据自己的生活水平，量入为出，勤俭节约，便可减少许多因物质追求而带来的痛苦。况且中国当时的经济状况那么差，国人唯有吃苦耐劳，不重享乐，摆正心态，才能乐观度日。第二，培养国人的劳动习惯。劳动教育是中国千百年来学校教育中一直缺失的，学校教育出的学生，一般四体不勤，五谷不分，光想着做人上人，过享乐的生活。但现今的中国，需要的是为她的独立和富强不懈奋斗的人，没有能劳动的能力，是断然不行的。另外，当时的许多学校，包括职业学校，也不太注重学生动手劳动习惯的养成，那么，学生的职业技能又怎么获得呢？而且许多农、工学校的学生来自农村，不具有劳动能力，将来回到乡村进行生产建设是不能胜任的。第三，练习谋生技能。一个人没有了谋生的技能，便成了社会闲散分子，有可能成为社会不安定因素。人要生活，必须要有工作，可以根据自己的兴趣和特长，对工作加以选择。比如，文章写得好，便可以到报馆应聘编辑；账簿理得清，便可做会计；图纸画得好，便可学做建筑师。当时的中国，发生了"九一八"事变，日寇的铁蹄已侵占了东三省，我们要想自强，必须增强生产能力，以为战争做好物资准备。所以当时的中国，亟须的便是能够增加社会产品产出力的教育了。李光炯创办的芜湖公立职业学校，设立的机械、染织、木工科，都是以增加生产为目的的，学校工厂生产的布匹、棉袜、毛巾及各种农具、机器，都是抗战紧缺的物资。学生通过练习劳动技能，来增加产品产出量，便可直接为抗战服务了。在这种社会背景下，职业学校更要担负起自己的职责，养成学生刻苦、耐劳的劳动习惯，努力增加生产，为抗战救国尽一份力。

（四）论乡村教育

1.论乡村教育的范围

中国的乡村教育，历来不受重视。二十世纪二十年代，中国农村人口占全国人口总数的百分之八十五左右，但乡村学校的数量仅占全国学校数量的十分之一左右。这一状况使得大量乡村学龄儿童失去入学受教的机会，导致中国当时农村人口受教育的水平极低，乡村建设人才极其匮乏。就算有些家境稍好的农家子弟，能够进入城市寻求入学的机会，但这些人一旦毕业，几乎没有愿意再回到乡村的，因为他们已经习惯了城市生活的舒适、闲逸，怎么还愿意再回到农村受苦呢？这些都是农村缺乏建设人才，经济、社会、政治等方面都十分落后的根源。但是二十世纪三十年代，世界局势大不同于以往，以美国为代表的资本主义世界爆发了历史上规模最大的经济危机。帝国主义国家为了转移本国的经济危机，改变了对华侵略政策，开始以倾销商品的形式对中国实行经济侵略，造成了中国对外贸易的巨大入超。中国刚刚起步的民族资本主义遭到了巨大冲击，处于濒死的边缘。农产品产量日益减少，国内年年需要进口大量的米、麦、棉。因外来农产品的入销，本土农产品的价格低落，农民收入低微，因而购买力不强。另一方面，工商业的生产缺乏原材料的供应，产品又没有销路，经济低迷，百业凋敝，民穷财尽，国家经济形势急转直下。在这种情况下，一些有识之士开始意识到农村社会是整个中国社会的重要组成部分，我国自古以农立国，农业是各行各业的根基，要恢复农村社会，必须施以乡村教育，然后才能谈救亡图存。

中国的乡村教育自二十世纪二十年代经人提倡，经过十年的发展，在大多数人的观念中，"乡村教育不过指乡村小学与师范而言，好像乡村教育是乡村师范与乡村小学合起来的一个专门名词。中等、高等、职业及社会教育，在乡村好像是除外的"[57]。乡村小学和乡村师范、讲习科、师范学校乡村分校这些教育机关，或为短期班，或者是初中程度，都浅近、简易。因为在一般人的观念中，好像乡村服务人员不需要太多的知识，文化程度不妨浅近些，这是没有意识到改造乡村工作的重要性和艰巨性，是不重视乡村教育的表现。李光炯晚年着力提倡乡村教育，以期通过学校教育改造乡村社会。在他的认识里，乡村教育不仅应着眼普及普通中小学教育，还应大力提倡师范和职业教育以及民众教育。李光炯看到家乡儿童入学无门，便于中华民国元年（1912）在家乡枞阳设立李氏私立小学，中华民国十六年（1927），改私立为公立，易名为宏实小学。李光炯四处延揽名师，选聘能手，招罗了大批学术精良的教师，如张亮如、李相珏、何子诚、戴谷生等。该校学风优良，教学质量在当时的皖省同级别学校中名列前茅。至二十世纪三十年代初，共有十二个班。可见，李光炯所办的宏实小学在当时的安徽还是具有一定的辐射力和影响力的。除小学教育外，李光炯也十分关注乡村中等教育的发展。他认为乡村中等教育既应包罗职业教育和师范教育，也应包含普通中学教育。当时社会认为，乡村社会设些简易师范学校和职业学校即可，普通中学是可以省略的。李光炯看到了这种做法的不足：若不设普通学校，让那些有升学需求的乡村小学毕业生求学无门，还是会让部分优秀人才进入城市求学，不仅花费颇多，而且他们学成之后与乡村社会具体情形很难相符，使乡村建设难得适当之人才，况且他们毕业后愿意再回农村的少之又少。李光炯在乡村中等教育方面，认为要兼顾乡村师范、乡村职业学校及乡村普通中学的发展。中华民国十七年（1928），李光炯依托宏实小学的师资，利用桐城县第二高等小学的校舍，创办桐城乡村简易师范，专门培养小学师资。宏实小学的师资，多出自晓庄师范和无锡师范，对于非师范出身的教员，李光炯会将他们送去学习、深造。如该校的教师何养性，精通古文，在宏实任教后，由于经常与众多思想进步的教师往来晤谈，又在这期间接触了陶行知的教育思想，转变很大，由一个旧式文人一跃而成为一个具有民主意识的爱国学者。除乡村师范外，乡村的农业职业教育也备受李光炯重视。早在1908年，他主持滇省教育期间，就曾下令：自男女师范、中小学悉课农桑，为该省的农业发展培植力量。他主持宏实小学期间，曾呼吁全县教育界重视乡村农业教育，自小学就应当设立乙种农学科，教授简单农学知识，选拔深谙农业的小学农科教员，开辟农场，供学校生产、实习之用。宏实的教师常常带领学生，在农场中一面亲自劳作，一面学习知识，用实际行动践行教学做合一的理论。中华民国二十七年（1938），宏实小学被日军炸毁，李光炯时已近古稀之年，流亡入蜀，老病缠身，仍多方联络、致信皖省教育界名流孙闻园、江彤侯、光明甫等人，寻求帮助。后经孙闻园等人的筹办，终将宏实学校复校，改办为私立宏实初级职业学校，校址在桐城县孔城镇，以毛巾、棉袜、布匹等生活必需品的生产，为抗战做后方补给工作。在普通中学方面，李光炯对老家枞阳亦有所贡献。他早年随师吴汝纶到日本访学，归来后便协助其师创办了桐城学堂，即现在的桐城中学。1924年，李光炯协助友人房秩五创办了浮山小学。中华民国十七年（1928），浮山中学接收了宏实小学移送来的一个毕业班，正式改名为安徽省浮山公学。当年4月，该校选举产生了校董会，李光炯是这七名校董会成员之一。他常与房秩五疏书往来，探讨教育教学问题，对于浮山中学的发展也经常提出自己的意见。在民众教育方面，李光炯也毫不松懈。宏实小学开办以来，附设有妇女班、成人识字班，进行扫盲教育。这些工作都为当地的民众教育做出过一定的成绩。

2.论乡村教育的师资和课程

李光炯对乡村教育师资之重视体现在两方面：一是教员的遴选和培养、深造，二是设立乡村师范学校，专门培养乡村中小学所需的教师。中华民国十六年（1927），李光炯初创宏实小学时，办学宗旨为：提高农村人口的文化素质，为改良农村培养专门的建设人才。要培育适合农村社会环境的实干人才，教师首先就要熟悉乡村环境和风土人情。若教师只是有一肚子书本知识，生搬硬套地灌输给学生，与学生的实际生活不发生联系，又怎能增加学生将来进行生产建设的能力呢？或者教师完全按照城市学校的标准上课，将一些远离乡村生活实际的，于改良农村无用的知识传授给学生，那么，他日培养出的人才规格也必与农村社会不相符合，于建设乡村贡献不出应有的效力。因此，在李光炯看来，乡村教育的成败，关键在于教师能否名副其实，让学生学习到与乡村的生产、生活切实相关的各科知识。比如枞阳当地学者何养性，师承桐城派末流代表人物姚永概，精通经史古文。李光炯知道后，亲自登门拜访，邀请何养性出任宏实教员。何养性起初并不同意，李光炯求贤若渴，多次拜访，何养性被他的诚意打动，最终到宏实小学任教。李光炯选择教师的标准：一是有无真才实干，二是是否有为教育事业奉献的精神。倘若有人真的满腹经纶，学识通达，李光炯定会多方努力，设法求才；但若这个人没多少学问，却想混进宏实学校的教师队伍中来，李光炯不会顾惜自己与之交情的深厚，关系之亲疏，断然不会同意。他初创宏实学校时，所选聘的教员多是乡村师范出身，如晓庄师范等。李光炯认为，乡村教育除了要重视基本的文化课，让学生打下坚实的知识基础外，还应注意农业科学知识的传授，应乡村社会复兴之需，推广农业科技于乡村社会。如何担负这一重任，他的想法是：自小打下基础，即让学生学习一些农业基本知识和简单的生产技能。关于这方面的师资引进，李光炯认为，应当聘请有农业知识并略有经验之教员。据当年宏实小学毕业生、安庆师范大学退休教师张伟老先生的自传《苦难的历程》记载，宏实学校当时选聘的农业生产劳动课教员，有些就是大字不识的老农，但他们有的擅长编制农具，有的精通木匠手艺，有的是种田能手。李光炯把他们请来，教学生一些有用的生活本领。宏实学校每周都会上几节劳作课，教师发给学生工具，学生向教师学习编织筐子、竹箱，制造桌、椅、板凳，或者下田除草、插秧。这种生产劳动教育对于培养学生吃苦耐劳的品质以及学生的身心全面发展，是十分有益和必要的。

在乡村教育师资养成的问题上，李光炯首先意识到培养乡村师资的重要意义。1928年，中华民国大学院通过的全国教育会议宣言中，提出"要谋教育普及，应先从学龄儿童的义务教育始"。普及教育首先要解决师资不足的问题，陶行知先生也认识到这一点，并提出自己关于普及教育的意见，即中国约有一百万个乡村，若每个乡村需要一个教师，便只需培养一百万个乡村小先生。李光炯不仅看到乡村师范对于普及教育的重要意义，而且意识到乡村师范为大多数私塾及高小毕业生提供了出路。因为当时乡村中等教育极不发达，中等学校大部分都在城市，乡村受过初等教育的学生，若想升学深造，几乎都要奔赴城市，这对于绝大多数物力、财力贫乏的农村学生来说，是很难办到的。所以，多数乡村学生念完私塾或者高小毕业了，便算完成了学业，又觉得自己读过几年书，好像高人一等，连农活也不愿意做了，连自己也养活不了，"真是社会之大害"。

为了避免乡村中的不能自给的假文人，也为了乡村小学、幼儿园能觅到合适师资，李光炯故而将其所办的乡村师范的招生范围划为：除高小毕业外，兼收优良塾师及私塾中年长好文之人。李光炯认为乡村教育要围绕乡村实际开展，乡村师范是培养乡村教育人才的摇篮，更不能偏离实际生活，教人一些空疏的大道理，而应当培养学生的劳动习惯及技能。下得了田，锄得了地，毕业后能对乡村的改良和建设真正起到作用。所以他在办理乡村师范时，尤其注意对学生进行农业职业教育，不仅教员具有农业知识和经验，学生也要经常到农场中实习，教师一边进行劳动示范，一边讲解传授，师生在动手操作中获得知识，这种自实践中求真知的做法，于今天的教育也是有可取价值的。

在乡村教育的课程设置上，李光炯的看法是，不必拘泥于省教育厅或国家教育部所规定的课程标准，应视地方情形因地制宜，灵活设计适合本地的课程、教材。中国当时的学校，多数集中在城市，而城市和乡村是一套学制，一个课程体系，且课程标准多是按照城市学校的需求，为城市教育量体裁衣的，与农村学校不太相合。乡村中小学若生搬硬套这套标准，所教所学都可能没有多少实际意义，不合农村社会的情形，培养出的学生又怎能为乡村社会出力呢？当时中国的许多教育家开门办学，或设实验学校，或设教育改良机关，自编教材，自定学时，期望能为改良中国教育出一份力。李光炯也同样具有独立的思想，不盲从其他城市学校的做法，而是根据宏实小学所在地区的情形，具体问题具体分析地制定该校的课程计划。他组织一批有学识、有经验的教师，根据学校及生源的情况，编制了一套适合该校的课程系统。当时宏实小学开设的课程有国文、算术、历史、地理、美术、音乐、体育、生理卫生、劳作、时事等。这些课程都由教师自编讲义，根据学生程度灵活使用。用现在的标准看，这套课程体系涵盖了德、智、体、美、劳五个方面的教育目标。其中，"时事"一科，每周六下午李光炯亲自登台，为学生讲述一周来国内外新闻大事，目的是自小培养学生的爱国意识和民族责任感。抗战以来，宏实毕业生多投身到抗战杀敌或敌后民众动员的工作中，特别是宏实小学毕业生朱英业，因参加战斗被日军俘获，临刑前曾朝西而跪，大呼"我死不负李老先生及宏实诸师友之教导，可以瞑目矣！"（时李光炯已入蜀地）李光炯对于学生的爱国教育之成效可见。此外，国文、算术、历史、地理属于基础文化教育，是提升学生文化素质不可缺少的智育；美术和音乐属于美育范畴；体育和生理卫生可列入体育之列；劳作课可算作劳动教育。这套课程体系虽不属于政府颁行，但其在培养人才的目的、范围、功能上，几乎可以说是完善的，至少是适应当地教育需要的，在这一点上，李光炯的课程设计思路是值得肯定和赞许的。

3.论乡村教育的推进方式

（1）小先生制

"小先生制"是指，本着即知即传人的精神，人人都把自己学到的知识随时随地地传授给没有机会接受正规教育的人，再由被传授者教给下一个，这样，知识得到无限的传播和推广。它是在我国当时教育经费极其匮乏，师资严重不足，接受教育与谋生相冲突的背景下，为普及教育而提出的。李光炯深谙"小先生制"在扫除文盲、推广乡村教育中的巨大力量，他将这一方法灵活运用到民众教育中，并取得了一定成效。宏实小学除了重视日常的教育管理外，还注重乡村的民众教育工作，宏实小学附设妇女班、成人班、民众夜校，进行扫盲和教化工作。据《枞阳县教育志》记载，宏实小学当时指导周边几十个村庄设立了民众夜校，利用农民农闲时节及晚饭后时间，由宏实小学指派教师或高年级学生前去授课。此外，宏实小学还曾在王家亭的废庙中开办过民众茶园识字站，在农民路过喝茶的时间，由宏实的学生，教他们学几个字。李光炯明白，文字只是生活的符号，要将文字与生活联系起来进行教学才会收到更快、更好的效果。因此，他主持宏实小学期间，学校附设的民众识字机构在推广识字运动中，并不是单调地教会人们识几个字，而是结合生活中与之相关的常见事物，或是这个字的形状和意义，栩栩如生地施教。让农民在喝杯水的空闲时间，也能学到点知识。利用这种方法推广民众教育，在宏实小学开办的十年间，学校附近方圆几十里之内，几乎每个人都能写上几个字，不少民众还能书写简单的信件了，这便是"小先生制"在推广教育中的巨大作用了。

（2）重视乡村文化机关建设，发挥学校的社会功能

李光炯先生认为，乡村教育在乡村的建设和复兴中发挥着巨大作用。乡村学校是乡村文化及社会改进的中心，应负起一地文化培育和社会事业推进的任务。乡村学校除应担负起日常的教学职能外，更应担负它的社会功能。在实现此功能时，学生因与乡村民众及乡村社会事业有接触和联结，才会得到实际锻炼。乡村社会经济落后，几乎没有任何文化机关，乡村学校便成为一地文化及社会教化的中心。我们应当如陶行知先生所言，不要做文化上的守知奴，而要积极行动起来，以即知即传人的原则，把文化传播出去，让那些渴求知识但无力入学者受益，让文化在人民大众中普及开来。李光炯带着这样的想法，着手乡村文化机关建设。李光炯主张学校的一切场所和设施均应当向乡村民众开放。学校的教室、操场、实验室、工厂、校舍及一切设备均可开放以供人民尽量利用。学校农科实验室培育出的良种，民众尽可免费领取；显微镜等实验器材也尽可让民众观摩、使用；图书馆开放的对象不仅限于该校学生，也包括本地民众；校办工厂生产的棉袜、毛巾、布匹等要低价销往市场，以满足人民的物质需求。此外，学校的教学也不限于校舍之内，教材亦不仅限于书本，学生的课外活动可以乡村民众及社会事业为对象。这样，学校与社会的联系十分密切，学生所受到的训练也不局限于书本知识，有利于培养出能改良乡村事业、能切实用的人才。此外，为了增进乡村民众的文化程度，李光炯在主持宏实小学之余，又相继创设了妇女班、成人识字班、民众夜校、民众茶园识字站、孤贫儿童教养院等文化机关，于乡民农闲时，由宏实的师生前去授课，教给大众一些简单的读写知识，时而讲述国内外的新闻大事，以通俗的方式，徐图开启民智，让人们知道抗战保国的意义及日本帝国主义蓄谋亡我的歹心，逐渐激起人民抗日的热情和决心。在李光炯和宏实诸师长的教导下，宏实学子及枞阳当地民众多投身抗日前线，壮烈殉国者不计其数。

在宏实小学兴建之初，李光炯便提倡开办图书馆。为了宏实小学图书馆的筹建，李光炯多方呼吁，先后多次致电安徽省党部、安徽省教育厅、桐城县教育局、桐城县政府以及方守敦、房秩五、潘赞化等人，最后，宏实小学图书馆终在1935年落成。李光炯自捐图书三十箱。1938

年，日军侵占枞阳，因见宏实小学校园内到处张贴抗日宣传的条幅，放火将学校焚毁。李光炯辛苦经营多年的宏实小学及其图书馆付之一炬。他临死前仍期望重建宏实图书馆，将自己的三十只书箱，完全捐交宏实小学，全县父老均可借阅，自己的子孙后代，应当同其他人一视同仁，图书到期必须归还，一则可增加阅读效率，二则可免遗失。李光炯这位皖省近代教育的先驱人物，为教育事业奔走操劳了一生，临走时不带半根草去，仍然将自己的一切奉献于社会，这种高洁、无私的人格，是不能不让听者动容，闻者肃然起敬的。

（3）重视战时的民众宣传动员，以培植抗战力量

抗战爆发后，李光炯虽年老体衰，身居蜀地，仍是日日心系战事，关注时局，经常与教育界诸好友以及皖省抗日人士不绝鸿雁，共商国是。关于普通教育，他主张可效仿广西，将中学分为联立和干部两种，但广西实行的"教、养、卫三位一体"制，皖省尚无准备，盲目效仿，恐怕不合适。皖省当时的普通教育，已有一定基础，惟民众教育政府并未着手举办，而民众教育于动员民众及其他抗战工作，尤能发生直接关系，在当时十分紧要。在战时民众教育方面，他提出应在以下几个方面多加努力。第一，加大对抗战英烈的宣传力度，激励民众加入救亡工作团。李光炯得知其族侄李则刚接上级命令，采集抗战史料后，致信李则刚。他认为，此项工作意义重大，因为当时抗战尚在紧要关头，应确保该项工作确实履行。教化的力量是无穷的，伟大的思想，一经传播，便会在群众中产生巨大的反响，进而散发出无穷的力量。第二，进行壮丁训练。李光炯认为，战时的壮丁、民兵训练，是与战事有密切关系的，更是动员全民投身抗战的重要形式之一。欧美诸国，早已将壮丁训练列入社会教育，江苏的壮丁训练工作也已展开，而此项工作皖省毫无基础。若临时组织，恐因经验不足而弊端百出。可向有经验之地学习，以应战事。此可谓磨刀不误砍柴工。第三，以教育的方式争取地方武装势力及罪犯、俘虏。李光炯认识到，抗战是当时中国各阶层、各民族人民的共同任务，大敌当前，国人应捐弃前嫌，携手御辱，组成抗日民族统一战线，共勘国难。至于罪犯，李光炯认为，湖北法院已有释放之议，此辈多好勇斗狠之人，训练有素，可成劲旅。我方有可用之人而不用，甚是不应该。此时，政府应与人民共同负

责，同筹办法，此为长期抗战之必经路线。对于俘虏的招降利用，李光炯也有自己的见解。他认为，可于青海天山一带，划令垦殖，使俘虏及我之伤兵难民多数移居。积极方面，俘虏中多技术人才，正可利用他们大兴实业，凡战败困于敌国之暴政及来华经商者，一律收容，予以种种便利。从消极方面说，亦可避乱俘虏坐食吾粮，反使其扩大我方垦殖地，为我方抗战服务。总之，李光炯关于战时民众教育思想，具有鲜明的抗日民族统一战线的色彩，于特殊时期，凝聚一切力量共赴国难，是抓住了主要问题和主要矛盾，具有时代进步性和历史唯物主义特点。

第四章　高语罕的教育实践与思想

一、高语罕生平简介及教育实践活动

(一)高语罕生平简介

高语罕（目前学界对高语罕的生卒年等情况存在争议，故此处暂不标注生卒年），原名高超，曾用名戈鲁阳、王灵皋、王灵均、张其柯、王瑞霖等。今安徽寿县人。

高语罕早年就读于凤阳经世学堂，光绪三十一年（1905）考入安庆陆军测绘学堂。宣统三年（1911），辛亥革命爆发，安庆独立后，高语罕任安徽青年军秘书长，与陈独秀结识。民国元年（1912）4月，韩衍被刺后，他改名为高语罕。1915年年底，高语罕赴上海，积极参与陈独秀等发起的新文化运动，先后在《新青年》上发表《青年与国家之前途》《青年之敌》《青岛茹痛记》等文。1916年秋，高语罕赴芜湖任安徽省立第五中学（以下简称"省立五中"）学监。高语罕在芜湖期间，和刘希平等人创办学生自治会、工读学校、平民夜校和商业夜校，宣传新文化思想，普及文化教育，培养革命青年。其间，高语罕发起组织无政府主义团体"安社"，主要成员有蒋光慈、阿英、李克安等，编辑出版《自由之花》。

"五四"运动爆发后，高语罕发动省立五中学生骨干到各校联络，并在校内外公开演讲，呼吁罢市、罢工、罢课，声援北京的学生爱国运动。1919年7月，在军阀马联甲逼迫下，高语罕被省立五中解聘，至省立第二甲种农业学校任教，因与校长冲突，赴上海。1920年8月，高语罕赴北京，经李大钊、张申府介绍，参加北京共产主义小组和马克思主义研究会。10月下旬，高语罕接受省立五中新校长刘希平邀请，并先后介绍董亦湘、沈泽民等到该校任教，使省立五中成为"五四"时期宣传马克思主义，培养革命青年的重要阵地。1921年1月，高语罕的《白话书信》出版，以后多次再版，共发行十万余册，成为风靡一时的畅销读物。该书原是高语罕为芜湖商业夜校学生上课的讲义，内容比较广泛，涉及社会政治、哲学伦理、恋爱婚姻、文化教育、社交经商等，是研究高语罕前期思想的重要资料。同年5月，在高语罕等人推动下，《芜湖学生会旬刊》创刊，高语罕又组织了"芜湖学社"，创办《芜湖》半月刊。"六二"学潮爆发，高语罕领导芜湖师生积极声援，并与文教界著名人士发起组织"安庆六二惨案后援会"。8月至10月，高语罕率领芜湖学生骨干赴安庆，参加推翻皖省三届省议会和驱逐省长李兆珍的斗争。10月下旬，高语罕赴上海，向周佛海推荐安庆学生宋玮年、唐道海出席远东各国共产党及民族革命团体第一次代表大会。1923年8月，高语罕与郑太朴、章伯钧等赴德留学，入哥廷根大学学习哲学，并参加中共旅欧总支部德国支部。

1925年春，高语罕归国不久即与薛卓汉介绍朱蕴山入党。8月，高语罕回安徽，代表中央指导皖省国民党党部工作和青年团建党工作。后来，高语罕受周恩来之邀，赴广州任黄埔军校政治教官，讲授政治学概论，被誉为"最受学生欢迎的政治教官"。1926年1月16日，高语罕出席国民党"二大"。3月20日，"中山舰事件"发生，蒋介石指斥高语罕、恽代英、邓演达、张治中为"黄埔四凶"，下逮捕令，后撤回成命。高语罕转赴上海，同年秋，介绍阿英入党。北伐战争开始，高语罕任第二方面军总指挥张发奎秘书长。不久，高语罕追随陈独秀赴武汉，高语罕任《民国日报》社社长，并任在武汉成立的安徽党务干部学校校长。1927年4月初，高语罕出席在武汉召开的国民党安徽省第一次代表大会，当选为执行委员。会后，在高语罕指导下，揭露蒋介石在安庆反革命行径的《三·二三事变宣传提纲》刊行于世。1928年，高语罕赴上海，参加由阿英、蒋光慈、李克农等组成的"春野支部"，并代表中央指导"太阳社"的文艺工作，思想开始倾向托洛茨基主义。

1929年11月，高语罕出版《语体文作法》《唯物史论》。12月15日，高语罕和陈独秀等八十一人发表《我们的政治意见书》。1930年，高语罕出版《理论与实践：从辩证唯物主义的立场出发》《作文与人生》《现代情书》。1931年，高语罕参编《中国内乱外祸历史丛书》中的《三朝野记》和《崇祯长编》。1937年，高语罕由港赴宁，与陈独秀取得联系，以后一直以陈独秀代言人称于世，其间曾与蒋介石晤面。9月，高语罕随陈独秀去武汉，次年5月，高语罕随陈独秀入四川。1938年至1943年，高语罕辗转于湖南、湖北、四川等地，最后闲居江津县，经常在重庆《大公报》《新民报》上发表诗文。陈独秀病逝后，高语罕负责料理其后事，他撰写《参与陈独秀先生葬仪感言》一文，以后不断撰文评价陈独秀。之后，高语罕由江津迁至重庆，寄居在《新民报》社长兼主编陈铭德家中。《新民报》曾辟"语罕近诗"专栏，刊载高语罕的旧体诗，其中有不少怀旧之作，亦有反映抗日精神的诗篇。

1947春，高语罕随《新民报》迁往南京，此时贫病交加、生活困难。是年，高语罕病逝于南京中央医院。其墓现在南京市南门外花神庙旁。

（二）高语罕教育实践活动

1.辛亥革命前后的教育活动

（1）初入教坛：传承传统教育（1908—1909）

1907年，高语罕从陆军测绘学堂毕业，到安徽督练公所测绘科工作，没多久他厌倦了终日伏案作图，便请假回家乡的正阳关小学教书。

初入教坛不久，高语罕就去了安庆担任《通俗报》编辑，该报停刊后，他又回到家乡任小学教师。1911年，武昌起义爆发，高语罕随即投入如火如荼的辛亥革命的滚滚洪流之中。这一时期，他虽然没有十分显著的成就，但他开始了自己的执教生涯，为后来投身教育事业做了前期准备。

（2）首试办学：短暂的革命党人教育（1914—1916）

1914年，高语罕因为官费留学被取消，生活困难，被迫回到上海，同两三个朋友办了一所小学，专门教导亡命上海的革命党人子弟。学校设在法租界，校名"正德"，起初办得很起劲，但是办了两三年之后，因经费缺乏，关了门，遂到一个中学里去教书。值得注意的是，这一时期短暂的办学活动为后来高语罕在芜湖大刀阔斧推行的教育改革积累了宝贵的教学与办学经验，做了理论与实践上的准备。

2.五四运动前后的教育活动

（1）教育救国：三年教育改革的探索（1916—1919）

1916年秋，高语罕应省立五中（现为安徽省芜湖一中）教员刘希平邀请前往芜湖任教。安徽省立第五中学设在芜湖市，坐落于赭山脚下。它的前身是皖江中学堂，近代启蒙思想家严复先生曾为省立五中第二任监督（校长），该校具有光荣历史。该校是安徽省新文化运动的策源地，高语罕则是这次运动的弄潮儿[58]。高语罕在省立五中执教后，由于学问广博，威望甚高，第二学期起兼任该校学监。当时，"新文化运动"已经在全国兴起，以儒家思想为核心的旧教育受到学界深刻批判，一时间各种教育思潮风起云涌，各持己见的教育家不断涌现、各领风骚。以陈独秀为代表的进步人士要求建立以科学和民主为中心的新教育，这种新教育具有"自主的而非奴隶的""进步的而非保守的""进取的而非退隐的""世界的而非锁国的""实利的而非虚文的""科学的而非想象的"等特征[59]。

高语罕支持挚友陈独秀的主张，他在芜湖与刘希平共同主持了对旧教育的改革和对新教育的探索活动，并与省立五中其他教员大张旗鼓地呼吁学校社会化、校务民主化，把改革教育作为改造社会、改造国民的抓手。他们主持省立五中校务时，大刀阔斧地进行教育改革，大力推行白话文教学，传播新文化、新道德、新思想，实行男女同校、受同等教育。1917年，他们在省立五中创办全省第一个学生自治会，接着又募捐开办平民学校（俗称工人夜校）、商业夜校和半工半读的工读学校，大力开展平民教育，并联络王肖山、王仁峰、时绍武等进步名师义务授课，培养了大批革命青年。为了让关注国家大事的学生接触到最前沿的各家各派的思想主张，高语罕还征订了大量书籍报刊，《新青年》《每周评论》《星期评论》等期刊源源不断地汇聚芜湖，"新文化运动"的波涛在这里激荡起波澜，聚集起更大的浪潮。

1919年，"五四"运动爆发后，高语罕又立刻组织学生积极响应，他要求学生响应北京运动，到各校联系其他学生，并呼吁广大学生在国家兴亡之际，拿出血性和志气，切不可做冷血动物。他无疑是安徽新教育探索的先驱、新文化运动的助推者和芜湖各界响应"五四"运动力量的领袖和砥柱。

（2）革故鼎新：以马克思主义为指导的革命教育（1919—1922）

高语罕在省立五中期间，作为较早接触马克思主义的进步知识分子之一，在推行教育改革的同时，极力倡导教育民主，允许学生接触不同的思想，绝对听其自由，丝毫不加干涉，当时省立五中的学生从极右的国家主义到共产主义都有。在不断地辨伪存真后，高语罕选择了共产主义，选择了以马克思主义为指导的无产阶级革命教育，走上了推行新民主主义教育的道路。1920年，高语罕参加了北京共产主义小组和北京马克思主义研究会，参与筹建了中国社会主义青年团。之后，高语罕应省立五中校长刘希平之邀，再赴芜湖任五中学监。

第二次走进省立五中的高语罕把《共产党宣言》《马克思资本论入门》《社会主义史》等著作以及《各国社会主义思潮》《共产党月刊》等刊物带到芜湖给学生们阅读。同时，他将自己执教芜湖期间的讲义《白话书信》出版，这本书成为安徽境内最早宣传"十月革命"的著作之一。该书集中体现了他"五四"运动以来思想认识的变化，介绍了俄国的十月革命和苏维埃政权，宣传了无产阶级专政的思想。从中可以看到他对学生进行了广泛深入的马克思主义和科学社会主义教育。

1921年，高语罕经李大钊等人介绍正式加入中国共产党，成为中共从事马克思主义理论宣传与无产阶级革命教育的先驱之一。1922年7月，中共二大上确立了新民主主义教育纲领，高语罕等中共早期党员的理论与实践探索无疑对新民主主义教育纲领的确立做出了巨大贡献。对此，胡为雄著文指出："从时间上看，高语罕（1887—1947）在20世纪上半叶撰写的《白话书信》、《理论与实践：从辩证法唯物论的立场出发（书信体）》、《青年书信》这三本书，是我国历史上最早推动马克思主义哲学大众化的通俗著作。"[60]

可以说，高语罕对安徽特别是安徽教育情有独钟、念念不忘。1922年，高语罕赴德留学前夕，他写了《致安徽教育界书》一文，对安徽教育界提出了许多期望。他提出要从整饬学风、限制学生运动、严格缩短假期、不要轻易废除考试等几个方面解决安徽教育存在的问题。

《高语罕传》作者王军赞誉高语罕："不仅传播了马克思主义唯物史观的新思想、新文化，而且以独特的教育风格和新颖的教育内容赢得了省内外教育界的一致认可，为安徽教育界树立了进步的典范。通过语罕等人的努力，安徽教育较之晚清时期有了很大的进步，语罕也因此成为安徽现代教育发展史上的关键人物。"[61]63

（3）打破传统："男女平权"的女子教育（1922年2月—1922年8月）

1922年2月，成立初期的上海平民女校只有二十多人，高语罕来到该校后主要从事语文教学。该校办学主要目标是培养妇女革命干部。该校既是学习马克思主义的组织，也是地方党组织活动的据点。学员一边学习，一边参加革命。

高语罕执教该校期间，注重对学生语言、文字的教学，注意培养学生的语言、文字应用能力，为学生的学习打牢基础。他自编教材加以讲授，这就是后来出版的《国文作法》。同年8月，高语罕赴德留学，平民女校仅仅维持了几个月就停办了。高语罕专门任职女校从事女子教育，践行了自己提出的"男女平权""女子也要接受教育"的主张，他收获了许多有益的经验。

3.第一次国内革命战争时期的教育活动

（1）布道大学：上海大学时期的高等教育（1925—1926）

1925年，国共合作后革命形势发展迅速，高语罕按照组织安排从德国归来。归来后，他投身民族革命运动，在中国共产党中央宣传委员会工作。上海大学原为东南高等师范专科学校，后来经过于右任、邵力子、柳亚子等人的改造，成为贯彻他们提出的"欲建设新民国，当先建设新教育"主张的新式高等学校。国共合作后，该校为革命培养了大批革命干部。瞿秋白、蔡和森、任弼时、李大钊等人先后在此讲学。另外，当时的著名学者，如章太炎、刘大白、周越然、李季、高语罕等都执教于上海大学。高语罕在学校担任政治学的讲师，并在上海大学附属平民学校授课。上海大学一时间人才荟萃、革命思潮云涌。

高语罕虽然在上海大学任教时间不长，但是对上海大学评价甚高。这段宝贵的经历为他后来任教黄埔军校，做好政治思想工作做了前期准备，打下了良好基础。

（2）强军救国：黄埔时期的军事教育（1926—1927）

黄埔军校是"陆军军官学校"（后称中央军事政治学校）的简称，因校址设于广州黄埔长洲岛而得名。国共合作后，中国共产党中许多优秀党员按照双方约定到黄埔军校任教。

1926年1月19日，蒋介石被任命为该校校长，高语罕任政治主任教官兼入伍生部少将党代表。政治部是作为军校国民党党部的工作机关而设立的，其工作对党代表负责，任务是培养学生的国民革命意识。对内负责政治训练，指导党务活动；对外负责宣传和组织民众，推动国民革命。黄埔军校的课程设置有军事、政治两类。军事课程有：战术、兵器、地形、炮台、工兵、通讯等。政治课程有：三民主义浅说、中国国民运动、社会主义原理、政治经济学、中国农民运动等。

高语罕每周除了在部里办公，其他时间就在学校为学生讲授政治学概论。同时期，周恩来讲国内外形势，恽代英讲社会进化史和青年学生运动。为了满足急需大量干部的需要，高语罕与恽代英先后作为政治总教官广揽人才，充实教师队伍。

高语罕任教期间，不仅以生动、活泼的方式向学生传授语言、文字方面的知识，提高他们的各项技能，而且平易近人、和蔼可亲，以其人格魅力受到学生的敬重和同事的赞赏。后来，他又任教于中国共产党举办的第六届农民运动讲习所，担任政治训练主任，与毛泽东、萧楚女一起推动了农民运动的发展。

1926年，破坏国共合作的"中山舰事件"发生，高语罕被蒋介石列为"黄埔四凶"之一，险遭逮捕。后来，高语罕辞去黄埔军校的教职，按照中国共产党的安排创办安徽党务干部学校，担任校长，为党培养了一大批革命人才。1927年7月，由于蒋介石和汪精卫控制的国民党右派不顾以宋庆龄为代表的国民党左派的坚决反对，宣布与共产党决裂，悍然发动了"四一二""七一五"反革命政变，公开叛变革命，致使第一次国共合作彻底破裂。高语罕随即转入声讨蒋介石、汪精卫破坏革命的队伍中，被称为武汉反蒋介石的"三尊大炮"之一。

4.1927年以后的教育活动

1927年大革命失败以后，高语罕主要从事反对蒋介石的政治和军事活动，并参与策划了"南昌起义"。后来，高语罕专心研究马克思主义著作，特别是加强了对德国哲学的学习研究，对中国革命问题也做了自己的思考。

抗战爆发后，他心忧祖国，仍"一心一意欲对抗战致其绵力"。值得一提的是，1938年，高语罕应顾祝同邀请拟定抗日纲领，提出九条意见。后来，高语罕参加旅渝同乡会，并一手组织、创办了安徽旅渝中学，但高语罕并未在该校任教，后该校被命名为"国立第九中学"（即国立安徽第二中学）。不久，高语罕发表了《国立安徽第二中学的前途》等三篇论述教育问题的文章，为实施中学教育提出大纲。可见，当时高语罕仍未忘记推进教育改革，依旧主张发挥教育的功能，为国家、民族独立、富强作出应有的贡献。

总之，这一时期，受制于时代环境因素和个人因素，高语罕的教育活动较之前期已经大为减少，但是他对教育的关注和探索的热情未减。

通过对高语罕教育活动的研究、分析，笔者认为高语罕的教育活动具有如下特征。

首先，孜孜以求，诲人不倦。除去早年求学之外，高语罕一生的大部分时间都与教育结下了不解之缘。从小学、中学到大学，层级完备；从授课教书到办学兴校，经验不断积累；从寿县、上海、芜湖到广州，足迹遍及祖国大江南北；从文化教育、社会教育到军事教育，内容十分丰富。无论是在意气风发的青壮年时期，还是力不从心的暮年时期，高语罕都没有放弃教育，没有放松对自己的要求，而是一以贯之地不断教育学生、启迪民智、唤醒民众。高语罕不愧是对我国现代教育具有重要贡献的教育家之一。

其次，大胆改革，勇于探索。高语罕深刻认识到了当时教育存在的弊端，也认识到救亡兴国的希望在人民，人民觉醒的希望在教育。他旗帜鲜明地主张对传统教育中存在的重形式、轻内容，重知识、轻生计，重控制、轻民主等问题大刀阔斧地进行改革，争取发挥好教育的社会功能和个体功能，内以修身齐家、做现代的公民，外以治国御辱、图华夏复兴。他在芜湖六年的教育改革探索以及之后不断对教育改革的呼吁和实践无不体现出他求变图存，兴教强国的勇气和愿望。

最后，仁民爱物，教育报国。高语罕身上体现最多的是他对祖国、对人民的深沉之爱，他自己也说这是支撑他不断从教办学的精神动力，也是他从事教育改革的立足点和指导思想。他从教办学主要是为了启迪更多的国人觉醒，拯救积贫积弱的中国。他的身上集中体现出的是传统教育思想所提倡的"天下兴亡，匹夫有责"的责任意识和"修齐治平"的理想人格。高语罕提出的教育思想和从事的教育活动因为有爱而无私，因为有爱而博大，因为有爱而常胜。

二、高语罕教育思想的形成背景

高语罕教育思想的产生和形成有其深刻的社会思想基础。他既接受过良好的传统教育，又受到了西方资产阶级民主思想的熏陶，后来又接受了马克思主义思想，最终成为托洛茨基主义的信奉者。他的教育思想是随着时代的进步而变化并渐趋成熟和定型的。

（一）个人因素

心理学研究证实，童年经验对一个人的成长具有重要的影响，甚至关乎一生。高语罕童年的经历特别是家庭环境和父母的管教对他后来的人生观、价值观的形成以及对教育、革命和国家等的认识产生了较大影响。

1.家庭教育的影响

（1）家庭背景

高语罕出生在明末清初的一个大地主家庭中，高氏先祖曾经捐纳三千石粮食放赈，并得御赐"尚义门"褒奖，这是高语罕引以为自豪的事。到了曾祖的时代，高家仍然鼎盛，可是正阳门的一场大火，让高家损失惨重，以致一蹶不振。

尽管家道衰落，但是高家对子女的关爱和教育十分重视。小时候的高语罕就经常听祖母讲故事，受到了良好的启蒙教育。高语罕的外祖父是个要求严格、重视家教的人，这也对高语罕长大以后严于律己产生了重要影响。可以说，高语罕所处的家庭背景为他早期学习、接受启蒙教育提供了有利条件、打下了坚实基础，也对他尚义仁爱、忠厚老实和严肃认真等性格的形成产生了较大影响。

（2）父母教育

高语罕的父亲重视科名，不过考了几次也没有中第，平日在家中设立的义塾教书，为人讲道理又极厚道老实，与世无争。母亲自小聪慧，能读会写，非常注意对高语罕的教育，平日不许他出大门。母亲对他的要求十分严格，亲自教他认字，常常鼓励他努力学习，求取功名，光宗耀祖。

父母虽然性格迥异，但是都知书达理、追求上进，这为高语罕的成长营造了很好的环境。高语罕五岁时就入父亲的义塾读书，接受了较好的早期教育，成绩优异，这是与其父母的严格要求分不开的。他后来从教和办学时期形成的严肃认真、重教爱教、注重自学的显著特色与此也不无关联。

2.个人求学经历与个人理想追求

（1）求学经历

纵观高语罕的一生，他大部分时间都在不断地求学，先后接受了传统私塾教育、军事教育、留学教育，这些经历对他的教育思想的形成和后来的教育实践活动产生了不小的影响。

童年时期，高语罕先在父亲举办的义塾读书，接受的是传统的私塾教育，受到了传统教育的严格训练和严格要求。由于父亲忙于公务，只得把他送到程二夫子处读书，学习文章作法，八股废后，又学做经义。这为他此后继续学习新的知识打下了坚实基础。

高语罕自述："我初进学校的时候，是17岁，这时正是从科举到学校一个过渡的时代。"[62]19高语罕十七岁时，进入凤阳经世学堂学习，初来时他的学习成绩很差，后来经过不懈努力，成绩不断进步。求学期间，老师李筱园和历史教习武竹平对他的影响很大，前者帮助他打下了良好的国文基础，教他为人处世之道；后者让他受到了种族革命思想的熏染。随后，高语罕又考入安庆陆军测绘学院接受军事教育，对"富国强兵"的认识逐步加深，革命斗争意识也逐步加强，这些经历对他后来任教黄埔军校，从事军事教育无疑是宝贵的财富。

高语罕自己曾对这一时期的经历进行了总结，他说："辛亥革命前，我因家中的境遇不好，曾进法政学校，希图做高等游民。进了没一个月，赶上武昌起义，我于是又夹在革命党里混了几个月。军人生活、政党生活、官僚生活皆小小地尝试了一下。"[61]33此后，高语罕开始了自己跌宕起伏而又波澜壮阔的一生。

高语罕一生留学两次，深受西方资产阶级思想的影响和启发。1912年，高语罕以官费生的机会自青岛短暂出国赴日本早稻田大学留学，潜心研究政治，希图政治救国，可惜事与愿违，收效不大。1922年，他赴德国哥廷根大学留学，期间收获颇多，接触了朱德等中共党内一大批进步人士，思想上逐步倾向于马克思主义。两次留学经历开拓了高语罕的视野，增长了他的见识，也让他深刻认识到了中西方在政治、经济、文化、教育等方面的巨大差距，对他的思想产生了极大的影响。特别是赴德留学让他认识到马克思主义的强大生命力，并最终让他走上无产阶级革命的道路。

（2）救国图强，实现人生价值

理想是人生的灯塔，有了理想才能咬定目标，不断努力奋斗。高语罕自小就受到父母、家庭的激励，立志成就一番事业，希望在为国建功的同时实现人生的价值。

成年后，他看到祖国的积贫积弱和民生凋敝，萌生了保家卫国、救国图强的强烈愿望。他先后信奉过政治救国、教育救国和革命救国的主张，希望通过政治改良、从教办学、民主革命等方式启发民智，救亡图存。

高语罕从小就萌发并在实践中形成的对国家、民族的强烈的责任感和使命感，而且，他将自己的人生价值的实现与祖国、民族的前途命运紧密联系起来。这为他排除万难、躬身从事教育、革命活动提供了强大的精神动力。

（二）社会因素

1.时代背景

唯物史观认为，个人思想乃至社会思潮的形成，离不开社会、时代要素的制约。毕竟，作为意识形态范畴的思想要受到社会状况尤其是经济基础的制约。高语罕教育思想的形成自然也离不开社会这片"土壤"的滋养，而且社会因素对其教育思想形成的影响十分深远。

高语罕所处的时代是怎样的状况呢？在《青年与国家之前途》和《青年之敌》等文章中，他指出中国国削民弱，耻辱频仍，岌岌殆哉，在政治、经济、学术、军事和社会生活处于全面的落后地位，可谓风雨飘摇，岌岌可危。

令高语罕痛心疾首的是当此国难存亡的生死关头，国人仍然处于昏迷状态，"蕾蕾若不知有国家危亡之虑者"。高语罕寄希望于强青年、强民来强国家，以求度过危难。

2.国内同时代思想家、教育家的影响

高语罕所处的时代是中国仁人志士辈出，思想家、教育家不断涌现的时期，他的一生先后受到了康有为、梁启超、陈独秀、胡适、陶行知等人的影响，其中陈独秀对他的影响最大。

少年时代，维新变法派"康梁"的思想影响深远，高语罕尤其推崇梁启超的思想。在他带有自传性质的《百花亭畔》一书中，他说："况且康有为和梁启超以他们的卓越的文学天才宣传欧美日本的君主立宪救国论，当时全国思想界，尤其是青年，没有不受他们的影响的，尤其是梁启超的影响，我就是其中之一。他的《新民丛报》《中国魂》在那时就是我们的圣经。"他曾盛赞"维新变法"运动道："这一运动正是维新运动直接所促成、所扩大，也可说是甲午战后之直接的果子，就是废科举、兴学校、练新军、大派留学生出洋。" [62]16-18

若推举出一位对高语罕一生产生重要影响的人物，则非陈独秀莫属。陈独秀是皖籍著名政治家、革命家、教育家，他不满国家的凋敝、落后。主张学习西方，大兴教育以开启民智，改变国家落后挨打的面貌。在新文化运动中，他借鉴吸收西方民主、科学思想，提出"民主"和"科学"的新教育思想，后来他又成为马克思主义教育观的追随者和无产阶级革命教育的实践者。

高语罕、陈独秀二人之所以能够一见如故，成为革命的战友和毕生知己，很重要的原因是二人的性格、思想有很多契合之处。辛亥革命时，陈独秀还在芜湖"皖江中学"任教，将教育和革命相结合。后来，他创立安徽高等学校。他任职北大后，仍然推行教育改革。陈独秀的主张和教育实践对挚友高语罕产生了很大影响，为高语罕提供了理论、实践指导和参考。

此外，著名教育家陶行知与高语罕也有过交往，陶行知曾对高语罕采取学校经济公开这件事大加赞赏。当然，高语罕对上述教育家及其思想的吸收，不是一味囫囵吞枣、照搬照抄，而是有所扬弃，有所创建，自成特色。这在后文将重点论述，这里就不详细阐述了。

3.国外教育理论的影响

二十世纪上半叶的中国，"欧风美雨"随着国门的洞开而不断涌入，并从起初的影响甚小的"配角"成为"唯我独尊"的"主角"，西方的思想理论在政治、经济、文化、教育等方面对我国的思想界产生了深刻影响。

诚然，这一时期，虽然本国知识分子如梁启超、孙中山等人提出了自己的一些主张，也有洋务派提出的"中学为体，西学为用"的主张，希图与西方的思想理论"分庭抗礼"，力图维护我国思想界的独立性和中学的权威性。但是，我们不得不承认西方思想理论已经势不可挡地渗透到了中国的各行各业，甚至许多国人也受到了西方思想理论潜移默化的影响。在教育界，西方思想理论的渗透和影响亦是如此。从卢梭的"爱的教育"、自然主义教育主张，到杜威的"教育即生活"的民主主义教育主张，再到马克思主义的教育思想，国外教育思想的影响源源不断、深刻入微。

高语罕教育思想的形成也受到了国外教育思想的影响。起初，他对杜威及其教育思想是极其崇拜的，在杜威1919年访华期间，高语罕从芜湖赶到南京东南大学聆听他的演讲，虚心向他求教。但是，通过自己的所见所闻，高语罕改变了对民主主义教育的看法。他指出，以杜威为代表的实验主义者对任何政治都承认其存在的权利，只求在现成的政治状况之下，实施所谓的民主主义教育。他们不要根本改造，只求就地改良。最终，高语罕接受了马克思主义教育思想，并为之不断实践。

三、高语罕教育思想的理论基础

高语罕教育思想的形成是随着时代变革不断受到多种理论影响的结果，具体说来，改良主义、马克思主义、托洛茨基主义和"爱之哲学"四种思想对其影响最大。

(一)早期的改良主义与"教育救国"

鸦片战争后，清政府丧权辱国，中国逐渐沦为半殖民地半封建社会，为了挽狂澜于危难，无数志士仁人吸收古今中外的优秀思想、力主变革，遂有了洋务运动、戊戌变法和辛亥革命运动，一时间"欧风美雨"与传统儒学思想充斥社会，许多读书人也不断扬弃、接受新的思想。

在接受马克思主义之前，高语罕受到了各种理论流派的影响。高语罕在凤阳经世学堂读书时，维新派的君主立宪救国论对他影响很大，尤其是梁启超对他的影响至深。辛亥革命前，高语罕因家中的境遇不好，曾进法政学校，希图做高等游民。只可惜，只对社会制度做修修补补的改良主义行不通；"政治救国"之路在"强权即是真理"、混战多年和专制主义盛行的中国行不通，高语罕亦只能"空想"而已。

1915年，高语罕由日本归国后，佐助陈独秀创办《新青年》，并在刊物上发表了多篇文章。在《青年之敌》和《青年与国家之前途》两篇文章中，他大声疾呼国家民族处于生死存亡的危险关头，必须促进国民的觉醒，尤其是用教育促进青年的觉醒。可见，此时高语罕仍然希望通过教育促进社会改良来拯救国家。

事实上，"教育救国"连同"实业救国"等思潮在当时很有市场，大部分知识分子在未认清正确的救国道路之前，"由于他们自身所受的教育和训练，及工作、生活环境的局限，往往倾向于走教育救国的道路，有的人甚至为此奋斗一生"[63]。

（二）大革命失败前的马克思主义与"革命救国"

第一次世界大战将要结束的时候，西方民主主义思潮涌入中国，尤其是在"五四"运动后，中国的知识分子开始思考自己的问题，他们发现中国办了五十多年的新教育，但没有成功。现实让他们陷入沉思，而此时马克思主义在国内的传播让他们找到了新的"药方"。

此时，高语罕的思想变化很大，在世界观、人生观上起了一次大变革，逐渐崇尚民主、科学。这一时期，高语罕在与中共早期党员李大钊、陈独秀等人的交往论学中深受影响，特别是接触了真实的社会生活和在芜湖从事了社会教育之后，他逐步转向马克思主义，认为只有来一场轰轰烈烈的革命才能挽救中国。

1921年，高语罕将在芜湖三年间教授的国文讲义等文章以书信体的形式出版，这就是那部被政府屡次禁止却屡次刊行的《白话书信》。在

《白话书信》序言中，他论述了许多社会亟待解决的问题。归纳起来，就是五四运动后中国向何处去，以何理论为指导的问题。此时，高语罕认识到只有通过马克思主义理论的宣传、教育，让更多的人认识到社会的弊端，引起大家的关注和觉醒，以革命的方式推翻旧的不适应社会历史发展的反动统治，代之以人民当家做主的新政权才是国家救亡图存的根本之道。

（三）大革命失败后的托洛茨基主义

列宁逝世后，托洛茨基组织反对派，反对斯大林的主张，宣传一国不能建成社会主义的理论。托洛茨基派得到了一批党内人士的支持，其对陈独秀等中共早期党员也产生了很大影响。

这一时期，高语罕的教育理论探索走入"低潮"，教育活动减少，失去了大革命时期的锐气和战斗性。

（四）贯穿高语罕教育思想的主线："爱之哲学"

之所以说"爱之哲学"是贯穿高语罕教育思想的主线，是因为高语罕尽管不同时期信奉的指导思想不同，但是都没有脱离他的"爱之哲学"或者"爱之宗教"，而且高语罕的"爱之哲学"既有对传统"性善论"的扬弃，也有自己的创见。

1.高语罕的"心性观"

自从孟子提出"性善论"与荀子提出"性恶论"之后，历代知识分子对于"性善""性恶"的争论一直不断，但多数人倾向于认为"人性本善"，教育的根本也在于发扬人的善心，建设真善美的社会。

高语罕也支持"心者性也，性光常照，大智湛然，虚灵不昧，万古不灭，生之至也"的观点，认为人的"心性"对人的成长具有重要作用。高语罕把"良知"视为自己的"圣经"，并以此指引自己一生的教育活动。

2.不爱无诚

高语罕主张人人皆应当有善心，从善施爱，发扬心性的光辉。从整体上看，高语罕各阶段的教育主张也是由此出发，贯穿着爱的主张。无论是"教育救国""革命救国"，还是"托洛茨基思想"，都是出于爱国爱民

的真心，而从高语罕的教育实践活动中也不难看出他对平民、青年学生的
殷切期望和无私之爱。

可以说，爱是他从事教育工作的动力、源泉。同时，他的爱更多的
是对社会底层农民、工人的爱。

四、高语罕教育思想体系

二十世纪上半叶，面对积贫积弱、任人宰割的社会现实，有识之士
在政治、经济、文化等方面提出了诸多救国主张。在教育领域，则以宣扬
科学、民主教育的运动最为受人瞩目。陈独秀等人受到西方民主科学思想
的影响，大力抨击守旧落后的旧教育，宣传进步的新教育，这在当时产生
了广泛影响。忧国忧民的高语罕也从改变当时中国积贫积弱、任人宰割的
局面出发，提出以追求科学、民主为宗旨的新教育来移风易俗、改造社
会，促进国人进步、发展经济，救国家于危亡之中。而且，在对新教育的
探索与实践中，他收获了真知灼见，提出了自己的见解，形成了自己的特
色。高语罕的一生可谓是不断探索新教育，实践新教育的一生。

（一）论教育的社会作用

1.教育与经济发展：富国强民

历览前贤，国人对教育与经济发展的关系早已有了深刻的认识。孔
子回答学生问题提出的"庶之，富之，教之"思想可谓发其先声，后来的
儒家学者和历代统治者也十分重视教育与经济发展之间的密切联系。

高语罕亦十分重视教育的社会作用。他认为教育不仅是帮助贫民求
得温饱生存，而且可以改善民众生活，增加社会财富，促进国家经济的发
展。反过来，在国家经济得到发展、人民满足了基本的经济需要后，教育
也会获得良好的发展"土壤"。

2.教育与社会进步：化民成俗，端资学校

先秦以降，人们对于教育与社会进步关系的认识就在不断加深，教
育也成为改造社会，推动社会进步的"利器"。高语罕深刻地认识到教育
在改变民众习俗、促动社会进步上的作用。

他认为当时的国民仍然有孟子所说的"良知良能"，之所以在国难当

头的时刻"顽钝无耻",是因为"惰性"。他号召国人特别是青年人要借教育之手移风易俗,摒除"恶风俗""恶国家所遗留之旧思想",追求进步的新思想。他在芜湖执教期间,积极推进教育改革,倡导艰苦朴素、移风易俗、民主自治,校内学生的学风以及当时芜湖社会的风气有了很大改观,产生了积极影响。

3.教育与国家独立:必求自存

高语罕在《青年与国家之前途》和《青年之敌》等文章中多次论及中国与西方先进文明的差距,指出中国国削民弱,耻辱频仍,岌岌殆哉,在政治、经济、学术、军事和社会生活处于全面的落后地位,可谓风雨飘摇,岌岌可危。

在他的著作中,他指出:国家进步迟滞,一辱再辱;割地赔款,国已不国。为了救亡图存,他多次提出希望通过教育启迪民智、培养具有民主意识和科学精神的现代公民,以此强青年、强民来强国家,以求度过危难。可以说,"教育救国"的梦想一直萦绕在他心中,他追求民族独立的步履一直没有停歇。

(二)论教育与人的发展

1.论教育对象

教育是培养人的社会活动,不同社会、不同统治阶级对教育对象的规定受到政治、经济等众多因素的制约。孔子首提"有教无类",然而后世鲜有真正贯彻者。高语罕受到民主与科学思潮的影响,同时也受到杜威民主主义教育思想的影响,提出教育不是社会上层、富人子弟的"专属品",而是全体国民都应该享有的。

他指出教育的对象不仅仅是学校的青年学生,还是全体国民,尤其是那些处于被压迫、被剥削地位的工人、农民和手工业者。只要教育者力所能及,只要他们愿意学习,就应当为他们提供学习的机会。从他的教育实践来看,他的学生中,基本包括社会各个阶层,既有工人、农民、手工业者及其子弟,也有商人、政客及其子弟,具有一定代表性和广泛性。

2.教育对人的发展的作用

我国历来有重视教育的个体功能的传统,认为教育对个人的成长与发展产生了深远影响。孔子说:"小子何莫学夫《诗》?《诗》可以兴,可以观,可以群,可以怨,迩之事父,远之事君;多识于鸟兽草木之名。"[64]意思是说,教育除了要为社会培养德才兼备的人才,也可以有利于个人掌握知识、增加见闻,孝敬父母。孟子认为接受教育可以发扬人的善心,以"求放心";荀子认为教育可以助人去除人性之恶;《大学》强调教育可以使人格物致知、正心诚意,然后修身、齐家、治国、平天下。

高语罕继承传统,不仅重视教育的社会功能,而且十分重视教育的个体功能。他认为每个人都要接受良好的教育,学习知识、掌握技能、培养道德,成为合格的现代公民,以求在社会上立足和发展。为此,他一方面著书立说,阐述读书、求学对个人成长的作用,鼓励学生接受教育;另一方面,他在执教和办学期间,努力施行自己的主张,帮助青年、农民、手工业者学习知识和技能。比如,他在芜湖期间创办了平民学校,将学习与生产实践相结合,开设识字、会计等课程,一方面满足平民们维持生计的需要,一方面也力求为他们的进一步学习和发展奠定基础。

3. 教育与人才的成长:进德修业,为世储才

为社会培养所需的各种人才是教育的重要功能之一,同样,个人也需要通过接受教育获得成人、成才的机会,成为有用之才。从此意义上说,教育的社会功能和个体功能是相互联系、相互影响的。这也被历代的教育家所重视。"学而优则仕"一方面在强调接受教育可以获得良好的发展机会,另一方面也在强调个人要努力学好知识、技能,成为德才兼备的人才,才可以学以致用、有所成就。

高语罕痛惜当时世风日下,邪欲横流,逐臭趋腐,民莫知本。私利之争持日甚,国家之危亡益急。他认为青年时期是"进德修业"之时和"为世储才"之际,应当知其障碍而去之,识其究竟而皈之,明其责任而负之。在实践中,他要求学习者时刻做到努力学习,克服阻碍追求理性道德和人格,争取成为国家的栋梁,为国家的发展贡献力量。

4. 教育与人生价值的实现:做现代的公民

人生价值实现的路径不胜枚举,不论从政、经商还是从教、做工都可以实现人生的价值,可谓"条条大路通罗马"。高语罕十分重视教育在个人人生价值实现上的巨大作用,而这集中到一点就是成为"现代的公民"。

高语罕认为，教育除了可以为国储才，为求得国家的独立、富强打下基础外，还可以为个人的成长提供完备的知识、道德和各方面素质，成为适应现代社会需要的现代公民。这些公民包括各个行业的从业者，他们是未来社会的基础。

不难看出，高语罕提出的"做现代的公民"的主张实现了教育的社会功能和个体功能的统一，反映出他追求民主进步的思想，也表达了他希望求得国家独立，建设现代国家的强烈愿望。这种"公民教育"的主张在当时黑暗专治的中国无疑是进步的"呐喊"。

5.教育与青年成长：强吾青年以巩固邦基

鸦片战争以后，人才问题受到上到统治者，下到社会平民等的关注，作为人才主力军的青年更是被有识之士视为珍宝。新文化运动的旗手陈独秀认为先有新青年，才有新国家。于是他创办《新青年》杂志，以提高国人尤其是青年的觉悟。高语罕作为陈独秀的追随者，同样心系青年。

高语罕尤其重视教育对青年成长的作用，他对青年有着真挚的爱。他在《新青年》杂志上多次著文启发、鼓励青年。他为青年喜，欢喜他们，生在地大物博、有五千年历史和文明而具雄飞世界之资格的中国；他为他们惧，惧怕他们生在"生计竞争，万物奋斗之二十世纪、之世界"，生在"国削民弱，耻辱频仍，岌岌殆哉之中国"。

可以说，高语罕对青年寄予了很深的情感，也希望青年能够戮力同心，自强自新，快些成长，振兴中华。

他为了更好地促进青年觉醒和成长，呼吁青年要担负起国民之责任。他在1932年出版《青年书信》中，与青年学生探讨政治、学习、恋爱、婚姻、家庭、择业等问题，用白话文向广大青年传输民主、自由、革命的新思想，宣扬男女平等。1935年，他编辑《读者顾问集》，和读者探讨"怎样才能从腐败的家庭中奋斗出来""青年婚姻问题""升学与学校""做工和恋爱""为什么青年不爱读书""出路在哪里""奋斗的路径在哪里""爱情的保证""青年性烦闷问题""女子解放与家庭问题""自由恋爱与强迫婚姻""恋爱与爱国两途""贫困青年的读书问题"等热点问题。

高语罕的一系列言论和活动，一方面帮助青年消除苦闷和成长烦恼，为青年指点了迷津，另一方面向青年传输父子平等、男女平等、现代伦理观、辩证唯物主义和历史唯物主义思想。帮助青年打破旧思想束缚，冲决黑暗社会的牢笼，为中国未来撒播了革命的火种。

（三）对旧式学校教育的批判

作为心系祖国的革命家、教育家，高语罕对中国当时的教育发展状况给予了高度关注，尤其是发现了中国教育中存在的大量弊端，而这些弊端在居于教育主导地位的学校教育中尤其明显。对此，他结合自己的亲身经历和所见所闻多次著文予以抨击、针砭。从《青年与国家之前途》到《致安徽教育界书》，再到《青年书信》《现代的公民》，他对当时学校教育弊端的认识愈加深刻，批判的声音也愈发强烈。高语罕认为，当时学校教育存在的弊端有以下几方面。

1.教育宗旨：重其形式，遗其精神，鲜能贯彻

高语罕指出当时的学校教育盲目学习西方，却未学到其精髓，真正能贯彻的就更少了，而这也是旧教育落后保守、备受诟病的主要原因。

2.学风：旨趣不明，淫靡恶劣

学风是学生有效学习的保证，教育宗旨上存在的问题也影响了当时学生的学习风气。一方面，学习者无一定之旨趣。今日入工业，明日入师范，再明日又入法政，又入陆军。问其来学之目的，则瞠目而不能对。另一方面，学生受到社会不良习气的浸染、毒害，吃喝嫖赌、捧戏子、学政客、懒惰颓废不用功，荒废了学业。

3.教风：因循守旧，不思进取

清政府统治时期，教师严守封建传统教育的"条条框框"，即使到了中华民国时期，许多教师仍然因循守旧，不愿接受新思想、新方法。

高语罕在回忆早年在安庆测绘学堂的学习、生活时，对学堂的教习做了评价，批判他们教书敷衍了事，不认真，自私自利。有独创的教育家更是凤毛麟角。而能言行一致，倡为学风，使青年有所观感、有所模范，蔚成一群优秀之青年的教师更是未见其人，亦未闻其语也。并且学校教育，亦不足促青年之进步。在《青年书信》等著作中，他借青年学生之口，历数当时学校里教师的种种恶习，并给予无情批判。

4.教育改革：盲目跟风，有形无神

在高语罕看来，当时的学校教育改革盲目照搬照抄欧美等国的教育思潮与措施，跟风现象严重，甚至拿外国教育家的主张做自己躲懒、逃避责任的借口。有形无神的改革最终不了了之，在推脱、扯皮之中失去应有的效力。

5.学校管理：腐败成风，专制盛行

当时，教育成为一些人谋取私利的工具。在教育界，从官员到教师，很多人不以传播知识、启迪民智、培养人才为己任，而是做教育的"投机者"，把从教作为升官发财的手段，甚至一些人蒙蔽学生，借学生运动的手段，谋敛财、求仕进，致使学生运动泛滥，学生学业荒废。高语罕在其著作中多次回忆青少年时代受到的压制，那时的学校成为政治的"附庸"，学校管理者官僚主义思想严重，教师成为维护专制统治的"帮凶"，学生在学校中只有服从，稍有反抗，就会以"大不敬"等名义被惩罚甚至开除。即使到了辛亥革命后的民国时期，教育界的"专制主义"依然盛行，高语罕的《青年书信》就是对这一问题的集中反映，书中介绍了当时学校对学生采取的种种压制手段。高语罕一针见血地指出上述问题产生的根本原因，"这种教育的功罪，自然不应由我们学生担负的，也不能完全由那时负直接教育之责的提调、监学、教习等等来担负，这是时代和现实的责任呵"[62]97。

在痛斥学校教育的同时，高语罕大声疾呼从学校办学理念、管理、教育教学内容（课程、教材）、教师选聘、学生培养等方面对学校教育进行改革。后文将展开具体阐述，这里就不赘述了。

（四）论新教育的内容

高语罕受到西方民主与科学思潮的影响，同时也受到杜威民主教育思想的影响，他对学校教育的内容提出了自己的主张：学生在学校，只是度过他儿童和青年时代的生活。

1.道德教育

（1）道德教育的作用：完备道德，强民强国

道德教育历来是中外教育家最为看重的部分，也被视为教育中最重

要的内容之一。古今中外的教育家都把培养德才兼备的人才视为教育的重要目标之一。高语罕将帮助学生具备完备道德视为教育的重中之重，并将它上升到可以实现强国强民目标的高度。

（2）道德教育的内容与方法：导正志趣，培养道德，发扬精神

中国传统儒家在进行道德教育时十分强调立志的重要性。高语罕在芜湖执教时，就要求学习者树立崇高的理想志向，并为之不断砥砺自己的人格品质，成为君子和德才完善之人。可以说，注重道德教育贯穿于高语罕一生的教育活动中。

他把道德教育视为强民的根本，并以立志、养德和发扬精神作为克服青年成长障碍，实施道德教育的内容和方法。这对当时重才轻德、追名逐利的社会风气是一种"净化"。

2.文化知识教育

（1）目的

文化知识教育是教育工作的主要内容和基础，中西方教育都对此给予高度重视。例如，中国传统的蒙学教育以《三字经》《百家姓》《千字文》为教材，指导学生学习字、词及基本的文化知识；西方亦强调对文化知识的学习和掌握，开设修辞学、语言学等课程。

高语罕从追求国家独立、自强的角度出发，认为中华民族自鸦片战争之后虽然经历百日维新、辛亥革命、"五四"运动等一系列思想解放和社会变革，却依然积贫积弱，难有大改观的主要原因就是社会民众尤其是处于社会底层的工人、农民等没有接受应有的教育，没有掌握基本的文化知识，处于蒙昧状态。文化知识缺乏又导致他们被隔绝于社会思潮和运动之外，成为远离革命进步运动的"边缘人"。必须做好文化知识教育等基础工作，加强对民众的指导，教会他们识字、作文、算账等技能，并将之与人生观、价值观教育相互融合，以此启迪民智。值得注意的是，当时的陶行知、晏阳初等教育家也认识到了教会民众识字、掌握基本文化知识的重要性，并开展了识字运动。可见，对普通民众开展基本的文化知识教育，受到了教育家们的共同关注，成为他们教育工作中的重要内容。

（2）原则与措施

高语罕在从事文化知识教育时十分重视坚持实用性、实效性、群众

性原则。一是注意传授给学生实用的知识、技能，不脱离生产、生活实际；二是要求取得实际的教育效果，为教而教不如不教；三是发动群众参与，所开设的课程、所选的教材等都要注意让学生喜闻乐见，并发动群众相互学习、相互教育。

在实施文化知识教育时，高语罕注意将其与人生观、价值观、革命观教育相结合。1920年，他在给胡适的信中说："我现在把我三年来在中学校所教授的国文编辑出来，预备付印，给一般中学生作个新文字的指导者。因为这是我大胆试验过的，且为现在一般中等学校的青年学生所必不可少的，而一般国文教育翰林、举人式的，先生还在那里《古文辞类纂》纂个不停；又必得这种范本出来肃清他们、痛劝他们。"[65]

（3）语言文字的学习与作文法

高语罕把在上海平民女校自编的教材整理为《国文作法》，在序言中高语罕介绍了作书的目的。在《青年书信》中，高语罕借他人之口痛斥旧式教育之诸多弊端，尤其对文言文大加讨伐。文中借学生之口指出最讨厌人的是教人做文言文，学生见了诗云子曰头就痛，做起文言文来，那简直等于上法场。

对于作文，高语罕强调作文的第一步是选题，第二步是确定观点，第三步是取材，第四步是布局与起草，第五步是修饰与朗读。为了提高写作水平，他建议学习者向当世的名家学习，以他们为模范。此外，他提出要写好白话文。这在当时受到了青年学生的热烈欢迎，成为学生学习的重要参考书。

3.社会教育

（1）社会教育的重要性

高语罕十分重视社会教育对提高民众智慧、道德的作用，他认为教育不应当仅仅在学校开展，而是要在全社会推广开来，让更多的人接受教育。同时，他认为开展社会教育对于改善社会底层人民生活具有不可替代的作用。

为了唤醒民众、改善生计、推动革命，扩大教育对象的范围（为平民、女子提供教育，因为他们之中的很多人有着对知识极为迫切的渴望，但平民百姓很少有人上得起学，更不用说这些人身自由受到限制的学徒工们），高语罕积极投身于社会教育的大潮中，从唤醒民众、推动革命出发，推进社会的变革和进步，最终求得国家的独立和民主。为了使工人受到教育，1917年下半年，他和刘希平创办"义务学校"和"工读学校"。高语罕等人在芜湖创办的社会教育机构的具体情况，请参见表4-1。除亲自任教外，他还编写通俗易懂的教材，有从《新青年》杂志选出来的，也有汇集的古代劳动诗歌[61]41。

表4-1　高语罕在芜湖创办社会教育机构情况一览

时间	创办人	名称	地点	对象	经费及授课教师
1919年11月	刘希平、高语罕	商业夜校（第一所）	三圣场徽州公学校址内	店员、学徒工	经费：刘希平、高语罕自筹经费，部分社会捐助（芜湖电灯公司吴兴周赞助） 授课教师：刘希平、高语罕、王肖山、时绍武、李宗邺等
1920年上半年	刘希平、高语罕	商业夜校（第二所）	江边江西会馆内	店员、学徒工	经费：刘希平、高语罕自筹资金，部分社会捐助 授课教师：刘希平、高语罕、王肖山、时绍武、李宗邺等（外加函授教学）
1920年春	刘希平、高语罕、王肖山、汪孟邹等十二人	工读学校	赭山脚下观音松附近	平民子弟	经费：十二位发起人，每人出一百元开办费 教师：省立五中教师、高年级学生
1920年上半年	省立五中学生会主办（在刘希平、高语罕指导下）	平民夜校或义务学校	西花园	儿童	经费：学生以"义演"筹款 授课教师：蒋光慈、胡苏民等。高年级学生轮流给低年级学生授课

注：资料来源于芜湖一中校史办。

1921年，全国教育联合会在广州召开，高语罕应邀参加。他在会上明确提出，为了促进中国工人的觉悟需要为他们提供教育。高语罕对当时社会教育、平民教育理论的丰富和实践的发展做出了积极的贡献。

（2）具体措施

1917年，为了使工人受到教育，高语罕与刘希平创办"义务学校"和"工读学校"。他还联络王肖山、汪孟邹等十二人撰写了《我们的"工读学校"的创办缘起》，大造舆论，募捐兴学。

1918 年年末，高语罕和刘希平自筹资金，并得到芜湖市电灯公司经理吴兴周的赞助，在三圣场徽州公学的校址内首创一所商业学校。不久，在江口附近的江西会馆再创一所商业夜校，称为第二商业夜校。这些学校吸收商店店员、学徒及其弟子入学，而且男女都收，对无法坚持入学的，采取函授方式教学。夜校主要开设有国文、英文、科学常识、算术、商业理论（商业基础知识）簿记、商业历史、商业地理等适合工人学习的实用课程。高语罕亲自任教，并编辑教材《白话书信》和《劳动诗歌》（选辑古代有关劳动的诗歌），开创了安徽职业教育之先河。

4.军事教育

接受军事教育、参加革命斗争和从事军事教育在高语罕的一生中具有十分重要的地位，也为他的教育生涯增添了独特的传奇色彩。在此过程中，高语罕形成了自己独特的军事教育思想。

（1）目的：革命进步，保家卫国

高语罕在中学堂时就已濡染了一些革命的思想，赞成富国强兵的主张，支持军国民教育。高语罕早年曾入安庆陆军测绘学堂学习军事技能，后来，他执教黄埔军校，主要从事学员的思想政治教育。在他看来，军事教育的目的在于增强学员的身体素质、军事技能，提高学员的政治觉悟和爱国意识，以此来推动革命事业，救国图强，保家卫国。

（2）军事技能训练与政治素养培养的具体措施

高语罕认为军事技能训练和政治素养培养是军事教育中的重要环节，前者可以提高学生的身体素质、战术水平；后者可以确保学生思想纯正，坚持正确的价值观和原则，提高战斗力。

在执教黄埔军校期间，他一方面采取严格、规范的现代军事技能训练手段，提高学生的身体素质、战术水平。另一方面，他认真上好思想政治课，提高学生的思想认识，鼓励他们献身革命，为实现国家的民主、独立和人民的自由、幸福而奋斗。高语罕的军事教育收到了很好的效果，在他和其他同事的共同努力下，黄埔军校为中国革命事业培养了一大批军事素质过硬、智勇双全的指挥员和战斗员，他们中的有些人甚至为革命献出了自己宝贵的生命。

5.女子教育

（1）目的：男女平权

高语罕作为接受过西方民主教育的进步人士之一，反对传统主张的"男女授受不亲""女子无才便是德"的古训，而是强调打破束缚女子接受教育的枷锁，推进女子教育。同时，他旗帜鲜明地和当时轻视女子、限制女子权利的行为斗争。1919年，"五四"运动爆发后，针对有人反对女学生参与学生运动的情况，高语罕极力反对，指出：国家兴亡，匹夫有责，男生、女生都应该爱国，都有权利参与爱国运动。

（2）具体内容

宣传男女平等思想，营造舆论氛围。高语罕在省立五中执教期间就大声疾呼男女平等思想，大力提倡男女同校。为此，他还特意招收了几名要求进步的女学生。同时，他著文宣传男女平权思想。高语罕在《青年书信》一书中，呼吁男女平等。他还用一系列"为什么"表达对社会弊端的抗议，传达了自由、民主思想。他还劝导青年应当认清自然的法则和历史的法则，奋勇地去适应这种法则以变革社会、造福人类。

1935年，高语罕编辑、出版了《读者顾问集》。一方面，他帮助青年消除苦闷和成长烦恼，为青年指点迷津；另一方面，他向青年传输父子平等、男女平等、现代伦理观、辩证唯物主义和历史唯物主义思想，打破旧思想束缚，冲决黑暗社会的牢笼等新观点，为中国未来撒播革命的"火种"。

高语罕勇于打破传统桎梏，提倡男女同校，共同学习。男女同校问题，在近代一直受到各方关注。进步的教育家、思想家无不大声疾呼取消对女子教育的限制。高语罕反对传统教育对女子受教育的束缚和不合理的限制，积极从事女子教育。高语罕早在芜湖创办社会教育时，极力主张男女平权，实行男女社交分开、男女同校，允许女子剪发。他还教了三个女生，都是当地的女子小学教员。后来，高语罕又执教于上海平民女校，获得了好评。

亲自参与争取女权运动，并积极参加女子教育，成为高语罕区别于其他"只说不做"的教育家的重要特征之一，这也为其教育活动增添了光辉的一笔，成为其教育思想的闪光点。

（五）论新教育的方法

1.因材施教

因材施教是我国古代教育家孔子提出的重要的教育原则和方法之一，其意在要求教师要根据学生身心发展、能力、志趣等方面的特点采取合适的方法教育之，对学生提出的问题要做出适宜的解释，即使对于同一个问题也要做出不同的回答。因材施教作为对教育规律的正确解释得到历代教育家的推崇和奉行，并深入人心。

高语罕在从事教育教学工作时，十分重视根据学生的情况因材施教。例如，他在芜湖主持教育改革，为工人、农民举办社会教育机构期间，根据学生的能力和需求在夜校开设浅显易懂的教材《白话书信》和适合劳动者学习的《劳动诗歌》。《白话书信》的问世，对安徽尤其是芜湖新文化运动的发展和引导青年信仰马克思主义起了促进作用，而且它的普及是空前的。

2.教学相长

教学相长是传统儒家教育提倡的重要教学原则和方法之一，在实践中取得了良好的效果，因而受到推崇。高语罕注意发挥学生的主动性和积极性，反对教师高高在上，一味向学生灌输，而是主张学生也是"老师"，教师要向学生学习，了解学生的需要，听取学生的建议，以提高教学的质量。例如，高语罕执教省立五中期间，推崇教学相长，"也发油印讲义，但是不加圈点，不分段落。语罕要学生当场用新式标点符号分段落、标句读，然后在一班中抽出五六篇讲义，把学生的标点加以改正"[61]38。这是教学方法的创新，也是高语罕重视教学相长，虚心向学生学习的表现。

3.宽严相济

高语罕主张在教育教学工作中要尊重学生，爱护学生，但这并不是要以尊重学生的名义一味听之任之。高语罕认为：宽容仁爱与严格要求应该相辅相成。

高语罕在教育教学中对学生严格要求。他在省立五中执教期间，要求学生遵守学校规定，过简朴的生活。同时，他对学生的学习、生活也给予无微不至的关怀和指导。例如，他在学校倡导"三布"精神和"三不"主义。"三布"精神和"三不"主义涵盖了五四时期新文化运动的重要精神内涵。这种宽严相济的教育方法让他与学生建立起了良好的关系，为他树立起了威信和良好形象。

4.自学自得

高语罕十分注重和强调自学和自得，这与他幼年时的求学经历是分不开的。高语罕幼年时期即广泛涉猎各类知识，遇到自己不擅长的学科或者不懂的知识，更是迎难而上，力争通过自学赶上。高语罕入凤阳经世学堂之初国文很差，连"之乎者也"也弄不清楚，为此，他发奋读书，每天和衣而卧，燃灯苦读，最终国文成绩名列班级前三甲。

5.整饬学风

学风是学校教育教学质量的保证，体现出学校的校风、教风。高语罕深刻认识到培养优良学风的重要性。

高语罕在芜湖推行"六年改革"期间，在学校管理上从严治校，对教师、学生既发扬民主，又严格要求。一方面，他注意提高教师的业务能力，以保证教学质量；另一方面，他注重培养学生严谨、认真、求实的学风，要求学生珍惜时间，扎扎实实地学习。在高语罕等一批崇尚严谨、求实的教师的带动下，省立五中学风焕然一新，学生得到了很好的教育。高语罕多次著书立说，指出当时学校教育中存在的种种弊端是造成学生学风涣散的主要原因之一。

纵观高语罕一生，无论是在芜湖执教，还是在黄埔军校担任教官，他都十分重视整饬学风和严格要求学生，这为其教育实践活动取得显著成效提供了有力保障。

6.民主自治

高语罕作为较早接受西方民主思想的知识分子之一，不仅自己大声疾呼"求民主"，打破旧教育和旧式学校对教育、对学生的束缚，而且自己也践行"民主治学""鼓励自治"的主张。

1917年秋，他和刘希平本着民主、自由的原则组织学生自治会，让学生参与对省立五中的管理。这是安徽第一个学生自治会，主要任务是管理学校经济，评价教师讲课能力，审查学校财务，监督厨房买菜，管理学校卫生，等。自治会权力很大，对于校长随意任用教师，制止贪污效果很好。高语罕和刘希平还重视维护学生思想的自由，当时，"五中的学生从极右的国家主义到共产主义都有。语罕处处替学生打算，在思想方面，绝对听任自由，丝毫不加干涉。对于学生的训练，语罕也渐取放任主义，使之合于民主精神"[61]39-40。学生们也在民主自由的氛围中，学习、辨别各种思想，他们中的很多人如蒋光慈、尹宽等人最后选择了马克思主义，走上了革命道路。

7.学贵在行

实践不仅可以检验学习效果，而且是巩固学习效果的重要保证。高语罕在向学生传授知识、技能的过程中，注重将理论与实践相结合，让学生在实践中运用知识完善自身。例如，他在芜湖时，支持学生成立社会组织"学生市"，借助市场规则，为学生提供相应服务，培养学生的社会意识。此外，在芜湖创办社会教育、平民教育期间，高语罕鼓励学生作为平民学校的老师，教授学员识字、认字，将自己的所学传递给更多需要帮助的人。这不仅保证了社会教育、平民教育的师资，有助于学生巩固学习效果，而且促进了学生深入工农、深入实践，加深了学生与工农的联系，培养了学生与工农之间的情感，收到了良好的效果，芜湖的社会教育得以如火如荼地广泛开展。

（六）论教师

1.教师的地位

尊师重教是我国的优良传统，但是到了民国时期，由于统治者和社会把关注的目光投向政治、军事战争和经济等方面，教育受到的重视和支持越来越少。高语罕大力宣传教师在教书育人等方面的作用，呼吁要改变现状，重视教育，提高教师的待遇。同时，他也希望广大教师改进师德师风，提高自身素质。

高语罕在省立五中执教和从事改革期间，十分重视尊重学校教师，注意发挥教师的作用，引导教师不断提高自己的教学水平和道德修养。这不仅受到了教师的欢迎，而且赢得了学生的支持和好评。因此，高语罕深受老师和学生的爱戴。

2.教师的标准

（1）敬业爱生：不爱无诚

高语罕十分强调教师要热爱自己所从事的职业，要有爱心和责任心，对学生负责。在他看来，这是做好教师工作的前提，是第一位的。高语罕在省立五中执教期间，闲暇时便在自修室和学生们聊天，谈社会、国家、文学、哲学、读书方法。高语罕和学生交流时，学生问的问题，只要是他知道的，他就尽量告诉他们。即使天天忙于教育教学，十分辛苦，但是高语罕却不知疲倦，乐之好之。而且，他在担任学校学监期间，不仅严格管理学生，而且严格要求教师做到"备课精深"，坚持"以身作则、以诚化人、循循善诱"的从教原则，教风的改善有力促进了学校面貌的改观。

（2）师道尊严：师严然后道尊

高语罕对学生严格要求是出了名的。高语罕在省立五中当学监时，严格自律，希望学生过着斯巴达式的生活。他规定学生不准留分头，不准穿缎子鞋，不准抽烟，不准上街看戏，等。此外，高语罕还革除国文、伦理、修身课中的陈腐内容，加进《新青年》等进步刊物宣传的新思想、新文化。校内不良风气一时得到纠正[61]39。

（3）学高识广：旁征博引，学习不辍

高语罕重视教师的道德品质，也不放松对教师学问、知识等基本素质的要求。他认为做老师就要努力做好自己的学问，掌握正确的知识，才能担当起授业解惑的责任。

高语罕从他的学习经历总结出"阅读"这条不二法门。自幼年起，他就在学习传统蒙学教材的基础上广泛阅读各类书籍，从《庄子》《史记》《左传》到名人书牍无所不包，他尤其喜爱《曾文正公家书》《江陵书牍》《三名臣书牍》。高语罕在陆军测绘学堂时，除了功课之外，好读杂书，还读过一些革命的书籍。

1916年9月，高语罕在省立五中任学监兼授国文。他架着一副高度近视眼镜，为人十分和蔼，温文尔雅，一派学者风度。再加上他才思敏捷，口若悬河，讲起课来通俗易懂，诙谐幽默，受到教师及学生们的尊重与敬佩。

（4）德高身正：不要拿可怜的学生们做升官发财的工具

师德历来受到中外教育家的重视，师者无德便如树木失其根本，最终导致师生关系紧张，学生难"亲其师"，更难"信其道"。

高语罕把师德视为教师的根本。在《致安徽教育界书》中，针对当时学校里有些人借学生运动之名，把学生作为升官发财的工具的行为，高语罕予以痛斥。高语罕在芜湖执教期间，勉力倡导"德智体三育并重"的教育主张，倡导"以身作则、以诚化人、循循善诱"的从教原则，要求"备课精深"。

高语罕不仅倡导教师要坚持上述标准，而且自己躬行践履、以身作则，得到了学生们、同事们的好评。高语罕在省立五中执教时，学生们就对他钦佩不已，他在学校里有着很高的威望。

作为中国共产党早期党员之一，高语罕以马克思主义为指导，重视教育的作用，注意对党员、群众的思想理论教育的方法，在文化知识教育、社会教育和军事教育等方面多有建树，为党的教育事业做出了重要贡献。高语罕一生的道路是曲折的，有得有失，毁誉参半，呈现出错综复杂、波澜壮阔的特征。"是非功过留与后人说"，我们对他的认识、评价要坚持唯物主义的立场，采用一分为二的方法，给予其实事求是的评价。

高语罕一生对民主进步的追求，对马克思主义理论的宣传和实践，对中国共产党早期组织的发展、壮大都起到了不可低估的作用。他无可争辩地是我国民主运动的先驱之一，是中国共产党早期重要的创立者之一，是宣传马克思主义的战斗员之一。

高语罕一生所犯的最大错误，是在国共合作的大革命时期，失去了正确的判断，盲目地信奉和遵从"毕生知己"陈独秀的右倾机会主义和托洛茨基思想。这种盲从，使他在大革命的大潮中迷失了自我，这不能不说是遗憾。

若从其对我国教育近代化和当时国内教育事业发展的贡献来看，高语罕无疑是中国近代以来，重要的教育思想家和改革家之一，他的教育思想和教育实践无疑是宝贵的经验财富，他的贡献也是不能忽略的。

高语罕对"爱的哲学"的主张和奉行，对教育改革的探索，对学生教育和学校管理方式、方法的尝试以及对平民教育、社会教育的推行等等无论在当时还是在教育现代化飞速发展的今天都具有重要的借鉴价值。对此，我们不能忽视，而是要认真总结，取其精华，弃其糟粕，更好地为我国教育改革和教育现代化服务。

第五章　张治中的教育实践与思想

一、张治中生平简介及教育实践活动

(一)张治中生平简介

张治中（1890—1969），原名张本尧，字文白，安徽合肥人。张治中是著名的爱国将领之一，他与冯玉祥、李克农被尊称为"巢县三上将"。

当时，黄麓镇洪家疃村是一个典型的农业村落，人口在五百户左右。张治中就出生在这个小村庄的一户农民兼手工业者的家庭之中。对于当地人而言，读书是特权阶层才有的权利，普通的老百姓会识字已是了不得。不同于父辈们的面朝黄土背朝天，张治中在母亲的支持与自己的勤奋好学下，走上了一条截然不同的道路。他在我国的政治、军事乃至教育史上都留下了重重的一笔。

张治中七岁入私塾读书，开始了长达十年的私塾学习生涯。在私塾的十年光阴里，他熟读四书五经、《左传》等中国传统经典书籍，深深为班超、张骞、文天祥这些民族英雄的不屈精神所折服。他小小年纪便清楚地知道"天下兴亡、匹夫有责"的道理。虽然当时清政府的统治已岌岌可危，但这丝毫没有削弱人们对科举的热情。科举取士自隋唐形成延续至清末以来，一直是普通百姓平步青云的唯一途径。"万般皆下品，唯有读书高"的传统儒学思想也仍旧根深蒂固地存在于老百姓的心目中。对于一般人而言，只有参加科举考试取得功名，才能够飞黄腾达。所以，张治中在十三四岁的时候参加了秀才考试。可是，张治中最终名落孙山，但也正是考取功名的希望破灭，才让张治中坚定了另找出路的决心——进新式学堂学习。1907年，陆军小学在安徽招生，满以为凭借自己的聪明才智可以入选的张治中再次败兴而归。主要是因为巢县当时仅有的一个名额，被有权势的人夺去了。后来，由于张治中家里实在贫困，他不得已在丰乐河的吕德盛号当学徒。但是，骨子里傲气的他并不甘心当一辈子的学徒。当时的他一边当学徒，一边还不忘考虑自己的未来。在丰乐河的那段日子里，他如饥似渴地阅读旧杂志和报纸，了解国家新局势，吸收新文化。就是在不断的阅读和思考中，他发现在当时国势衰微、军阀混战、列强入侵的大背景下，从文不如习武。于是他索性弃笔从文，决心去当兵。他先是去扬州做了一名"备补兵"。但是由于他生活拮据，无法再支持下去，最后不得不离开。随后，他又到安庆当了名"备补警察"，勉强维持着日常生活。他通过同学的帮助，进了扬州警察教练所。后来，他顺利毕业，幸运地当上了一名警察。当生活无忧之后，他又开始不满足于物质的富足，重拾了自己的学业，利用自己工作的余闲，参加夜校的课程，学习英文和算术。无论生活如何变化，始终都磨灭不了他对知识的渴求。

1911年，随着武昌起义的爆发和安徽省的光复，张治中决心不再当警察了。他立志参加革命，报效祖国。于是，他怀着报国的志愿跨进了上海学生军中。当孙中山先生担任临时大总统之后，该学生军被调到南京，编为陆军入伍团。1912年，南北议和达成协议，陆军入伍团编入陆军军官学校（包括武昌南湖第二预备学校），该学校规定修业五年。张治中顺利地成为该校的一名正式的学生。这是张治中第一次接受正规、系统的新式教育，早年的他所学都是儒家经书，所以在学习方面很是吃力。但是他并未放弃，他在学习期间，遍阅军事参考书籍《阵中要务令详解》《作战纲要详解》等。在军官学校求学的前后五年间，既提升了他的科学、军事学术思想，又提升了他的人格修养。这对于张治中一生的事业都有重大的意义。1916年，张治中于陆军军官学校毕业后，被安排到军阀倪嗣冲部下当一名见习军官。张治中因见不惯旧军队里的种种陋习，愤然出走，去广州投奔了孙中山，开始了他的民主革命生活。在随后的几年间，他先后参加了多次民主革命斗争。1922年冬至1923年春，张治中在上海期间，还报名到上海大学就读，主修俄语，而教俄语的就是共产党人瞿秋白。他在上海大学学习期间，又接触到了马列主义的新思想。

新中国成立之后，作为无党派人士的张治中又参与了新中国的建设事业。他曾先后担任西北军政委员会副主席、全国人民代表大会常务委员会副委员长、中华人民共和国国防委员会副主席、政协全国委员会委员和中国国民党革命委员会中央副主席等职。1969年4月，张治中在北京逝世。

张治中的一生深深地打上了时代的烙印。他这一路走来也颇具浓厚的个人传奇色彩。最为人们所熟知的是他"和平将军"的称号。但是我们不能忽视的是，他这一生对教育投入了极大的热情，并且做出了不少的成绩。

（二）张治中教育实践活动

张治中算不上真正意义上的教育家。他与同时代的陶行知、梁漱溟那些教育专家、大家不同，他并没有专门从事教育研究，也没有成型的教育专著或者教育文章，更没有什么代表性的教育观点轰动教育界。他一生的很大一部分精力都用在了教育上。他对教育事业有着自己独特的理解和认知。他的教育实践始终践行着他的教育理想。

1.军校教育生涯

（1）初试教学

张治中的一生，大半辈子都是顶着军人的头衔度过的。他第一次接触教育事业，也是从军事教育开始。"张治中刚到滇军任毓瑞的第八旅上尉差遣时，就不甘寂寞，将身边的三个勤务兵集合起来，天天训练，后来慢慢增加到十多人，最后增至五十多人，把一群旅部散漫惯了的士卒训练得有模有样。这使任旅长十分欣赏，于是下令再征集一些士兵，成立旅部警卫队，由张治中当队长，从此开始了他带兵的戎旅生涯。"[66]在滇军训练士卒只能说是张治中展现了训练士卒的手段，真正意义上在教育方面崭露头角，还要算他在建国桂军军校的大队长生涯。

1923年，张治中到广州担任桂军总部参谋、建国桂军军官学校学生军大队长。校长由当时桂军的总司令刘震寰担任，他的参谋长任副校长。虽然说张治中当时只是一个大队长，但是实际上他却担负着学员的一切训育责任。校长并不经常出现，聘请的监督吴安伯也不关心学生的学习、生活。只有张治中经常身着戎装、佩戴军刀到校，给学生们做演讲，关心学生的吃住情况。尽管当时的生活清贫，但是张治中仍乐此不疲。早期的桂军军官学校效仿黄埔军校，由甘乃光讲三民主义政治课，偶尔还会邀请邹鲁、戴季陶等名流来演讲，并且聘请了苏联外教。张治中还曾代表桂军学校参加过东征作战会议，拟定作战方案。可是，随着桂军的形势逐渐变坏，再加上蒋介石的多次邀请。最终，张治中在1924年12月桂军军校举行毕业仪式之后，欣然接受了蒋介石的邀请，脱离了桂军军校，正是加入黄埔军校。

（2）服务黄埔

1924年，张治中在脱离了桂军军校之后，正式参加了黄埔军校工作。张治中先后担任黄埔军校军事研究委员会委员、第二期入伍生团团长、第三期学生总队队长、第四期军官团团长。黄埔军校贯彻了孙中山先生的三民主义思想，学校的教学方针是"政治与军事并重，理论与实际结合"。张治中在黄埔军校任职期间遵循着这一方针和三民主义的思想，对军事教育事业倾注了巨大的热情。他勤于职守，任劳任怨，除了对学生讲述必要的军事学科知识及典范令以外，还带领学生在操场操练，去野外实地训练。戴安澜、王耀武、毛人凤、陈修和等著名将领，都曾受过张治中的严格训练。在北伐军攻占武汉之后，张治中还曾受蒋介石之命，筹办"学兵团"，在战争中开展军事教育。成效也颇为显著。

张治中在黄埔军校的几年教育生涯中，积累了不少军事教育的实践经验。从事教育活动，也让张治中感到身心无比愉悦。张治中在黄埔军校的教育足迹不仅影响了黄埔军校的训练传统，也促进了张治中自身教育思想的发展。

（3）十年教育长

1927年，"宁汉合流"之后，张治中辞掉一身的职务赴欧美留学。1928年1月，张治中回国担任南京中央陆军军官学校训练部主任。后又历任该校的教育长、教导第二师师长。张治中在中央陆军军官学校教育长这个职位上一待就是十年。在这十年中，他全部的精力和时间都投到了教育中。在他的努力之下，中央军官学校从无到有、从小到大，成为了一个人才济济且具有现代化设备的军事院校。蒋介石的几个嫡系部队中的多数官员毕业于该校。可以说，在张治中十年的教育长生涯里，他对军事教育的科与数、内容与方法都做出了全面而细致的规划。

在中央陆军军官学校任职的十年里，张治中主要抓了两件事，一件是校纪，一件就是学校环境的建设。他狠抓校纪校风。每逢新生入学，他还会带领学生们宣誓。另外，张治中还重视学校的校舍、学习的环境等问题。为了改善学校的环境，张治中特意向当时的国民政府申请拨款。另外，张治中在担任教育长期间，还参与了校史的编印工作，为黄埔军校保存了大量文献。他一直钟情于教育，尽管蒋介石在他担任教育长期间多次要求其到军政部任职，但是都被他婉言谢绝了。1932年，淞沪抗战爆发，他主动请缨，战事结束后仍旧主动交出兵权，要求回到中央陆军军官学校。张治中对教育一直有着浓厚的兴趣，他甚至想把教育当作终身事业。所以，他甘愿待在军校里而不是部队中。

2.创办黄麓师范学校

张治中在外漂泊的数年间，一直未曾忘记家乡，对家乡的眷念更是未曾间断。他总是通过各种渠道了解和关注着家乡的发展。他对家乡最大的教育贡献就是在家乡黄麓镇出资创办了黄麓师范学校。

（1）黄麓师范学校的办校历程

在大江南北闯荡的这些年间，张治中看到了我国当时落后的状况以及国外先进的思想和科技文明。他深深地意识到了教育对一个国家的重要性。再加上他自己断断续续地在从事着军事教育的工作，更加能够体会到教育对一个民族发展的重要性。同一时期，教育救国思想的高涨，陶行知、梁漱溟等人的乡村教育也正如火如荼展开。张治中亦希望通过办教育来振兴民族、拯救国家，教化家乡的民众。所以，张治中决定为自己生长的小村庄做点贡献。他首先想到的就是办校。他于1929年春捐资创立了黄麓小学，并且邀请戴传资先生题写校名"黄麓学校"。黄麓学校分为两园，分别是黄师附小一部（位于洪家疃）和黄师附小二部（位于张家洼）。张治中并不满足于只给家乡办小学，所以在1932年他又创办了幼稚园。1933年夏天，当他发现农村缺少教师时，当即决定在原黄麓学校的基础上筹办一所针对培养农村教师的师范学校。于是，他征得了当时安徽省教育厅的同意，创办了"安徽省黄麓乡村简易师范"（黄麓师范）。学制是四年，面向全省招收高小毕业生。

在黄麓师范建校期间，张治中不仅仅是一个名誉上的校长。在具体的教育问题上，他也尽可能的亲力亲为。在办校的过程中，他多次参观陶行知的晓庄师范学校，并与陶行知、梁漱溟做了几番交流，学习和借鉴教育大家的办校经验。在学校教师选择的问题上，张治中亲自出面邀请校长和教师，而且邀请来的都是有识之士。教育界之名人许锦帆、杨效春等都曾在他的邀请下担任过黄麓师范的校长。他还亲自为学校题写校训"敬、勇、诚、毅"，并解释：敬是敬以待人；勇是勇以行义；诚是诚以存心；毅是毅以立志。他希望全校的师生都能够身体力行。另外，张治中还给黄麓师范规定了"服务黄麓"的使命。因为黄麓本就是个落后农村，所以"服务黄麓"即服务农村。所以，黄麓师范成立之初的目标就是促进农村的经济和文化建设。除了关注学校教学目标的指导和教员配备的问题以外，张治中还重视学习环境的设置，校园环境的整洁。为了能让黄麓师范的师生们了解最新的思想和信息，他经常购书赠给学校。在他临终前，他还曾委托家人把自己毕生的藏书都捐给了黄麓师范。虽然张治中并未能实实在在地给学生们上过一节课，但是每一次他都会利用空闲或者回家省亲的机会去黄麓师范讲演。他主要强调的是做人做事的道理。他经常拿自己的亲身体验作为例子告诉学生们，作为一个人，应该有远大的抱负、坚强的意志、不屈的精神以及关心国家命运、前途的意识。他不单单自己关心黄麓师范的教育，还曾把大学刚毕业的大女儿张素我派到黄麓师范去当老师，教学生们学习英文。

抗战时期，黄麓师范迫于战火曾一度关闭。但是在张治中的关心和大力支持下，黄麓师范于1945年抗日战争胜利后顺利复校。复校后的黄麓师范辉煌依旧，更是在张治中以及其追随者的带领下为国家做出了不小的贡献。

（2）黄麓师范学校的办学成果

虽然黄麓师范坐落在安徽省一个偏僻的小村庄里，它的地理位置偏，但是它的思想却不"偏"。二十世纪三十年代，黄麓师范就已以乡村教育闻名遐迩，并成为乡村文化的教育中心。黄麓师范吸引着一批批的有志青年前来学习。这些青年学成回乡后，纷纷致力于乡村教育建设，为我国乡村教育做出了巨大的贡献。

据黄麓师范的校史记载：建校以来，黄麓师范培养了各行各业的许多杰出人才。他们不但为安徽本土的发展做出贡献，也为国家的繁荣尽了一份力。黄麓师范培养出的人才有：曾任中共中央宣传部副部长的王慧德；曾任安徽省人大常委会副主任的李广涛；曾任中共辽宁省委文教部的陈梦轩，还有曾任安徽工学院副院长的罗平；等等。1984年6月，巢湖市教育局的统计显示：当时全市五百多所中小学校（含师范）的校长，从黄麓师范毕业的就占了百分之七十三之多。可见，当时的黄麓师范为当时的安徽教育尤其是巢湖的教育事业做出了巨大的贡献。

3.主湘时期的教育改革

张治中自1937年被委任为湖南省主席，至1939年因长沙大火张治中被革去主席一职。虽然只有短短的两年时间，但是他却以一颗教育家的悲悯之心，对湖南的政治、经济、文化、教育都做出了不可磨灭的贡献。

他自任湖南主席以来，多次邀教育界名流齐聚一堂交流教育问题，交换对教育的看法。他曾特意带上当时湖南的教育部长朱经农，专门去湖南各地考察教育情况。也曾邀请过教育界人士江问渔、郑西达、黄敬思一起交流湖南的教育问题，并提出意见。张治中在考察的过程中，还特别注意发现问题。他面对落后、混乱、守旧的教育现状，决心改革。他还积极促成湖南教育会议的召开。他明确向那些与会人员表示要把他当作教育界的同志，而不是一省的主席对待。他多次表明自己愿意把教育当作终生的事业，对政治、军事的兴趣远不及对教育的兴趣。

张治中在湖南担任主席期间对教育所提出的建议、措施对当时乃至以后湖南的教育发展所做的贡献是功不可没的。主要可见于《湖南省政府施政纲要》和《湖南省组训民众改进政治加强抗日自卫力量方案》。他在湖南的教育活动可以归纳为以下几点。

（1）组织民训运动，提高全民思想觉悟

组织民训运动，提高全民思想觉悟的方案，正是纲领中"编组民众抗日自卫团""大规模发动知识分子"等条文的具体实施办法。关于民训运动，张治中最早希望通过集合乡镇长来长沙接受训练，乡镇长再回去对民众实行组训。这样，一方面能够提高行政机构的效能，另一方面能够加强抗敌的自卫力量。后来有学生向他请愿，希望能够到乡村去传播新思想。于是，他有了在学生中发动青年下乡活动的想法：在学校发动知识青年，让他们训练农民。为此，张治中决定先召集四千名高中以上的男女学生集训（包括政治和技术训练），然后再派他们到各县开展民训工作。民训运动在张治中的鼓励下如火如荼地展开了，的确取得了不少成就。这些有志青年在乡村同当地百姓建立了良好的关系，广泛地开展着革新运动。

（2）增加教育经费，提高教师待遇

张治中在湖南各地两次视察的过程中，发现湖南当时的教育状况令人担忧：湘中、湘南教育条件优于湘西，城市的教育条件优于乡村。湖南的学校大部分集中在几个较大的城市，而像湘西的边远村庄，甚至连中学都没有。他在视察湖南各地时，曾特意抽出一天的时间视察沅城的教育情况。他在沅城看到湘西联立中学校舍脏乱不堪、环境恶劣。教师上课时"自弹自唱"，丝毫不关心学生的状态。而反观美国基督教办的朝阳和贞德女子中学却大相径庭。张治中对这样的现象很是不解和失望：一样都是建立在本土的学校，差别竟是如此之大。所谓的近代教育、近代教育精神，在联立中学看不到半点踪迹。除了实地的观察，他在同湘西的士绅们交流后还发现，当地极度缺乏教师，有的乡村竟然还有六七十岁的教师在授课。通过走访、调查和会谈，张治中注意到了湘西地区教育落后的一个重要原因就是湘西教育经费的匮乏。湘西小学教师最多的一个月得十二三元，少的要么七八元要么五十串钱，更有甚者仅以四五十石谷为一年的报酬。湖南当时的教育经费有百分之七十用在了大城市，只有百分之三十拨给了乡里，教育经费分配不合理。所以，张治中在全省教育会议上提出在已经增加了教育经费特别是湘西等地的教育经费的基础之上，再将湖南省屠宰税向归省库的百分之六十全数拨给地方作为教育经费，特别是边远的贫瘠县份。

（3）合理安置移民，提高湘西教育水平

张治中在两次视察和同各界人士的交流中，发现湖南教育发展不平衡且湘西边远乡区发展更是不足。就在他为湖南地区教育问题发愁的时候，赶上了安徽、江苏等省的沦陷，大批学生和难民外迁。这给张治中提供了一个绝好的解决湖南教育问题的机会。他向蒋介石请求把这些学生和难民安置到湘西等乡村地区。这样一来，这些人有了立命之所，而且同时又促进了湘西等地区的教育事业的发展。

当时迁到湘西的学校有国立第八中学（主体是由半个省的中学组成，另外包括江苏一带流亡的学生和少数湖南本土的学生），皖北的三所省立中等学校（颍州中学、颍州女中、颍州师范）。这些学校迁入后，张治中还在永顺建立了简易乡村师范。该校建成之后，培养了许多优秀的一线教育工作者。1938年8月"安徽省教师战时服务团"迁至乾城县所里镇。这个服务团在以后的一段时期内，先后解决了一大批教师的工作问题，为全国各地的教师提供了安身立命之处。在张治中任职期间，迁到湘西乡村地区的学校还有很多。由于这些学校的迁入，使得整个湘西的教育事业有了显著的提高。在抗战时期，湖南的教育开始由城市向偏远地区推进，在逆境中取得了巨大的成就。这些教育资源，优秀的教师、学生在战后为湖南做出了不小的贡献。

（4）培训干部，革新政治

这是张治中在新县制建设时所采取的一项措施。张治中为了培育试行新县制干部，创办了地方行政干部学校。政府干部修业年限为半年，教学的主要内容还是对这些干部进行政治上、思想上的培训。试图通过对政府干部进行培训，达到改造社会、革新政治的目的并不能一蹴而就。但是，张治中坚信，只要种子撒了下去，总归会有点萌芽的。

张治中在湖南任职期间，对湖南的教育事业投入巨大热情，他以自己关注乡村教育的实际行动，为湘西地区的教育翻开了新的篇章，为湖南的教育事业画上了浓墨重彩的一笔。

4.新疆和谈时期的教育举措

1944年，新疆地区爆发了反抗国民党统治的三区革命。张治中临危受命，前去新疆稳定局势。为了维护新疆的稳定和和平，张治中同伊宁方面进行了多次磋商和谈判，提出一系列稳定发展新疆的举措，为新疆的发展做出了重要的贡献。这一时期，张治中立足于新疆当地的实际情况和国内外的政治环境，创造性地提出了适合新疆本土发展的许多教育措施。这些教育举措在新疆的施政纲领等文件中有所涉及，分列如下。

（1）兴办各级各类学校，提高全民素质

张治中在同伊宁方面的几次磋商中明确提出要兴办各级各类的学校。他在《施政纲领》中刻意在教育和文化这两部分中提出：在迪化设立省立大学，用于培养高科技的人才；设立各式专科学校，用于培养中级及基层人才；增设师范学校，用于充实小学师资；整理充实现有的中等学校；普遍设立国民教育，中心小学及幼稚园。除了正规教育，他还推行成年补习教育，进行扫盲工作。

（2）发展社会教育，补充学校教育

张治中在"施政纲领"中明确提出：发扬各民族固有文化，提倡民族文艺、音乐、舞蹈、绘画及各种艺术……允许用少数民族语言教学，允许教授各民族文艺，宣扬少数民族文化的价值。这样，不但可以缓解当时的民族矛盾，而且在一定程度上传承了少数民族的文化。他一直都认为，新疆的文化有其自身的价值，不能被抹杀。各民族的语言、文字、音乐、戏剧等一切文化都应该得到发扬。所以，他不单在学校教育中注意安排回文施教，提倡课程的设施有本民族的特色，还注意通过运用社会和文化的力量。

他除了要求新疆政府扩充必要的各级各类的学校，还决定分期设立民众教育馆、图书馆、体育馆、民族艺术馆等公共设施；设立编译机构，以便翻译各民族的文学作品及科学刊物等；通过社会和文化潜移默化地对人进行教化，以补充正规的学校教育。

（3）增进内外交流，拓展人民视野

新疆地处我国边陲，远离内地，新疆同当时苏联的交流反而比内地的交往要密切。张治中十分注重新疆同内地的交流。他还分阶段从新疆选送学生前往内地学习。另外，张治中还注意同苏联保持文化交流，发展中苏文化与学术交流。他在新疆主持工作期间，恢复了迪化中苏文化协会的活动。协会经常放映苏联电影，举行各种展览会、讲演会，开设俄文班……这些活动，丰富了各族人民的生活，增进了中苏两国人民之间的了解，尤其受到青年知识分子的欢迎。

5. 1949年之后的教育活动

中华人民共和国成立之后，张治中作为民主人士参与了国家各方面的工作。这也包括他最钟爱的教育事业。

1955年，张治中同朱蕴山等人一同回安徽视察，先后视察了安徽十四个县、市，深入基层，对教育、文化、政治、经济、农业等方面做了了解。1956 年 11 月，他去广州一带视察，这次视察的主要目标是当地的教育。张治中从 11 月 21 日视察到第二年 1 月 12 日，共计视察了六所高等院校，十六所中等学校以及九所小学。在这次视察中，张治中多次深入课堂听教师讲课，在高校开展座谈会，进行个别访问，同各高等院校的负责人交流、分析教育问题。总结了当时广州地区学校普遍存在的问题，并开会探讨了相关的教育举措。"在视察中所发现的问题，地方上或被视察单位可以解决的，都已经分别送请他们参考处理，我们认为应提请中央主管部门注意或参考处理的问题，就写入视察报告内。"[67]

作为一个非职业的教育家，却如此热衷于教育事业，为教育事业的发展尽心尽力。张治中对教育的深厚感情由此可见。

二、张治中教育思想的形成背景

张治中在他从事的教育实践活动中形成了颇具个人色彩的教育思想，同时他的教育思想有着深刻的时代烙印。他之所以对教育倾注如此大的精力，之所以形成个人的教育思想，这一切都有着深厚的理论渊源。张治中教育思想主要源于以下几个方面。

(一)中国传统文化的熏陶

张治中于 1890 年出生在安徽省巢县黄麓镇洪家疃村，这是一个偏僻的小村庄，这里远离城市，十分闭塞。在这样一个小村庄生活的张治中，接触到的是中国的传统文化和思想。张治中的家族几代都是农民，虽然也有识得几个字的，但不能算作"文化人"。但是张治中的母亲却是一个十分有见地的农村妇女。她虽然一个字都不认识，但是却一直支持张治中的学业。她的所作所为一直深深影响着张治中。最为人熟知的就要数"咬口生姜喝口醋"的人生格言。张治中的母亲虽然没有文化，但是在他去安庆考陆军学校时把这句家乡格言说给他听，警醒张治中只有遍尝辛酸，历经艰苦，才能成就大事业。这成为张治中日后的座右铭。张治中日后多次在演讲中提到这个故事，鼓励青年学生们不畏艰险、追求进步。

张治中在私塾接受了十年的传统儒家文化熏陶，为他的人生观、价值观和世界观奠定了基础。张治中在十年的私塾生涯里，熟读我国传统名著，特别是儒家的四书五经，加之他生活在一个偏远的小村落中，当时的他并没有看见中国正在经历着怎样的翻天覆地的变化。传统儒家"学而优则仕"的思想仍旧根深蒂固地存在于他的思想中。他一直觉得自己是个读书人，就应该考取功名争得名誉。虽然，张治中后来考科举落榜、以致颠沛流离最终决心革命，但是从他后来的人生轨迹可以看出，他一生热衷于教育事业和他早期所接受的传统儒家学说不无关系。中国儒家思想一贯强调尊师重道。传统儒家思想的熏陶使得张治中不但对教师有一种崇敬的心理，而且也使得他梦想有朝一日能够成为一名教师。他热爱教育事业，热爱教师这个职业，更认为教师在人的发展中起着重要的作用。张治中多次跟人提到愿意做一辈子的"教书匠"。

从张治中的生活经历看来，他汲取了儒家传统的有关学习的思想——他在吕德盛号当学徒时，捡废旧报纸看；他在当备补警察时，利用闲暇时间学习算术和英文。他还深受我国古代的"士为知己者死"的观念影响。深深影响他的还有"天下兴亡，匹夫有责"的鸿鹄大志。中国传统历来推崇这种崇高的民族精神。在当时的社会背景之下，张治中更是觉得自己作为一个中国人的责任之重。他不但弃笔从戎为国家的和平解放而努力，而且还试图通过教育来向广大中国的有志青年传播这一理想和信念。我国儒家讲究的中庸之道在他的政治生涯中更是显露无遗。在面对国共两党的问题时，他一贯坚持和平共处，共商大计。

中国的传统文化是张治中思想的根源。他的所有的政治、军事、教育实践都离不开传统文化的影响。也正是在中国传统文化的影响之下，才造就了张治中这样一个为国家鞠躬尽瘁、死而后已的人物。

（二）教育救国思潮的影响

教育救国思潮的辉煌时期是在十九世纪末二十世纪初。这一思潮最早发迹于鸦片战争时期。鸦片战争失败，迫使清政府不再故步自封，也让统治者们看到了远在大西洋彼岸有比清政府更强大的国家。面对这一从未遭遇过的突变，早期的改良主义先驱们开始"睁眼看世界""师夷长技以制夷"。这个时候，教育界开始涌动了革新传统教育方式的经世致用思潮，这便是教育救国思潮的基础。在这之后的洋务运动中，洋务派创办京师同文馆、船政学校等，试图通过兴办近代教育学习西方技术达到自强、求福的目的。这样一来，教育救国思潮开始成型了。作为洋务派后期领头人之一的张之洞更是典型的教育救国论者。他认为要想维持清政府的统治，首先要有人才，而人才从何而来？必须教育得之。在紧接着的维新变法中，维新派们更是强调通过"变科举、兴学校"来振新中国。"开民智"是当时维新派变革的口号。只有在教育的作用下，使得百姓的思想得到发展，国家才能振兴，才有希望。教育救国思潮的顶峰期是在辛亥革命之后。由于辛亥革命胜利之后，胜利果实被掠夺，中华民国临时政府面临着西方列强和我国封建势力的双重夹击。这一时期，教育救国思想再次被推了出来。当时的许多杰出人物，包括政府都把新型的教育看作救国救民的法宝。胡适把教育当作对中国的一种深层次的解救；蔡元培认为国民素质高低与国家的命运息息相关；吴稚晖致力于汉字注音工作；"中华职业教育社"提出"职业救国"；等等。这一时期以教育救国为基础的教育实践活动多如牛毛。张治中生活的时代正好是教育救国思潮达到顶峰的时期，他也受到了教育救国思想的影响。

他深受这一思潮的感染，也认为中国只有通过教育，才能够开化民众民智、提高民众修养、强健民众体魄。这样，国家才有强大的基础。而他关于教育救国的思想也有着自己亲身的体会。他一直在部队生活，进行的最多的也是军事教育工作。他在部队中，看见士兵有许多陋习。例如，他早年在陆军军官学校毕业后，被安排到军阀倪嗣冲部下当一名见习军官。部队中很多士卒抽大烟、纪律散漫、身体羸弱……后来，他在欧美游学了几个月，更是体会到了西方的强大和祖国的落后。他亲眼所见德国人的严谨、科学文化的先进、社会风气的严肃和简约，而当时的德国还是个受凡尔赛条约约束的贫穷国度，却也比中国强大好几倍。更另张治中觉得为国感伤的是自己在国外受到的不公正待遇。他在去往欧洲的轮船上受轻视；想去加拿大游历却因为中国人的身份而被拒。这次游历欧美的经历对他触动很大。他看到欧洲各国的富强状况，深深地意识到：如果我国不能富强，就不能在这样竞争激烈的世界中生存下来。所以，富强是关键。而张治中相信提高我国整体国民的素质和意识是强国的中心。这样，在他的思想中，教育自然而然被提升到了重要的地位。张治中在部队任职期间，十分注重对士卒身体健康和心理素质的锻炼；张治中在新疆和湖南任职期间，注重对民众的训育。另外，他还利用闲暇在自己的家乡办学校，以达到开民智的效果。这些教育实践无一不是受到了教育救国思想的影响。张治中也尝试着通过教育来达到救国的目的。

（三）乡村建设运动的影响

我国的乡村建设运动在二十世纪三十年代时发展得很红火。乡村建设运动的兴起有其深刻的社会背景。二十世纪前半叶的中国，农民根本无法温饱，更别说接受教育和医疗救助。当时国家政治也处于飘摇的状态下，政局动荡、军阀混战、匪患遍地。农村时常成为内战和土匪侵扰的地方。二十世纪二十年代末的世界危机波及中国，使得本就贫穷的农民更是雪上加霜。与经济落后伴随而至的是农村人口中文盲增加、思想落后、身体羸弱、公德不修、陋习盛行等。正是在这样一种背景之下，乡村建设运动应运而生，顺应了时代的潮流。

当时的乡村建设运动的组织形式多种多样。虽然说组织的形式、政治立场不同，但是他们都有一个目标，就是立志救济乡村、救中国。不但乡村建设运动的组织形式多种多样，建设的方式也可谓五花八门。有的从推广职业教育出发，如以黄炎培为首的中华职业教育；有的从普及基础文化出发，如以晏阳初为首的中华平民教育促进会；有的从乡村文化为出发，如以梁漱溟为首的邹平乡村建设运动；有的通过政府推动来实行乡村自治，如江宁自治县；有的从社会调查、学术研究出发，如燕京大学；有的从"生活教育"出发，如陶行知创办的乡村幼稚园、师范学校。

不论乡村建设运动的组织者和组织的形式是有何种不同，他们都有一个普遍的共识，那就是，要想中国富强、复兴，乡村建设是重点。中国是个农业大国，百分之七十的人口是农民。乡村的发展同中国的发展息息相关，只有把乡村的经济、政治和文化提升上去，中国的未来才会有希望。所以通过救济农村达到拯救中华民族成了当时众多人的共识。

张治中从一个偏远的小山村走出来，对此更是深有体会。所以他一直关注着乡村的发展。他深深地感受到，中国的落后最主要的原因是中国乡村人民的贫穷和愚昧。他也觉得对乡村的建设迫在眉睫。而提高乡村经济、人民素质的最根本的方法就是教育——通过教育给乡村带去先进的思想，锻炼他们的意志品质、培养他们的爱国情怀。张治中成功地成为乡村建设运动中的一员。他首先在自己的家乡创办了一系列的学校（包括幼稚园、小学、中学和师范学校）。当初为了办好这个乡村学校，他特意去参观梁漱溟的邹平乡村学校，多次与陶行知等教育名流交流学习经验。最初他希望在黄麓镇建设一个网状结构的教育系统。这个系统以黄麓学校为中心，向黄麓镇的其他地区辐射开。虽然最后这个计划破产，但是通过学校开展的实践课，学生们传递了新思想；通过培养乡村教师，扩大了乡村教育理念及乡村运动建设的传播。通过学校师生共同的努力，为当时安徽的许多乡村带去了文明和技术。后来张治中在湖南任主席期间，特别关注湘西偏僻之地的教育问题。他特意带着湖南省教育部部长一起去湘西地区视察教育，了解当地的教育问题；特意为湘西的偏远地区拨教育专款；特意向当时的国民党政府申请，把当时西迁的学校迁至湘西地区。这一举措成功地促进了湘西偏远地区的教育发展。

三、张治中教育思想体系

（一）论教育的作用和目的

1.论教育的作用

教育与一个国家的经济、政治、文化总有着千丝万缕的联系。一个国家想要繁荣、昌盛，离不开整体国民的努力。而成为一个合格的国民则需要通过教育来实现。所以，教育对于一个国家的发展而言是全关重要的。

张治中所处的时代正是一个动荡的时代。当时，清王朝统治岌岌可危、西方列强入侵，百姓流离失所、生活堪忧。新思想、新科技冲击着中国这个古老而又传统的国度。国家到了存亡的关键时刻，一批有志之士开始思考救国方案。"教育救国论"就此萌发。当时，一部分学者认为国家衰微、列强入侵的根源在于我国国民素质的低下。西方先进思想的流入更是让教育救国思想盛行。他们试图通过办教育学习西方先进技术武装国民，提高国民素质以达到富国强兵、抵御外敌的目的。教育由此成了改造社会的工具。张治中就是在这样一个大的时代背景下生活、成长的。他从小生活在安徽一个闭塞的小山村，从小入仕的观念根深蒂固。但是随着他走出乡村、仕途屡屡受挫，他看到了时代的巨变，看着国家动荡，百姓生活苦不堪言。他也开始思考起了民族前途。除了投笔从戎为民族解放做斗争以外，他还对教育产生了浓厚的兴趣。他发现不但在部队中，就整个中国现状而言，国民的素质远远低于外国。他愈发认识到教育对国家的重要性，深刻地体会到教育的巨大作用。他也把教育作为改造社会的工具。教育的实施同国家的政治、经济乃至文化密切相关。

（1）教育与政治的关系

关于教育与政治的关系，人们常说教育具有政治功能。即教育具有影响政治稳定与发展的功能。一般认为教育的政治功能是通过向青年传递政治思想和观点，培养政治人才和合格的人民，形成有利于特定政治制度的舆论等形式形成的。教育的政治功能主要体现在三个方面：教育通过培养人才为社会政治服务；现代教育为社会政治制造舆论；教育具有推动社会民主化进程的功能。

张治中作为一名军人，最先看到的就是教育与政治的关系。他认为，要想维护国民党的长久执政，最有效的也是最简便的方法就是做好舆论的宣传。如何进行有效的舆论宣传，他提出了通过教育实现三民主义的思想传播的想法。他在部队的多年生涯，更是了解到了军心和民心是多么重要。在他看来，能够维持统治的有效办法之一就是通过对士兵、学生乃至社会民众施以有目的的思想教育，让部队、乡村的人们清楚地了解我国正处在危急存亡的时刻，遵循三民主义的意念迫在眉睫。他在从政期间，会去各个学校发表演讲，宣扬国民党的统治思想，同时也表达自己对时事的看法。他的演讲经常带有鼓动的性质。号召全体人民热爱国家、勇于战斗，忠于三民主义。他深知只有不断对人民加强思想教育，才能够提升民族凝聚力，才能够团结民众一致对外，才能维持当时国民党的统治。他在主湘期间，曾开展过民训运动。他计划通过短期训练中学以上学生，让他们进入当地乡村传播思想理念，教化当地百姓。这样既能够传播民族民主思想，又能够为即将到来的抗日战争做准备。他还曾开办过干部训练学校，通过对领导干部进行教育提升干部素养，从而巩固国民党统治。

教育与政治从来是分不开的。张治中深刻理解了教育的这一内涵，试图通过教育来教化人民的思想，开化民智。但是他忽略了一个问题，当执政者的理念同教育理念相冲突时，教育是无法为政治服务的。张治中理解的教育的政治功能是要开民智、护统一。他一直遵循着孙中山的三民主义思想。但是，这一理念与后来蒋介石的思想是完全相反的。所以，他在多次演讲中试图缓解这两者的矛盾。当民主的思想传播到民众中的时候，想要缓和民主与专制，是不可能成功的。

（2）教育与经济的关系

一般情况下，教育对经济的发展具有促进作用。现代教育对教育与经济的关系做了如下的定义：通过教育可以实现劳动力和科学技术的再生产，通过创新科学技术，促进生产力的发展从而推动社会经济的进步。

在当时那种动荡的局势之下，中国的教育想要创新科学技术几乎是不可能的。但是教育却可以通过另外一个方面促进经济的腾飞。张治中受当时的乡村建设运动影响，加之他自己出生在乡村，他的目光总是落在乡村之上。张治中觉得占中国人口大多数的乡村人口才是建设的重点。只要提高了乡村的整体生活水平，中国才能有崛起的希望。如何促进乡村的发展，张治中进行过很多的实践。后来，他在实践中摸索出了一套规律：要想乡村经济有所建树，首先要建设乡村教育系统。只有先办教育，提高村民的素质，才能够带动乡村经济的发展进而推动整个国家经济的整体提高。他先在自己的家乡黄麓镇洪家疃村办黄麓师范学校。通过办学校，面向全省招收学生。他希望能够通过这种在乡村办校的形式，带动周边的经济发展。结果证明他的想法是对的。黄麓师范学校为当时的乡村教育输出了大批教师。黄麓镇也由一个闭塞的小村庄变得全省闻名。张治中在湖南任职的短短时间内，也践行着这一观点。在处理有关教育问题时，他主张增加教育经费，尤其是湘西边陲地区。张治中在安置移民的问题上，巧妙地把当时转移过来的多所学校安置到湘西部分乡村。这些学校后来都成功地在湘西地区扎根。当时，湖南教育不降反升，张治中的贡献功不可没。而且，一大批优秀的教职员工后来留在了湖南，为湖南的建设贡献了巨大的力量，这也不能不说是张治中的功劳。

（3）教育与文化的关系

在张治中看来，教育可以让我们不忘本。张治中从小受传统儒家文化的影响，成年后，追随孙中山开展民主革命，使得他十分推崇三民主义的观点。所以，他一直存在着这样的国家观、民族观。他在新疆任主席期间，通过学校教育中的国文课、思想课传播民族统一思想；在社会文化方面，他成立了西北影业公司，在新疆各地巡回播放影片。张治中在通过教育传播民族大一统思想的同时，注意各个民族本族文化的特点。这样，不但保护了少数民族文化，也成功地传播了民族统一的思想。另外，张治中还认为，通过教育可以让我们吸收西方先进文化。早在洋务运动时期，就有过"师夷长技以制夷"的观点。张治中面对凋敝的国家，看到了西方的文化技术，深感国外思想的先进。他尝试着把国外的好的教育理念、教育思想传播到国内，希望借此来提升我国国民的素质。他在德国居住的几个月里，深感当地人的严谨和生活的有序。张治中觉得，一个有着良好素质的国民的国家能在当时的时代中立于不败之地。所以，他无论是在演讲还是在办学的具体实践中，都很强调学习西方的教育方式。

张治中看到了教育对经济、政治和文化的巨大作用，他通过各种手段和方式发展教育。试图依靠教育的手段来改造当时的社会。但是可惜的是，教育并不是万能的。教育对经济、政治、文化的作用是有条件的。在当时满目疮痍、民不聊生的状态下，想通过教育来对政治、经济和文化产生作用。这种可能是微乎其微的。

2.论教育的目的

教育目的是指国家对培养什么样的人才的总体要求，是一定教育价值观的体现。

张治中认为，教育的目的就是为了培养具有国家观念、民族意识、人格健全之国民。这是他对待教育问题一贯奉行的宗旨和信条。首先，就国家观念而言。张治中是从民主革命运动中走过来的，他深知内战对中国及中国人民的戕害。他一路追随着孙中山先生，也一直把三民主义作为自己的人生信条。国家的稳定和统一在他看来十分重要和有意义，所以在教育国民时，他把国家观念列在最前面。其次，是具有民族意识的国民。当时，新疆发生暴乱主要就是民族矛盾与外国势力介入造成的。张治中强调的民族意识是基于国家观念基础之上的，在张治中看来，民族意识具有两方面的含义。其一，新疆是个多民族地区，为了维护当地的稳定，张治中提出要尊重各民族的文化，尊重各民族的传统。其二，新疆和他国接壤，很容易受到其他国家的挑唆。所以，张治中再次强调民族意识这一观点。本民族的人民应该要坚持本民族的意志、意念，不受外来干涉。当然，民族意识还要以国家的观念为前提。五十六个民族是一家的观念是不能改变的。最后，人格健全的国民。人格的健全，这在张治中看来也有两方面的含义。张治中看到的情况是当时中国国民思想觉悟低下，身体羸弱。部队中乌烟瘴气、乡村里陋习遍布，这样的国民组成的国家是不足以抵御外敌的。他认为，人格之健全是指思想上和身体上都完善的国民。这样的国民思想先进、进步、开化，有着丰富的文化知识和民主意识。另外，这些国民的身体素质过硬。他认为光有先进的文化知识武装头脑还不够。只有头脑清晰，身体健康的时候，这样的国民才能算得上人格健全。在他看来，一个具有国家观念、民族意识、人格完善的国民才能有效地改善当时中国的状况，并担当起振新国家的重任。

为了完成这一教育目的，张治中还分别拟定了不同的培养目标。他在黄埔军校和南京中央陆军军官学校任职期间，以校训为基准，致力于"教授训练学生以初级军官必要之军事知识"。军事知识包含学科和术科两大类。其中术科就是指专业的技术实践训练。张治中在军校任职时十分重视校纪。作为军人，遵守校纪、校规实际上就是对人格的一种潜移默化的培养，对国家观念的一种熏陶。张治中从跟随孙中山参加民主革命，一直到后来进入黄埔军校，他一直遵循着三民主义思想，也一直以这一原则作为衡量自己和别人的准则。张治中在自己的家乡办黄麓师范学校以及为湘西安置多所学校时，明确了乡村教育的理念。在黄麓师范学校，他亲自为学校制定了校训"敬、勇、诚、毅"，在思想方面要求乡村的学生热爱祖国，并要求学校师生种植蔬菜、粮食自给自足，锻炼学生的身体。张治中试图通过在乡村对农村的百姓进行教育，使得中国农村人口能够开化。

张治中对教育目的的理解局限在当时的时局之中。当时中国的现状急需要这样具有国家观念、民族意识、人格健全的国民。国家之强弱体现在综合实力至上，而综合实力的缔造离不开普通的民众。所以，这样既具有国家观念、民族意识，又具有健全人格的国民是当时国家所需要的。他敏锐地察觉到了这一点，在教育中明确了这一目的。受时局的限制，张治中的这一教育目的是积极、富有远见的，但同时又是难以实现的。可惜的是，当时的他并未能发现这一问题。张治中仍努力地为了达到自己的教育目的而实践着。

(二)论教学

1.教学的内容

张治中对教学内容的理解主要来自他自身的阅历和当时的时代特征。传播文化知识是教育最基本的任务，这是众人皆知的。张治中也不例外。但是在智育之外，他还十分重视德育和体育。从张治中的教育目的而言，好的教育是要能够培养出具有国民观念、民族意识、健全人格的国民。具有国民观念、民族意识需要对学生进行德育。而健全的人格在张治中看来包括了思想上和身体上两方面的内容。所以，他认为对健全人格的培养则需要从智育、德育和体育三方面来培养。

智育无需过多的解释，当时的文化课知识，不同的学校有着不同的规定。在军校，文化课知识主要包括基本的军事理论知识。而在普通学校则是除却了这些军事理论之外的必要基础知识。智育是教学最基本的内容，无论是从事教育的专家还是像张治中这样热衷教育的人士，都明白这个道理。但是身处动荡的洪流之中，百姓流离失所，基本生活都无法保证。这引发有识之士不得不对教育重新思考。教育到底应该教给国民什么？这时的教育已经不能"战时当作平时看"了，这时的教育应该要适应实际的要求有所转变。为此，张治中在智育的基础上提出了德育和体育。

张治中从封建末期，清王朝晚期的统治中走来。他经历了民主革命、民族侵略、国共内战。他深深地感受到了一个民族的精神是多么重要，这种精神不但指民族的凝聚力，而且指国人深厚的爱国情怀。这是需要通过教育来实现的。现代德育观认为道德教育主要包括道德教育、思想教育、政治教育和法制教育。道德教育主要是培养青少年良好的道德品质和行为习惯；思想教育主要是培养青少年正确的人生观、价值观和世界观；政治教育主要是培养青少年的政治思想、政治立场和政治态度；而法制教育则是培养青少年的民主意识和参与意识。张治中的德育思想则把道德教育、思想教育、政治教育乃至法制教育融为了一体。他把一个国民的素质同爱国主义精神联系在了一起。他认为施行德育就是要提高国民的精神素养、民族意识以及爱国主义情怀。就智育和德育而言，张治中甚至更为看重德育。他自己在教育思想里就不时透露出重德育的倾向。他给黄麓师范学校亲笔题写的四字校训"敬、勇、诚、毅"，希望全校师生能够做到"敬以待人，勇以行义，诚以存心，毅以立志"。这四个方面其实都是对个人修养方面提出的要求。作为一名军人，他深知严守纪律、爱国家的重要性。不但军人应该具有坚韧、爱国的情怀，而且只有当整个中华民族的每一个国民都具备这样的大德时，国家才能振兴，民族才有希望。所以，他在新疆和湘西少数民族地区更注重德育教学。他采取多种教学手段，缓和民族矛盾。通过正规教育或非正规教育成功地传播了民族统一的思想。

德育包含了很复杂的内容，张治中并没有现代人的眼光，能把道德教育、思想教育、政治教育与法制教育清晰地区别开来，但是张治中成功地把爱国主义、民族统一的思想教育、政治思想教育同高尚人格培养的道德教育巧妙地融合在一起，对当时教育、教化百姓具有益处。

除了智育和德育以外，张治中还提出了体育的教学内容。张治中所提出的体育与现在我们所认为的体育有所不同。张治中这里的体育除了包含传授学生体育卫生知识和技能，使学生增强自身体质，养成良好的卫生、保健习惯以外，还包含了培养学生正确的劳动观，帮助其养成良好劳动习惯的教育。张治中对体育的认识，主要是因为他受到了乡村建设运动和国外风气的影响。张治中意识到光有头脑是不足以抵御外敌，振兴中华的。他发现中国人的智力其实并不比外国人差，所差的是在身体。他在西方访学期间，看到了德国身体强壮、精力十足的人举目皆是。大学问家、哲学家诸如康德，也活到了八十几岁。而反观中国，愈是有学问的，身体反而愈坏。光有学问，身体羸弱不堪的人又能为国家做出多大、多久的贡献呢？更不要说，当时我国连有学问的人都少之又少。所以，对国人身体素质的教育迫在眉睫。同时，在乡村教育建设思潮的影响下，张治中也把目光投向了乡村建设，他吸收和借鉴陶行知、梁漱溟的教育观点，开展乡村教育。在遵循"教学做合一"的原则基础上，培养了学生劳动的兴趣和以劳动为荣的观点。

张治中把教学的内容分为智育、德育和体育。智育是教育的基础，也是一个人发展的最初阶段。但是体育的培养则是智育的前提，没有良好的身体素质，不论是智育还是德育都是无法开展的。而德育则是教学最核心的一个环节。德育的培养不但对个人的发展起着决定作用，而且对整个民族整体素质的提升有着巨大的促进作用。

张治中虽然没有对教学的教材做具体的要求，但是围绕着教育目的所展开的教学中所采用的教材也是为其教育目的服务的。例如在黄麓镇开展的农村夜校，主要目的是扫盲兼传播爱国主义思想。所以，黄麓师范学校的师生自编了《乡村识字课本》《老少通千字文》。他在湖南开展民训运动时，还以湖南省政府的名义，委托教育大家晏阳初编写民训教材，供下乡学生作为政治素材宣讲。

除了教材，张治中还特别注意学生阅读的其他书籍。他曾在国共关系紧张时期，托当时黄麓师范的校长给学生们带去了《资本论》。他自己也经常向黄麓师范学校捐书。在张治中看来，教材是要为教育目的服务的。只要能为教育目的服务的都算是好的教材。

2.教学的方法

（1）双语结合

张治中的双语教学理念主要体现在对少数民族教育的态度上。由于他曾在湖南和新疆省政府任过主席，而这两个地区都有少数民族人口。所以张治中不得不针对当地的实际情况提出若干因地制宜的教学方法。

新疆地区民族众多，就教学用字的问题曾争论不断。本着民族平等和融合的观点，张治中提出应该允许少数民族使用本民族的文字。但是，为了维护国家大一统，坚持一个中国原则，又必须使用国家统一的文字。为此，张治中权衡利弊，最终决定并用少数民族文字和国文。他在新疆政府纲要中就提出，"在中小学与中学用本民族文字施教"使用本民族的文字，尊重了少数民族的文化传统，同时使用少数民族文化还能够有效地保存少数民族的文化；而并用国文利于国家的思想传递到新疆，有利于促进新疆同内陆的交流。这样的情况在湘西也发生过。当时在省立凤凰边区小学，也试行过苗汉的双语教学法。低年级以苗语为主，逐渐由苗语变换成以国文为主。

双语教学的方案体现了张治中坚贞的政治信念和高超的政治智慧。张治中在少数民族地区实行国文和民族文字并用的双语教学思想，被新中国在制定民族政策时所吸收，产生了深远的影响。

（2）异地教学

这种异地教学的理念主要还是在解决新疆的教育问题时被提出的。

张治中在其制定的新疆政府纲要中主张把少数民族学生在新疆地区接受教育同去内陆地区接受教育结合起来，通过内地教育的优势来弥补新疆最为边疆地区教育资源不足的问题。同时，这种结合有效沟通民族间的关系，传播了民族间的思想和文化；张治中还主张把国内教育与留学教育结合起来。在国内教育的基础之上，积极发展留学教育。鼓励学生出国学习先进的知识，促进我国的发展。张治中的这种异地教学包含了国内异地教育和国际异地教学的方式。这种异地教学的手法不但适用于少数民族教育，而且对我国整个教育事业都有重要的意义。教育的国内异地和国际异地的做法，促进国内外的文化知识交流，有效地提高了我国国民的素质和视野。

（3）课堂教学与社会实践相结合

张治中强调德育、智育、体育协调发展。他在教育实践中把体育同劳育结合在了一起。所以，除了普通学校中的体育课程、军事学校里的术科之外，他还主张课堂教学与社会实践的结合。

张治中在主湘期间，曾大规模地组织学生参加社会活动：民训。对于教育学生而言，张治中这样做的目的是想让他们能够深入农村，到民族战斗的一线去求活经验，上"活课堂"。张治中希望学生能从学校里的死啃书转移到社会的活文化上来，接受社会的教育，履行自己的职责。学生们秉承着张治中服务黄麓的办学理念，强调学校与社会生活相结合的理论。学校把社会调查作为一种持续不断的活动。学生利用节假日分散到附近的农村，同村民们接触。他们一方面向农民宣传先进思想、开展调查，另一方面帮助村民们务农。这样，既提升了身体素质和实践能力，又提高了村民的素质。张治中试图通过办教育在黄麓镇形成一个教育网络以促进乡村的经济建设。所以，黄麓师范要求学生们在学习之外，参加社会实践活动。在黄麓镇，有许多民众学校、短期小学、夜校等学校。而任教的大多是黄麓师范二三年级的学生。黄麓师范师生还自给自足，开设农场等。这种课堂教学与社会实践相结合的方式有效地提升了当地村民的素质，培养了大批乡村教师。另外，张治中在兼任三民主义青年团中央临时干事会书记长期间，亲自主持和参加团中央直接领导的夏令营。张治中希望通过夏令营这样一种特殊的社会实践活动，增强学生的身体、心理素质，提升他们的思想境界。张治中在回忆录中也强调，对夏令营的兴趣比青年团其他工作要高。

张治中主张的这种课堂教学与社会实践相结合的教学方法，可以使学生将间接经验和直接经验有效结合起来，从而获得健全的知识；可以使学生将知与行结合起来，从而培养知行合一的健全人才，可以使学生的德、智、体都得到发展。这完全符合张治中对于培养具有国家观念、民族意识、健全人格的国民的要求。

（4）演讲的教学方式

运用演讲来表达自己的想法，传达中央的政策，这是政治家们一贯的做法。张治中身为一名军人，在军校里待了十几年。张治中把这种政治传播的手段运用到了教育之中。他在大大小小的会议和演讲中，不但注意传达政治思想，而且注重在演讲中宣扬自己的教育理念。张治中十分推崇德国的科学、纪律和技术，他在演讲中多次宣扬西方尤其是德国的先进的理念。而且张治中在演讲中还十分注重个人的修养。他曾说过只要能够克己修身，就是修养，而如若得到了修养，这样才能保持精神上永久的力量。关于如何修养，张治中也有自己的一套方法。他告诫学生们要多读格言、传记，多谈话、勤思考、常检查、写日记、耐苦难。他认为只有这样才能有恢弘的胸襟、远大的眼光，才能造就完整的人格。

除了自己在演讲中传播正确的人生观、价值观和世界观，张治中还曾打算邀请知名学者去新疆讲学。据张治中的秘书陶天白回忆，就在新疆《和平条款》签订的第二天晚上，张治中就曾指派陶天白邀请一些名人去新疆讲学。这些名人中不乏教育界大家，有陶行知、晏阳初、梁漱溟等。虽然由于当时的时局动荡，这一愿望并没有实现。但是张治中希望通过邀请教育家们来演讲，通过演讲这种方式来教育学生乃至普通老百姓的想法是可取的。

除了课堂内的传统教学方式以外，张治中还给我们提供了一种值得借鉴的教育方式。即通过演讲的手段达到教育的目的，通过个人的魅力来影响学生。张治中所谓的教育方式已经不是传统的学校教育方式。他根据当时时局的具体情况加入了演讲的形式。这种演讲的方式在我国当下的高等教育中普遍存在，在某些个别地方的社会教育中也存在。这些实践证明这种演讲的方式对学生以及普通老百姓的教育是极其成功和有意义的。

3.教学的组织形式

学校教学一般以班级教学为主，但是由于特殊的社会情况，不得不改变原先的教学组织形式。在黄麓镇就是如此。张治中给黄麓师范学校规定的使命是"服务黄麓"。黄麓是乡村，服务黄麓其实就是服务乡村。黄麓师范建立之初就有两个明确的目标。一是要促进乡村文化建设，一是要促进乡村经济发展。为了完成这一使命，学校指导高年级学生到农民中去进行文化传播和建设。在各村里设立农村夜校、民主小学等。当时各村的人较少，学生的年龄和文化程度不同，因此当地农村学校的办学多为复式班。

复式教学与班级教学相结合的形式，适应了当时乡村的具体情况，符合张治中的办学理念。在乡村开展的教育教学活动中采取复式教学，更灵活、方便。这是适合人数少、规模小的乡村教学的一种有效的教学方式。

4.教学环境建设

张治中在教学中一直对教学环境颇为关注。他要求校长和教师不但要从严治校，而且应该整肃校园环境。他每次去学校视察、参观时总是提及于此。

他在黄埔军校和中央军校任职期间，除了关注学生对校风、校纪的遵守情况，还把目光投向了教学环境建设。在中央军校期间，张治中对军校校舍的建设贡献最大。张治中很重视学校植被、道路、卫生设施等硬件的完善。据记载，中央陆军军官学校的年开支是当时上海交大的十倍之多。除了申请拨款以外，张治中还实行教职员工工资七折发放的制度，把钱省下来用于学校的建设。在他创办的黄麓师范学校里，绿树成荫，环境优美。他在回乡与黄麓师范学校学生讨论乡村建设时，就明确提出"有山皆造林，有塘皆养鱼"的想法。他号召学校栽树万株作为黄麓师范教育的林场。他为此捐款购置了植树的工具，并购置了大量桃、李、梅、杏、兰、桂、杨、柳等树苗。其后，他在湖南省任主席期间，把这种要求讲得更为透彻，并认为如果不按照此要求，教育则"此其为害，实不止误人子弟而已"。他一直坚信学校环境脏乱不堪，教育质量肯定也不会高。他在视察湖南沅城三所学校的教育状况时，就发现联立中学和另外两所教会学校有着天壤之别。学校乃是为国家教育人才的地方，但是联立中学仅把学校看作一个底盘，因循守旧。为此，张治中在湖南教育会议上明确表示要把教育经费提高用来促进教育建设的发展。他决定"于省库万分困窘之时，将本省屠宰税向归省库收入之六成，每年五十余万元，自27年8月起，全数拨作地方教育经费；尤以边远贫瘠县分，决予以充分之补助"[68]。

教学环境与教育的实施息息相关。良好的教学环境不一定能够促进教育的发展，但是脏乱不堪的教学环境绝对不能成就成功的教育。张治中敏锐地觉察到了教学环境对开展教学的促进作用，他在尽自己的努力试图为教育出合格的国民添砖添瓦。

（三）论课程设置

张治中虽然未亲自进行过教学，但是他却对教学的课程做出了具体的要求。他强调课程的设置要联系实际。1938年，张治中在湘西考察教育时，就严厉地批评了校课与时代脱离的现象。他在视察中发现诸如管理、教师、教法等存在问题。所以，他认为不论是教育的组织形式，还是课程教法都应该有所革新，而何谓有所革新？他认为在课程的设置上要联系当时时代发展的特点。在他的观点中，教学的内容主要是德育、智育与体育。所以，课程的设置也应该围绕着德育、智育与体育展开。事实证明他对课程设置的具体事实确实也是围绕这一理念而来的。

部队的课程主要分为学科和术科两大类。学科主要是学习基本的军事理论知识；术科则是实际的战事训练。张治中在黄埔军校任职期间，还带领过黄埔学生参加过真正的民主革命战争，丰富了这些军校学生的实际作战能力。这样在军事学校中，学生既学习到了军事理论知识，又有实战的经验。从理论到实践都武装了自己。黄麓师范学校课程的安排也遵循着德育、智育、体育均衡发展的观念。在陶行知"生活即教育""社会即学校"的影响和张治中为乡村服务理念的具体指导下，学校的课程安排得十分有特色：一是文化知识类课，要求基础扎实，理论系统，用先进科学知识武装学生；二是劳动教育课，排入课表，人人必修，培养艰苦奋斗精神和劳动技能；三是学做社会调查，接近劳苦大众，增强工农感情。在这里，它把德育、智育与体育有效地结合在了一起。黄麓师范学校开展的劳动项目，具体有开荒、种地、植树、挖塘、搬运、整理校园等。张治中想通过德育、智育、体育以达到培养具有国家观念、民族意识、健全人格的国民的教育目的。张治中关于课程设置的理念围绕着他对教学内容的理解而展开，他对课程设置的理解独特而深刻，不论是部队教育还是黄麓师范学校；不论是正规学校教育还是青年团夏令营。张治中在课程设置上始终坚持着德育、智育与体育相结合的基本原则。

（四）论道德教育

1.道德教育的内容

张治中对德育的内容区分并没有现代德育定义得那么细致。在张治中的教育目的的引导之下，德育教育的内容也需要达到两个目的。首先，即国家观念和民族意识的培养。其次，是健全人格的培养。简单而言，德育的内容也就分为两大部分。一是国家观念的培养，一是个人素养的培养。这就是张治中认为的德育的两大最重要的内容。国家的观念主要是指要培养国民具有民族使命感与责任感。团结每一个国民，让中国的每一个国民都具有爱国的意识。而个人素养就道德方面而言就涉及很多方面，诸如个人品德的端正、信仰的正确、言行举止的严谨等等。如何达到道德教育，张治中也提出了自己的一些见解。

2.道德教育的方式

（1）教训合一

"教训合一"的教育方式是张治中在湖南省政府任主席期间提出的。"教训合一"的"教"就是指教书。而有关于"训"，可以做两方面的理解。首先"训"是指训育，即育人。通俗意义上理解就是对人的德育的教化。而"训"还可以指对身体素质的训练。这样教训结合就是指要求教师不但传授知识给学生，而且要注意对学生人格的培养和身体素质的锻炼。"教训合一"的教育方式，既是道德教育的方法，也是教学的方法。我们在这里重点阐述的是张治中"育人"的观点。

张治中总结历史经验、根据自己的见识与理解，对近代教育常被人指为破产给出了自己的看法。他觉得近代教育之所以破产的根本原因之一，就是近代学校的制度和风气：学校教师只注意到教书，而没有注意教人；只注意到教学方面，而没有注意到训育方面。就算注意到了训育方面，也只是做到了教训分立，并没有做到教训合一。张治中指出教师唯一的责任仿佛就是传授知识，他们上课的时候，拿了书本进来，写完板书出去。学生是否听进去，也不管。所谓的教者，不过就是讲课而已。近代教育界的很多教师好像就不知道在教学之外，还应该有教育学生为人处世的道理。这样的教学肯定不可能造就出健全人格的国民。恐怕脑袋里有足够知识的学生也是少之又少。

所以，张治中强调要加强对学生的训育，要关注学生道德方面的发展状况。他注意到把教书与训育分立开来也是不行的。他在武汉大学演讲的时候就曾论述过武化与文化的关系，主张对于国民的教育应该是德育、智育和体育的结合：在知识的教育中夹杂着对学生道德的教育，在日常的体育训练中实践德育。他认为，只有把教书与育人结合起来，这样的教育才能够称得上是成功的教育，而也只有采取"教训合一"的手段，才能培养出具有国家观念、民族意识和健全人格的人。这也是张治中最终的教育目的。

张治中在湖南省任主席时，通过对湘西部分乡村地区教育的调查，发现了一系列的教育问题。他上任后的第三天，就在湖南成立了民众抗日自卫团，并亲自担任团长。同时，他还在湖南各市、县、区、镇、乡、村设立相应的民众军事训练机构。之后又成立了湖南民众训练指导处。经过半年时间，在全省乡村组织、训练了将近七十万民众。通过这种训育手段，也为当时的抗日战争输送了不少人才。

（2）以身作则，榜样效应

作为一名人民教师，不但要教书更要育人。所谓的育人不但要拿高深的学识来启迪学生，而且还要通过高尚的师德来感化学生。简单来说就是通过自己的言行潜移默化地影响学生，使学生感同身受。这是道德教育最直接的方式，也是备受张治中推崇的道德教育的方式。只有这样，才能使学生自然而然具备健全的人格，成为国家的有用之才。在学校教育中，对学生的道德教育主要还是通过教师来进行。教师在教育中也起着主导作用。一个教师的素质好坏直接影响着教育的成败。教师除了课堂上传授专业的文化课知识外，通过自身的人格去影响学生也是十分重要的。就教育学生而言，简单的灌输道德理念并不容易理解。但如果学生通过观察教师的一言一行来模仿教师的行为，则很容易感同身受。张治中认为作为一名优秀的教师，身教甚至重于言传。具有高尚品德、节操的教师能够为学生树立良好的榜样，在生活、教学各个方面对学生开展道德教育。

张治中自己在军校任职期间，就很注重自身的言行举止。他对自己的要求甚为严格，经常衣冠整洁地去给学生们做演讲，关注学生的生活。他在黄埔军校任大队长时，起得最早，睡得最晚。早晨带领学生们晨练，晚上亲自和学生们集训。他还注重拿自己的经历作为摹本来规范和鼓励学生。张治中在部队期间，看见了许多军官打着民主、自由的旗号，生活作风存在极大问题，他便在演讲中拿自己和妻子的事情作为例子，劝说官兵们要正确地对待民主、自由观念，不要忘本。行军打仗的时候，他也注意言传身教。他带兵无论到什么地方都不带行军床。作战时也总是在一线。无论何时，他一概以身作则。他的这种以身作则的行为对周围士兵的精神有着榜样和极大的鼓励作用。他每次回乡探亲，在黄麓师范学校的力行演讲也都是向学生们讲述自己的经历，以此鼓励大家。他不但自己身体力行地去教育周边的人，他在黄麓师范学校建校过程中，更是强调教师要身体力行地教育学生。黄麓师范学校秉承张治中的教育思想和陶行知的"教学做合一"的理念，在开展课堂教学的同时还注重社会实践。教师们全部衣着简朴，同学生们一起种蔬菜、开荒地，同学生们同吃同住。黄麓师范学校的全体师生还一起参加农事，学校自给自足，种粮食、蔬菜，教师带头开垦荒地种树。通过这种形式的教育，学生们亲身感受到了教师的个人魅力，而教师也在不知不觉中向学生传递了道德规范和理念。

身体力行的道德教学方式最直接也最易于提升学生的道德水平和能力。身体力行的道德教育方式不论在当时还是现在都是道德教育必不可少的。由此看来，张治中对道德教育方法的理解颇有见地，他的某些做法值得今天的我们学习。

（五）论教师

1.择师的标准

什么样的教师才是一名合格教师，张治中自有一套标准。张治中从办学实践及对不同教育的对比中找到了近代教育之所以被人指为"破产"的原因。那就是教育者的问题。张治中在他的回忆录中提到他最不喜欢一种教师，上课的时候，拿了本书进来，写完黑板出去。教了课，就没有他的事。教得进去，教不进去，他也不管。反正钟一响了上课，钟再响了出教室。这种教师与学校的关系仅仅是一种金钱的交易，而教师与学生的关系，也同样是种交易，大家就好像市场里抱布买丝一样，买卖结束就算完成任务。他认为这样的教育根本不能造就健全有为的后辈。为此，他要求教师"不但要拿精深的学识启迪青年，而且要以高尚的师道来感化青年"[69]40。学生在这样的熏陶下，自然而然地会形成健全的人格，以致最终成为国家的栋梁之才。一个优秀的教师，在张治中看来不仅要在教知识方面突出，还要在教学生做人方面有所建树。学生的好坏是以教师为基准的，而一个学校的好坏则是以一校之长是否尽责为依据的。所以，他认为选择校长、教师要慎重，注意联系实际。选择好的校长和教师在张治中看来，是对国家的发展大计和对中华民族的后代发展负责任。张治中身体力行，在军校时总是严格要求自己的一言一行。他试图通过规范自己的行为来给士兵们做好榜样。他在黄麓师范学校的几次演讲都是通过自己的自身经历劝诫学生们要经得起磨难，怀揣爱国之心。他早期在军校任职时，总是同学生们一同去训练和活动。在他创办的黄麓师范学校中，教师们都是同学生们同吃同住，衣服都是破破烂烂的。在张治中看来，一个优秀的教师必须具备严格要求自己同学生们一致的情怀。既能用知识满足学生，又能用自己的人格去影响学生。

关于如何选择符合他心中标准的教师和校长，张治中采取了一个既简单又便捷的方式，那就是选择名师。名师声名远播，名声在外。他们之所以被称为名师，是因为他们在教育的某些方面有所建树。张治中就是看到了这点，所以无论是在建黄麓师范还是在主湘办教育期间都竭尽所能招揽贤士。黄麓师范学校建校时期，张治中先后为该校聘请了教育界名人许锦帆、杨效春来该校担任校长和教师。抗战胜利之后，又聘请了耿家舒来校担任校长。张治中在湖南任主席期间，成功地为湘西迁入一大批学校。张治中还挽留了当时途经湖南，准备去重庆创办简易乡村师范的丁超担任国立八中校长。随之而来的还有成为国立八中教务处主任的周芥航（原南京市鼓楼小学校长）、训育主任许晋发（原安徽黄麓师范学校校长）。张治中为湘西网罗了一大批当时知名的教育学者。这些教师无一不是品格、学问、能力得到学生所认可的。这些教师也都是热衷于教育事业，尤其是乡村教育发展的。

2.教师的待遇

张治中在关注教育问题的同时，也十分注重对教师待遇的了解。他在对待教师的态度上一直遵循着中国古代"尊师重道"的思想。他对有知识的人，一直有着一种崇敬的心情。张治中在湖南任主席的那段时间，特意去湘西视察教育。他在视察时了解到了教师的待遇不好。他发现湘西教师的工资一般都低于湖南其他地区。低报酬造成湘西地区流失教师现象严重，教师不断出走，优秀教师不愿意到乡村。这就使得乡村教育日趋落后。在有的小学里甚者还有六七十岁的老者担任教师。这是张治中所担忧的。为此，他提高教师的待遇，改善办学条件。他在当年的湖南教育会议上就明确提出要拨出额外的教育经费给湘西的教育事业。在他处理新疆问题期间，也遇到了类似的问题。当时物价飞涨，教师的待遇也每况愈下。为此，教师们曾联合起来给张治中写信，提到这一问题。张治中收到信后，随即要求拨款给教师们发工资。这些细节无一不体现出张治中对教师境遇的关注。

3.对待教师的态度

由古至今，教师在教育中一直占有举足轻重的地位。但是当时社会上的一些急功近利之徒，忽视了教育的重要性，轻视教师。张治中十分厌恶这种现象，他曾说："从前讲师道尊严，开学的第一天，学生要向先生叩三个头，现在谁向先生行三个鞠躬礼呢？我不是复古。尊师重道，是任何国家都如此。这一时代培养下一时代，国家才有前途，反之，这一时代不能培养下一时代，国家民族就很危了的。"[69]39在这里，张治中把尊师重道同民族安危联系在一起。这并不是耸人听闻。国民需要教育来培养，而教育需要教师来施行。所以，对教师就应该怀有一种崇敬之情。他认为对待政府参政议员同对待教师有异曲同工之处。所以，在张治中看来尊重教师是必要的。张治中不但自己尊重这些教育界的人士，他还多次表示渴望成为一名"教书匠"。

在他的教育思想中，想要教育有所成就，教育工作者是不能忽视的一个重要环节。如何挑选教育者，如何对待教育者，他有自己的看法。提高教师的待遇，这样才能吸引优秀的师资。优秀的师资才能教育出好的学生，提高国家的教育质量，最终达到强民富国的目的。

张治中是中国近现代史上一位著名的皖籍爱国将领。他不但在军事和政治方面表现出了不凡的才能，而且在教育方面也提出了自己独到的见解。从桂军军官学校初试教学到服务黄埔；从担任教育长十年之久到在家乡创办黄麓师范学校；从主湘时期的教育改革到处理新疆问题时所采取的教育举措……这些活动无一不彰显其教育思想的独特性、全面性。

张治中的军人身份和他平生零星的教育实践活动决定了他算不上一位真正意义上的教育家。他的教育理念、教育思想也并未对整个中国的教育产生过多大的影响。但是作为一名安徽人，他为家乡教育做出的贡献却是有目共睹的。对张治中教育思想的梳理，为我们研究安徽教育的发展提供了必要的依据。另外，张治中在主湘以及在新疆任职期间，关注少数民族教育，为新疆和湖南地区的教育出谋划策，贡献了自己的一份力量。毋庸置疑的是，张治中的教育思想肯定是有缺陷的，但在当时的社会背景下他的教育实践无疑又是正确且重要的。他对教师的态度、对学生身体素质的强调等教育理念放在当下也是适宜的。他的教育思想告诉了我们在当前新形势下，恪守传统的教育方式是无法前行的。只有因地制宜，因材施教的教育才是成功的教育，也只有这样才能出成绩。作为教育主导者的教师更应该不断加强自身的修养，这样才能教育出合格的学生。在新时代的发展下，对张治中的教育思想进行研究具有一定的理论和实践意义。

第六章　冯玉祥的教育实践与思想

一、冯玉祥生平简介

冯玉祥（1882—1948），字焕章，今安徽巢县人，民国时期著名的军阀和爱国将领。他的一生经历了以下四个主要的阶段。

（一）从出生到弱冠从军（1882—1902）

冯玉祥出生在一个农民家庭，自幼家境贫寒，后跟父随军驻保定府。清光绪十七年（1891）的秋天，他顶替哥哥到学塾里读书。次年，营中缺额，冯玉祥补上后，在家接受恩饷。随后，他又在马先生学塾里继续读了一年书。到年底，他由于生活所迫，结束了一年零三个月的学塾生活。这段学塾生活对冯玉祥的一生产生了很大的影响。

清光绪十九年（1893），冯玉祥开始到营中练习打靶。三年后，冯玉祥正式入伍，开始接受军事训练。他在注重士兵教育程度的正目刘贺堂和哨长王春的教导下，受益极大。此时，他充分利用闲暇时间读书、学习。在他二十岁时，淮军落后守旧的操练制度促使他改投北洋新军（袁世凯卫队），也就是后来的武卫右军。冯玉祥正规的军事训练生涯由此开始。

（二）从青年到成年（1902—1916）

军队的生活为冯玉祥的快速、良好成长创造了条件。这一时期是冯玉祥一生中重要的学习和积累时期。冯玉祥通过勤奋、努力的学习，从副目到正目再到司务长、队官，可谓节节高升。清光绪三十三年（1907），部队开赴新民府驻防，这是冯玉祥求知欲最旺盛的时期，在军医长邓鉴三的讲解、王协统的严加督促和教育，以及陆大毕业的教官的专业军事教导下，他对战时军事指挥的基本理论和应用有了一点心得。

清宣统元年（1909），为了推翻腐败的政权，他同王金铭、施从云、郑金声、王石清、岳瑞洲组成了武学研究会，谈论时政，暗中宣传，摸索道路。清宣统三年（1911），武昌起义爆发。同年11月，冯玉祥联合武学研究会成员发动了滦州起义，这次起义在清政府和袁世凯的镇压下很快失败，冯玉祥被革职押解回保定。此时的冯玉祥常到基督教会听讲教义。次年，北京兵变，袁世凯决定重新编练军队，冯玉祥被任命为前营营长，到景县招兵并开赴南苑，加紧训练部队。随后，冯玉祥又被派去河南郾城招兵训练，这时，冯玉祥已形成了一整套练兵方法。中华民国三年（1914），冯玉祥任陆军第七师第十四旅旅长，率部在河南、陕西一带参加镇压白朗起义军，后又改任第十六混成旅旅长，并在旅中成立模范连，任命李鸣钟为连长，开始对部队施以严格的正规教育。同年，冯玉祥正式加入基督教。

中华民国四年（1915），冯玉祥奉命阻击护国军，冯玉祥命部下与蔡锷暗中联系，次年，与护国军达成议和协议。

（三）一个旧军人转变为坚定的民主战士（1916—1930）

从中华民国五年（1916）开始，在接下来的十四年，是冯玉祥一生的重大的转折和辉煌期，他从一个军人逐渐成长为了一名坚定的民主战士，为各方面做出了巨大的贡献。

中华民国六年（1917），冯玉祥被段祺瑞降职，避居天台山。张勋复辟的消息使他率旧部讨伐逆军，复任第十六混成旅旅长。

中华民国七年（1918），冯玉祥发表主和通电，因反对内战被段祺瑞免职。后经曹锟调停，进驻常德，任湘西镇守使。他一面加强部队建设和训练，一面在地方上兴利除弊。

中华民国九年（1920），北京政权被直奉军阀掌控，冯玉祥奉命北返，此时，孙中山与冯玉祥达成协议表示愿为国民革命效力。11月初，冯玉祥移驻信阳，为了总结他的练兵经验，编了《陆军第十六混成旅民国八、九两年纪实》一书。次年，冯玉祥又被任为陕西督军。

中华民国十一年（1922），第一次直奉战争后，冯玉祥被任命为河南督军，颁布《督豫施政大纲》，开始对河南进行大规模的整顿。此时的他已开始学习英文。10月，因受直奉军阀吴佩孚排挤，冯玉祥被任命为陆军检阅使，进京驻南苑，积极练兵。

中华民国十三年（1924），第二次直奉战争爆发，冯玉祥升任第三军总司令，回师发动北京政变，建立国民军。后因直皖军阀相继拥兵入京，冯玉祥被迫妥协，以段祺瑞为首的北洋政府应运而生。冯玉祥下野隐居天台山。

中华民国十四年（1925），冯玉祥就任西北边防督办。冯玉祥在苏联方面和共产党的帮助下积极教育、培训军队。次年，因形势所迫，赴苏联考察。8月，冯玉祥回国，任国民军总司令，带领全军加入国民党，积极参与北伐。

中华民国十六年（1927），北伐成功，冯玉祥被任命为河南省主席。7月，冯玉祥在蒋介石的哄骗下，开始清党反共，支持蒋介石任国民革命军总司令，并于次年与蒋介石结为异性兄弟。然而好景不长，由于地盘分配和军队编遣的问题，冯玉祥与蒋介石发生了利益冲突，于是就有了中华民国十八年（1929）和中华民国十九年（1930）的蒋冯战争和蒋冯阎战争。后冯玉祥失败下野，避居在晋西汾阳，积极办教育。

（四）坚持抗日，反对分裂，为国战斗（1930—1948）

中华民国二十年（1931），"九一八"事变爆发，冯玉祥反对蒋介石的不抵抗政策，主张抗日。但蒋介石置之不理，冯玉祥次年愤然离京，隐居泰山。在中国共产党和吉鸿昌等的劝说和帮助下，中华民国二十二年（1933），冯玉祥与方振武、吉鸿昌等组成了察哈尔抗日同盟军，冯玉祥为总司令。蒋介石重兵围攻，8月，冯玉祥被迫辞职，再次隐居泰山。

中华民国二十四年（1935），冯玉祥被南京政府任命为军事委员会副委员长，四处奔走，积极宣传、组织抗日。卢沟桥事变后，冯玉祥先后被任命为第三、六战区司令长官，利用多种方式积极组织抗日斗争。

中华民国三十四年（1945），日本投降，抗战的胜利使蒋介石加紧了内战的步伐。中华民国三十五年（1946），为了破坏冯玉祥的阻挠，蒋介石派冯玉祥去美国考察水利。大洋的距离并不能阻碍冯玉祥争取和平的决心，从中华民国三十六年（1947）起，他在美国采取演讲等多种方式，联合国内外爱好和平的人士积极组织爱国民主运动，并写了《我所认识的蒋介石》一书来揭露蒋介石独裁的本质。中华民国三十七年（1948），冯玉祥被在香港成立的中国国民党革命委员选为政治委员会主席，7月，冯玉祥应中共中央邀请参加中国人民政治协商会议，乘苏联胜利号返回，途经黑海时客轮突然起火，冯玉祥与其小女儿同时遇难，享年六十六岁。

二、冯玉祥教育思想的形成背景

（一）中国传统文化的熏陶

冯玉祥的教育思想深受中国传统文化的熏陶，主要体现在三个方面。

一是传统家庭生活环境对冯玉祥教育思想的形成有重大影响。冯玉祥自幼生长在一个信奉佛教的传统农民家庭。家境贫寒，幼时生活的艰辛对其一生产生了重要的影响。冯玉祥的身上打上了传统家庭生活环境的烙印，哪怕是后来他孜孜不倦地学习，仍不能走出这种传统的桎梏。

二是中国传统的戏剧文化。冯玉祥小的时候，人们唯一的娱乐活动便是看戏。戏可以说是中华民族的一种传统艺术，流传深远，极具魅力，甚至对人们的人生观、世界观都能产生重大的影响。冯玉祥最爱看的戏是包公斩陈世美，剧中包公的铁面无私、爱国爱民以及陈世美的丧尽天良都在小小冯玉祥的心中清晰可见。当时受感动的何止冯玉祥，连上庙烧香的老太太回家的一路上都在骂陈世美。可见，冯玉祥自小深感中国传统戏剧文化的魅力，这种传统戏剧文化影响着其价值观的导向，这也是影响着其教育思想的主要价值倾向。

三是中国传统图书为冯玉祥教育思想的形成提供了素材。冯玉祥受到的蒙学教育为其自学铺设了道路。1896年，冯玉祥开始利用闲暇时间，阅读中国古典著作。阅读这些书不但提高了冯玉祥的认字水平，而且冲击着冯玉祥的思想。后来，冯玉祥因不能增加薪水而倍感压抑，决心通过学习来寻找出路。他阅读了一些军事类书籍，这些书为冯玉祥的军队教育思想的形成奠定了理论基础。清光绪三十二年（1873），冯玉祥在王化东统领的指导下，开始读《饮冰室文集》和《纲鉴易知录》。次年，冯玉祥在邓鉴三先生的帮助下，开始背诵古文。清宣统元年（1909），冯玉祥开始读《嘉定屠城记》和《扬州十日记》，激起了其对清廷的满腔愤怒。

其后，冯玉祥还读了其他书籍。冯玉祥教育思想中的很多主张都来自这些传统书籍，比如：他善于用演讲的方式来教育大众，他的演讲不但充实、易懂，而且具有很强的感染力，与他早期阅读的关于演讲的书目有很大关系。从一定意义上说，这些书籍为冯玉祥教育思想的形成提供了素材，为其教育的实施提供了方法和途径。

（二）西方基督教思想的影响

两次鸦片战争打开了中国闭关锁国的大门，太平天国运动促使封建统治者有了改革的念头，发出了向西方学习的呼声。十八世纪被禁止的传教士活动在一个世纪后如潮水般再次涌向中国，他们建立了各种教会学校传播西学和教义，尤其是1877年第一次基督教大会后，基督教的势力不断扩大，基督教在中国的影响也越来越深远。在这种环境下，冯玉祥从仇视宗教开始变为一个虔诚的基督教教徒。

冯玉祥幼年时，母亲病重，家里却不及时就医而寄托于神灵，最终母亲去世。他十二岁时，随部队去保定满城驱打瘟神，路上经过外人传教的福音堂，他托起枪朝福音堂狠狠地打了两枪，心里痛快极了。由此可见当时的冯玉祥对宗教，尤其是外国的宗教有一种仇视的心理。然而，后来发生的几件事使其对基督教产生了兴趣。1905年，冯玉祥患病住进了北京的一所教会医院。冯玉祥在此期间，被该医院的医疗服务和技艺所折服。出院那天，冯玉祥感谢医生，医生却说要他谢上帝，由此激发了他的感激之情。冯玉祥自此开始对基督教产生了好感。1907年，冯玉祥随军访奉天新民府时，听一位老神父提到中国儒家学说和基督教教义有相通之处，使冯玉祥对基督教有了进一步的亲近感。中华民国元年（1912），他被朋友约到崇文门内一座教堂听讲，当时的主讲是新来中国的莫德博士，由王正廷先生翻译。他讲的博爱利他的教义思想给冯玉祥留下了很好的印象。从此，他对基督教渐渐产生了兴趣。

冯玉祥是个科学基督徒，没有丝毫迷信观念。曾有人问他："你真信奉上帝吗？"他回答说："上帝即道。即真理，亦即科学。"[70]从中我们可以看出，冯玉祥对于基督教的信奉，并不是迷信，而是信奉基督教的科学教义。基督教的博爱、平等、利他的教义对其产生了极大的影响，这些教义以后也成了冯玉祥精神教育的内容。

（三）清末民初新教育思潮的冲击

清末民初新教育思想冲击着冯玉祥的思想，对冯玉祥教育思想的形成产生了巨大的影响。

辛亥革命推翻了帝制，开始了民国的新纪元。教育界也涌现出了以军国民教育、实利主义教育、国民教育、美感教育为代表的新教育思潮。

军国民教育，是指文武合一的教育。它主张通过教育培养国民的军事技能和尚武精神[71]206。蔡锷、蒋百里、梁启超等都提出了关于军国民教育的主张。蒋百里在《军国民教育》一文中提出军人精神教育有爱国心、公德心、名誉心、质素和忍耐力等四大纲[71]206。冯玉祥深刻地认识到要想在这样的社会环境下生存，就必须要有自己的优质军队。因此他重视对军队的教育，军事技能和尚武精神的培养内容正是冯玉祥军队教育的重要内容。他为军队编写的《精神教育书》，其内容和蒋百里的《军国民教育》的内容有异曲同工之妙。在冯玉祥创办的学校中，有不少学校在教育内容上注重一些基本军事体育技能的训练，尤其是一些军事化的学校。由此可见，当时的军国民教育对冯玉祥的教育思想产生了很大的影响。

实利主义教育开始于清朝末年，二十世纪初，清政府被迫在"壬寅癸卯学制"中在制度上肯定了各类实业学堂。1906年，清政府把尚实作为教育宗旨之一。辛亥革命后，孙中山主张在学校教育中因材施教。蔡元培提出了实利主义教育的重要和具体的教育内容。1913年，教育部颁布了《实业教育令》以推进实业教育，还设立了女子职业学校。这些实利主义的教育思潮主张推行教育内容和方法的实用性。这种实用的教育思想对于当时社会的发展来说具有重大的作用。从冯玉祥的生平经历中，我们可以发现冯玉祥有很强的求知欲。这种实用的教育思想必然会引起他高度的兴趣，加上他出生在一个农民家庭，对于农民来说，衡量一个东西的价值的最重要的标准就是是否有用。在这双重影响下，冯玉祥的教育思想必然带有实用倾向。

国民教育主张全体国民接受教育，也可称为义务教育。维新人士主张开展义务教育，培养新式国民以立国。资产阶级革命派主张国民教育与国民革命联系起来。民国初年时，孙中山主张把基础教育、职业教育、女子教育、师范教育纳入国民教育体系[71]214。普及义务教育日渐成为一种教育的趋势。冯玉祥的生活经历告诉他教育为立国之本，想要促进地方的发展，就必须发展地方的教育。国民教育的思想为地方教育的发展指明了方向。要发展地方教育，首先就要普及地方的教育。冯玉祥在督政地方期间，十分重视普及义务教育。

"美感教育思想，主张融美学理论于教育之中，以陶冶国民高尚的道德情操。"[71]215冯玉祥善于用美术、歌唱等形式进行宣传教育，可谓把这种美感教育具体化、实践化。

总之，冯玉祥的教育思想是时代的产物，必然深受那个时代的影响。因此，清末民初的教育思潮对于冯玉祥教育思想形成起着重大的作用。

三、冯玉祥教育思想体系

冯玉祥的教育思想由学校教育、家庭教育、大众教育、军队教育组成，形成了一个完整的教育思想体系。

（一）论学校教育

1.义务平民学校

（1）以平民为主要教育对象

冯玉祥在河南主政期间，拟定的督豫施政大纲十项中的第八项明确提出了推行义务教育，以开民智的主张。可见，在冯玉祥的思想中十分重视义务教育。在当时的社会背景下，有钱人是不缺乏教育机会的，穷人根本就没有接受教育的物质基础，故冯玉祥所提出的推行义务教育，实际上是针对贫民或平民来说的。从冯玉祥所创办的义务教育的学校招收的学生来看，他们大多是贫苦农民和工人的子弟，学校一律不收学费，每年还免费给学生发两套服装：一套单衣，一套棉衣。在冯玉祥创办的学校中还有一所比较特殊的平民学校，那就是玉祥小学。它不但是小学，而且还是夜校。这类夜校主要是为那些年长的失学平民提供最基础的教育。冯玉祥主张创办的平民学校以义务教育学校为主，教育的主要对象是平民，这里的平民不仅指家庭不富裕的年龄适合接受教育的孩子，还包括一些年长失学的平民。

（2）平民学校教育的内容——文、技、思

平民学校教育的内容主要有三个方面。一是基础的文化知识。如他在河南开封办的平民学校里开设的平民千字课、算术课、常识课、习字课等等。二是技术。如他在武训小学开设的劳动课，内容"包括木工、铁工、石工、编条、缝纫等内容"[72]54。三是思想教育。冯玉祥采用歌谣、校歌、活动等多种方式对学生进行多种内容的思想教育。他为学生编写富有爱国精神和做人准则的歌谣《哲学问答》，鼓励学生自立、自强、自爱。从这一小段歌谣中，可以看出冯玉祥主张学生要热爱自己的国家和民族，要虚心求学以增强自己的实力，保护自己的国家和人民。除此之外，冯玉祥还通过反日歌谣、启发阶级觉悟的歌谣、教育学生孝敬长辈的歌谣等来对学生进行爱国、敬老、向学等方面的思想政治教育。

（3）德才兼备的教师队伍

圆山学校的教师多来自南京晓庄师范学校，"冯玉祥委任范明枢先生为总校长，委任张雪门为付校长，兼管教务工作"[72]53。同时还请著名书法家武中奇亲自到学校任教。"革命烈士鲁宝琪、马子刚都是武训小学的教师。"[72]56 "在教师活动方面，总校订有每周一次的校会制度。每星期日组织教师学习半天。各分校教师都集合到总校参加校会。"[72]55由此可见，冯玉祥重视平民学校教师的选用和培训。冯玉祥在选择教师时，不但重视教师的专业技能和知识水平，而且重视教师的德行。

2.实用干部培训学校

鉴于党务行政工作的需要，冯玉祥创办了一些干部培训学校，培养党政工作骨干。其中最具代表性的是1928年1月在河南开办的河南训政学院。其原为训练各县县长及候选人员的河南行政人员训练所，因训练内容扩大，改为河南训政学院。后冯玉祥兼任河南开封政治分会主席时，又将其改为开封训政学院，用来培养其管辖的山东、河南、陕西、甘肃、青海、宁夏六省的行政干部。这是一所名副其实的干部学校，"其宗旨是研究国民党的党义，改良吏治，促进自治，培养适用于训政时期的人才"[73]59。

（1）齐全的学校建设

"训政学院的设施有各课办公室、各班教室、礼堂、图书馆、诊病室、养病室、宿舍、浴室、石印室、理发室、游艺室、贩卖部、墙报社、学生接见室、勤工夜校等。"[73]59

（2）以科定班制

河南训政学院的班次主要有以下三种为期六个月的训练班：一是地方人员训练班；二是地方自治人员训练班；三是卫生行政人员训练班。后改为行政学院时，增加了一个为期三个星期的县长及公安局局长临时训练班。改为开封训政学院后，开设的班次有：法律研究班、法律专修班、政治研究班、政治专修班（研究班的学期为一年，专修班学习期为三年）。另有行政训练班（后改为县长训练班）、自治训练班、公安训练班、卫生训练班等[73]59-60。其他的半年到一年不等。从中可以看出，训练班的班次的安排正在从人员身份的分类向科目的分类进行转换。"训政学院设有教务、指导、体育、庶务4课，各课设主任1人及课员、书记员若干人，另外还有军事课,军事总教官为王风瑞。"[73]59冯玉祥重视学生的体质训练，要求他们在体育训练外加练武术。

（3）高起点的学生队伍

训政学院的学生主要有以下几类：各研究班和专修班的学员是高中毕业或具有同等学力的青年；各训练班的学员大部分是六省区保送的；西北军编遣余下的军官；冯玉祥以前办的子弟中学的一部分投奔老校长余心清的学生。可见，训政学院录用学生的要求相对比较高，都要求有一定的教育基础，同时也可以看出，冯玉祥十分重视对军官的再培训教育。

（4）高素质的教师队伍

冯玉祥重视训政学院的教师的选用。他委任河南省政府代主席邓哲熙为院长，余心清为副院长，实际事务均由余心清负责。学院的聘请的课程教师多是河南大学的名师和开封有名的律师。干部学校教师都是社会各方面的优秀人才，一部分是一线的工作者，另一部分是钻研学问的研究者，可谓是理论与实践相结合。

3.职业女子教育学校

1922年，冯玉祥拨款给河南第一女子中学增加学校基础设施，扩大学校规模。1927年，为了能使女子获得更好的教育，在冯玉祥的帮助下，河南省政府下令男女同校，破除性别歧视。"1928年1月开办省立第

一、第二女子求知讲习所。"[73]68 1928年，冯玉祥担任河南省政府主席期间，命令民政厅厅长邓哲熙筹办训练接生事宜，聘请专业产科医生，设立大规模的"河南接生传习所，选送贫寒妇女入所学习，以培养新法接生之卫生工作者"[73]172。接生传习所所长郭师武聘请十二名教员分门任教。"教学内容以传播新的医学知识为主，课程有产科、解剖、药物、胎生、妇人科、卫生、体育、外科、内科、小儿科和产科实习等。"[73]172 还设有产妇坐室门诊供学生实习所需。后来，受冯玉祥指示，河南大学医学院将其改建为附设高级助产学校和附设妇女产科医院。"12月建设厅创办职业讲习所，内分织染、缝纫、化学制造三科，吸收妇女参加学习，结业后分配工作。"[73]68

从上面可以看出，冯玉祥重视女子教育，主张男女平等，破除性别歧视，女子应和男子一样有接受教育的权利。因此，他积极提倡并参与创办女子教育学校。通过多种方式扶持其建立和扩大规模。在教育内容上，冯玉祥主张选择一些适合女子性别、性格、特征的教育内容，注重教育内容的实践性，尤其偏向于对女子的职业教育，使之学有所得、学有所用、学有所存。

4.专业军事学校

冯玉祥重视对将才的造就，因此他十分重视建立军事学校。

（1）军事化小学

冯玉祥在第一次到开封时，曾创办了三所军事化小学，它们分别是：卧龙宫路东办烟酒税局小学、财政厅小学以及西邻盐务局小学。冯玉祥曾派少校军官毕正禄任西邻盐务局小学校长。这些学校在招收学生时，对生源有严格限制：每校招收四个班的学生，每班约五十人，年龄十一二岁。自愿报名，家长同意，只限平民，不收富家子弟[73]181。冯玉祥对这些学校进行军事化封闭管理，要求学生统一住校，统一着装，"蓝色军服军帽、蓝绑腿，腰扎皮带，左臂别有3寸长2寸宽的蓝色白边臂章，横印'抗日救国'四个红字"[73]181。学校学生除了要学习普通小学的课本外，每星期六还需要在北门外沙滩进行打靶、演习打仗、救护伤员等军事训练。冯玉祥每个月还通过讲演、讲故事等方式教育学生要爱国爱民、吃苦耐劳。

（2）军官学校

为了培养军官，顺利地开展军事教育，冯玉祥创建了一些军官学校。比较著名的有两所。

一是西北黄埔军校。此军校是1925年，冯玉祥驻守西北边防时在张家口察哈尔创办的。学生主要来自北京、天津地区，多是高中及其以上文化。"学生共分4个科6个大队，其中步兵3个大队，骑兵1个大队，炮兵1个大队，工兵1个大队。每队100余人，总共约700人。"[74]53保定军官学校的学生为学校主要的教官，西北黄埔军校初期曾聘请过苏联的专家来校任教。冯玉祥要求学生每周去督署听一次课，他有时还亲自给学生进行军事训练示范表演。学校注重精神教育和政治教育。冯玉祥用独特的方法把爱国爱民的精神教育的内容灌输到官兵的日常生活中。政治教育的主要内容有《革命精神》《三民主义》《建国大纲》等。"术科学习主要有步兵操典、射击教范和兵器、地形、筑城等课程。"[74]54 1926年，冯玉祥访苏时，挑选了学校的部分学生去接受苏联红军的教育。

二是开封军校。1927年，国民联军进军河南，冯玉祥深感优秀干部紧缺，成立了一个军校，这就是开封军校。他委任徐廷瑷为校长。后张自忠接任校长，王冠军为教育长。"1928年冯玉祥任命张骏为校长，不久又改任张锡祺为校长，张骏为副校长，张国选为教育长。"[73]115从校长和教育长的委任情况，可以看出冯玉祥十分注重军校校长和教育长任用。

开封军校的"学生分为两个大队（营），第一大队为步兵，下分6个队（连），第二大队为特种兵，以下有骑、炮、工、辎重、机枪各一队"[73]115。每个兵科都有一个科长，大队的队长和教官大多是学校出生，有些甚至是日本留学回来的，军校人才济济。

开封军校采用最新的日本士兵学校的教材。队长讲解的典、范、令和专任教官讲授的各种课程同时进行，术科教育中掺杂了一些国民军传统办法。在以战斗训练、射击训练、兵科训练作为重点的基础上，重视杠子、劈刀、刺枪等技术训练，同时注重学生的精神教育。教学的内容主要有："精神书、军歌、简明军律、军士勤务、曾胡治兵语录等必须熟读以外、告往勖来篇、战阵一补，义勇小史等书，也要摘要讲读。另外，还增加了中山革命语录、三民主义问答、政治问答、国民军誓词、朝会问答等内容。"[73]116冯玉祥经常同学生讲话，教育学生要有服从命令、遵纪守法、爱国爱民、吃苦耐劳的精神。冯玉祥为了锻炼学生吃苦耐劳，常常安排学生在大风、大雪、大雨等极端恶劣的条件下行军、战斗、筑垒等。

（3）军医学校

因部队医官缺乏、医院价格昂贵，冯玉祥决定成立军医学校。当时被称为卫生教练所，冯玉祥为名誉校长。在学生的招收方面，冯玉祥优先录取军队中有一点文化的年轻的士兵。社会上的青年学生要想进军医学校，必须自愿报名，通过考核方能录取。此学校共办了两期，每期四年。

（4）军官子弟学校和培德学校

冯玉祥创办了不少军官子弟学校和培德学校。冯玉祥不仅重视对官兵的教育，还重视对军官子弟和家属的教育。冯玉祥为西北军中家在农村，读书困难的军官子弟创办军官子弟学校。同时，他为了避免夫妻文化的差异，解决军官的后顾之忧，创建了多家培德学校。学校的办学方式比较灵活，可以带哺乳期和未到入幼稚园年龄的小孩入学，可以半日读书，半日劳动。冯玉祥曾任培德学校的校长，当时的副校长是一位曾留学日本的少校军医官的夫人。教学内容除文化课外，还有缝纫、刺绣、编制、护理、家庭卫生、接生术等。在教学方法上讲究循序渐进，比如学生先学注音字母，然后再学读课文。冯玉祥还经常通过带领家属去军队医院护理病员的方式开展实践教育。

（二）论家庭教育

对于冯玉祥来说，"家"有广义和狭义之分。从广义上看，冯玉祥认为"国"就是"家"；从狭义上来看，"家"指的是冯氏家族。这里论及的家庭教育主要是从狭义上来说的，具体包括家族教育和家庭教育。

1."戒八守十二"的家族教育

冯玉祥主张，家族中人应该互相扶持，互相教育，相互勉励，共同进步。他认为族谱中的训语应该有一定的改变，特补充了孝亲、忠国、敬长、团结、求知、力行、勤劳、节俭、谦和、诚信、利他、功德这应守者十二事[75]24和懒惰、骄傲、饮酒、赌博、迷信、自私、奢侈、虚伪这应戒者八事[75]25。这是冯玉祥根据族谱，结合实际情况提出的适合族人遵守的训语。他对族人的德行和行为都有要求，这些要求具有很强的可操作性。

2. "育苗式"家庭教育

冯玉祥的一生有两位妻子，共有四个儿子、六个女儿。冯玉祥的子女都是接受过高等教育的优秀人才。冯玉祥的子女之所以如此优秀，离不开冯玉祥对其的家庭教育。冯玉祥注重对子女的早期教育，他认为教育子女就跟育桑树苗一样，不但要趁早，还要认真地培育。因此，他从子女幼时起就开始启蒙教育，认真地教导他们，教育他们学会生活，学会劳动，学会做人。

（1）思行并重的家庭教育内容

冯玉祥的家庭教育思想主张不仅重视孩子的思想教育，还要注重孩子的行为教育，尤其是其在幼年时的行为教育。

第一是良好的行为习惯。冯玉祥注重孩子良好的行为习惯的培养。主张要教育孩子形成健康、有序的生活习惯和科学、合理的学习习惯。冯玉祥教导孩子要勤俭节约，不许奢侈浪费，提倡平民化生活。比如：如果吃饭时，饭粒掉在桌子上，冯玉祥就和孩子们一起背诵李绅的诗《悯农》，并要求孩子们捡起饭粒吃掉，以此来教育孩子养成节约粮食的习惯；冯玉祥在冯弗伐结婚时赠与《示女》诗，以此来勉励她婚后要勤俭持家。他还教育孩子要守时，言语、动作要有定规。他在赠送给女婿的《临别赠言》的十三条中就明确提出了此点。冯玉祥教育子女不搞特殊化。比如有次冯洪国乘火车去南苑时，被高级军官招呼上了头等车厢，而未按车票的位置去三等车厢。冯玉祥发现后，唤其下车，严厉斥责他，还打了他几军棍。在学习习惯上，他规定每个孩子每天写一百个大字和五百个小字。他要求子女要坚持写日记，越详细越好。不管严寒酷暑，都要按时按量练习武术[76]88。

第二是独立、自主的生活能力和体育锻炼。冯玉祥要求自己的子女要独立自主，要靠自己的双手生活，养成爱学习、爱劳动的优良品质。他要求每个孩子"必须学会洗衣服，缝补衣服；学会做木工和耕地；女孩子还要练习刺绣"[76]88。他和家人在美国时，大家轮流做饭。冯洪达还被冯玉祥送去林场学伐木、去奶牛场学挤牛奶。他鼓励子女说："把身体练得棒棒的，长大了好上战场消灭侵略者。"[76]89每天早上晨练时，他常常带着孩子们一起要刀、练拳，不练得浑身大汗不许回去。由此可见冯玉祥十分重视子女的体育锻炼。

第三是正确的思想道德。冯玉祥注重对孩子的爱国主义教育。他通过寄日本人屠杀中国人的照片给二女儿冯弗伐，以对其进行爱国主义的教育。冯玉祥每次给留学美国的儿子冯洪达去信时，"总要细心地附上关于国内政治大事的剪报，培养孩子从小关心祖国、热爱祖国的思想感情"[77]105。在为人处事方面，冯玉祥教育子女要做个有志气、有出息、有用的人。他对子女说："要紧的是学本事，学能耐，要先自己站得定，然后尽力地帮助别人，要是全靠别人帮你的忙，那就是自己看不起自己。俗话说得好，工欲善其事，必先利其器。一个木匠，必得有一个好的斧锯，才能做好的家具。"[77]105因此，冯玉祥教育孩子要先立志，然后利其器，努力学本事，只有这样，才不会被人看不起，才有可能去帮助别人。冯玉祥临终前还告诫子女："在这个世界上，有些人有能，有些人有钱。这两样比较起来，那钱毕竟是很空虚、软弱的，一旦拿它换不出东西来，它就是一点用也没有了。所以，爸爸总希望你们自己多多努力，做个有能的人。"[77]105-106同时他教育子女要"忠于国家，孝于父母，友于兄弟，信于朋友，节约自己，帮助他人"[77]110。他常说孝乃众善之始，做人之基。如果一个人连生他养他的父母都不爱，怎么能指望他有忠心，指望他为国家效力？同时，他教育子女做事要谨慎，要有恒心、有毅力，不怕苦、不怕累，循序渐进，切戒性躁。要尊重他人，对人恭敬。他的二女儿冯弗伐在德国留学时为了赶时髦而想学开滑翔机，冯玉祥写信勉励她要努力读书，努力工作，做事要先做好最基本的工作，要有耐心，要沉着，要有恒心和毅力，不可急于求成。

（2）传而不统的家庭教育方法

冯玉祥主张采用传统的家庭教育方法，然而又不是完全按照传统的模式，而是在传统家庭教育方法的基础上，结合具体的实际情况，采取灵活多变的教育方式，传而不统。其家庭教育的主要方法有以下几条。

叮咛。叮咛是指通过反复强调以达到正强化的目的。冯玉祥具体采用以下三种方式。一是口头上的叮咛。这种叮咛方式是家庭教育中比较普遍的一种教育方式。冯玉祥夫妇经常叮咛孩子们："不要靠爸爸妈妈说你们，要靠自己说自己。"[76]90二是赠言或写信给孩子们。冯玉祥女婿元铮准备出国深造时，他亲笔写下《临别赠言》给女婿，勉励他要努力学习，坚持写日记，要善于自我批评，自我勉励。三是赠画题诗。1946 年 6 月，冯洪国前往重庆前，冯玉祥画了一个力夫肩扛着沉重的麻袋，并题诗："背负甚重，压得腰痛；咬紧牙关，硬不出声；坚决忍耐，向前行进；目的达到，轻松光明。"[77]113冯玉祥想以此来鞭策洪国。这种叮咛的教育方式在当时来说可谓是一种创新，有趣而富有感染力。

说理。冯玉祥在美国时，洪志夫妇去看他，因无地方住，故暂居旅馆。冯玉祥怕洪志心里难过或有别的想法，就和他做了一次长谈。他先从注重个人独立精神的美国讲起，然后又讲到中国的大家庭的弊端，再转到自己家的事，可谓是深入浅出，循循善诱。从中可以看出冯玉祥的说理教育方式与一般性说理不同，不是把自己的观点强加给对方或直接说道，而多采用委婉的方式，借他事来说彼事，层层深入。

立规矩。冯玉祥为了严格要求子女，给子女订立了很多规矩。比如：冯玉祥在泰山居住时，就给冯洪达定了这样一个规矩，那就是冯洪达除了要完成每天学校规定的作业外，空闲时间还要种地。冯玉祥就是通过这些规矩来规范子女的行为，达到对其教育的目的。这和传统意义上的父母要求子女去做事是有区别的。传统意义上的"要求"带有一种家长单方面强制子女做某事的意味，而"立"是一种父母和子女双方在共同协商后订立某种行为规范的意思。虽然两者都带有一定的强制性，但从感情意义上来说，还是有区别的。

榜样。冯玉祥重视榜样教育。在家庭教育中，他时刻以身作则。作为一位大将军，他生活俭朴，只穿粗布衣，不赌博，不喝酒。他有良好的生活和学习习惯，每天按时起床晨练。他努力读书、学习，尽一切可能学本领，时刻准备着为国家、为人民服务。他是孩子们心目中的英雄和榜样，他的爱国情操和民族责任感深深影响着孩子们。

启发。冯玉祥注重对孩子的启发教育。有一次，冯理达的作业是绣一件绣品，但她不知道绣什么，便问父亲。此时冯玉祥并没有直接告诉她答案，而是反问她："日本侵占了东三省，你说该绣什么？"[76]88冯玉祥就是通过提示去引导、启发孩子的独立思考能力。他还给孩子讲他创造各种条件练字的事，启发孩子练习书法。

（三）论大众教育

冯玉祥的大众教育思想多形成并实践于其在河南、陕西、湖南等地督政时期。冯玉祥的大众教育思想具有社会化教育的特点。他的大众教育思想主要包括以下四个方面。

1.强民富国的教育目的

1894年，清廷对日宣战，冯玉祥所在的练军被调往大沽口警备。消息传开后，有些兵士的家长反对子女去。开拔的那天早上，情形就如同杜甫《兵车行》中所描写的那样。明明是为国争生存，为国争光，却像是谁家出殡一般。这使冯玉祥深感人民国家观念和民族意识的淡薄，他认为这是专制政策和愚民政策造成的。巨河秋操完，冯玉祥被派往山东参观校阅，在回来的火车上，他亲见自己的同胞一路上不是乱吃东西就是躺着呼呼大睡，而外国旅客有的看书、看报，有的谈天，有的看窗外的风景，有的女子边编织边教孩子识字看画。这让冯玉祥深感本国国民与外国国民的差距。1938年，冯玉祥去郾城招兵时听闻一位熟人才四十多岁就去世了，这使他深感中国人寿命的短暂。冯玉祥认为，造成这一切的最主要的原因是社会问题。二十世纪二十年代，男子留辫，女子裹脚；寺院林立，烧香拜佛；买官剥民；军阀混战……在这样的环境下，人们愚昧无知。画家赵望云曾画过一幅农民手拿鞭子赶毛驴耕地的画，冯玉祥为其配诗曰：" ……老农且休息，听我说道理，欧美用机器、我国用人力……贫穷迥不同，强弱亦大异，若要想富强，大家科学习。"[72]62 由此可见，冯玉祥认为要改变这样的状态，非一两人之力而为之，独木不成林，国家的独立和富强需要靠群众的强大力量。只有大家一起奋斗，努力学习科学知识，才能使国富民强。冯玉祥认为，为了使群众觉醒，认识到目前国家的现状，必须对大众开展教育。只有教育才能启发民智，改善民众的生活。

2.有教无类的大众教育对象

为了更好地达到大众教育的效果，冯玉祥主张有教无类，从而更好地扩大教育的范围，以便达到强国的目的。其大众教育的对象有以下几类。

（1）农民

新中国成立前，军阀混战，天灾人祸，河南广大农村很多农民破产，四处流浪，人民为了生存，有的乞讨，有的偷盗。冯玉祥为了让这些农民自食其力，创建了贫民村安顿他们，并请有手艺的师傅传授他们手艺。传授的内容有：编草帽、制革、做木工和小手工艺品。这样一来，这些农民有了一技之长，就可以靠手艺养活自己和家人了。

（2）吸毒者

冯玉祥在常德时，鸦片泛滥。冯玉祥组织、成立了戒毒所，请专业的医生，购置药品，强制吸毒者戒毒。为防止断瘾后的人游手好闲，冯玉祥送他们去工厂学习谋生的技艺。

（3）女子

冯玉祥在黄陂看县志时发现了花木兰代父从军的故事。他主张每县立一个花木兰的铜像或石像，并在下面把事实简要地写出来，号召女子们也要起来。冯玉祥认为男女平等，重视对女子的教育，号召女子放足。

（4）囚犯

冯玉祥在主豫期间，建了八卦楼作为反省院，其目的是利用八卦楼对罪犯进行管理和改善罪犯心理。《周易》认为：卦象布八方，物分阴阳五行，生克制化，对立统一，相互依存，互相作用，其结构对人身心能产生一种作用，故用八卦结构作监舍可以矫正罪犯的心理[73]143。1928年，冯玉祥把反省院更名为感化院，在生活上优待政治犯，称政治犯为同学，并对其进行文化教育和时事教育。

（5）工商业者

工商业者是冯玉祥大众教育的一个重要对象。冯玉祥在某个时期由于一些原因被排挤，故军费各方面都受到了限制。无论是对于军队的建设还是教育的实施，物质的支持是非常重要的。政府的物质支持是靠不住的，那么要在社会上取得物质支持，必然要求助于工商业者。当时，有一些民族资本家积极支援前线，这给冯玉祥留下了很好的印象。他积极联系工商业者，和他们交谈，谈国家大事，谈商人买卖，等等，用各种方式鼓励有民族气节的工商业者做一个爱国商人，为抗日献金出力。

除此之外，冯玉祥大众教育的对象还有和尚、日本人等。可以看出，冯玉祥大众教育的对象是没有明确边界的，只有需要的强弱度之分。独木终不能成林，无论是哪一个类别，只要有需要，有条件，都应该进行教育，不论男女，不论阶级，不论职业。

3."知识为基，思想为本"的教育内容

冯玉祥主张有教无类，因此，针对不同的教育对象，程度不同，思想不同，教育的内容也就不同。就当时的社会环境下的大众教育来说，冯玉祥主张在大众教育的内容方面，以普及文化科学知识为基础，以爱国主义思想教育为根本。

为普及文化科学知识，冯玉祥给大家讲学文化的好处，提高群众在思想上对学文化的认识。他积极组织、开展民众识字运动，设露天学校，组织军官赴村镇教民众读书识字。二十世纪二十年代，社会混乱，群众迷信神灵。老百姓成群结队到老槐树下烧香磕头求保佑。生病的人不去看医生，反而取井里所谓的神水治病。为了破除老百姓的迷信思想，冯玉祥亲自带老百姓去医院医治。他还在公园里建黄河、长江、珠江和鸭绿江四大河流以及昆仑山、喜马拉雅山、天山、阿尔泰山，还有京汉和陇海两大铁道的地理小模型，从而普及大众的地理知识。1928年，他把相国寺里的藏经楼改为实业馆，分两层，下层陈列的为省内生产的物品，共分十六类：化妆、工艺、农产、雕刻、草编、农具、刺绣、矿产、药材、铜锡、文具、棉织、丝茧、瓷器、丝织、食品等[73]38。上层有大毡、大帐、大型铁、竹等大一点的物品，冯玉祥赠予的北极熊标本和外国的实业产品。冯玉祥通过此种实物陈列来增加人们的实业知识。并且把藏经楼的东配殿改为平民游艺馆，设乒乓球、象棋、军旗等，还有笙、萧、笛、胡琴、三弦、风琴等乐器。他还把定府城隍庙改为教育馆，馆内布置的主要有如下几类。一、关于生理方面的有：人体模型、人体骨骼模型各一具，胎儿模型七具，生理挂图二十九幅；二、动物模型：分有蹄类、食肉类、猛禽类等十七类的模型八十一个，浸制标本八十八瓶、挂图二十五张；三、植物标本：有蜡叶标本八百四十五张、挂图二十一张；四、矿物标本：有各种矿石标本一百三十五种[73]50。由此可见，冯玉祥文化知识教育的内容多、类别广，涉及地理、历史、生理、动植物、卫生、美术等方方面面。

同时，冯玉祥始终牢记爱国主义教育这个根本。他教育群众要爱国、要自强。他把美国、日本等国的货物陈列出来，想通过此来唤醒民众的国家意识，激发群众的爱国感情。冯玉祥利用开封新建的公园里的地理

模型，把鸦片战争以来被割让的土地标注出来警醒群众，给予他们爱国主义的教育。冯玉祥南苑驻兵期间，建筑能容纳三千人的洗心所，安排军官演讲，宣传政治常识，引导大众正确的爱国方向。抗日战争时期，冯玉祥动员各方力量，教育大家要积极抗日，保卫自己的国家。他教育群众，只有国家在，群众才会有好日子过，如果国家都不能保全，那么大家也不能过好日子。

4.灵活多样的教育方式

为了使大众能更好地接受教育，冯玉祥创造、利用一切条件，采用各种灵活多样的教育方式，积极开展大众教育。

（1）完善公共服务设施

冯玉祥为了普及教育，积极完善公共服务设施。公共服务设施的完善主要有两个大的方面。一是建馆。冯玉祥购置了大量的文化、科学图书，搜集了很多标本和科学挂图，设立了不少图书馆、科学馆，还建立了教育馆、美术馆、民族博物馆等，设专人讲解，并组织群众和学校师生去学习和参观。冯玉祥创建的图书馆有中山图书馆、金生图书馆、河南图书馆、开封图书馆，还有各机关和学校设立的平民图书馆。二是建园、建亭。冯玉祥在地方主政时，建立了许多公园和亭子。他还在驻城内外设立多处格言亭，亭子的石柱上刻着各种格言和人民应知的律令。

（2）绘图画，书格言和标语

为了警醒民众，冯玉祥利用各种可利用的地方，通过绘画和书标语来教育群众。他把各机关和闹市的墙壁加以粉刷，书写标语。二十世纪二十年代时，冯玉祥就在城墙上刷"好青年要立志做大事，不要立志做大官"的标语来启发青年的革命意识。甚至各商家的门首也被用来书写标语。1927年，他亲自在《劝政碑》上写了"我们要使人人都有受教育读书识字的机会"[73]33的碑文。除此之外，他还善于运用美术来教育群众。他请人在省政府大门对面的大照壁上画壁画《广种树木图》，以此教育群众种树；在相国寺建筑物外墙上画闻鸡起舞、卧薪尝胆等历史故事鼓励群众奋发向上。

（3）办班办校

冯玉祥为了普及教育，开办了多种类型的学校，前面的学校教育中已有论述，这里就不再重复。冯玉祥除了办校外，还创办了一些班来进行大众教育。比如：1934年，冯玉祥为了锻炼群众，在泰山关帝庙设立了武术训练班，聘请少林拳师王海门为教师。冯玉祥为了提高行政人员的素质，举办了各种行政人员训练班。同时，冯玉祥派李世军在郑州开办了农村组织训练处，培养农村指导员，以便更好地带领群众开展教育。

（4）其他方式

冯玉祥大众教育的方式可谓灵活多样，还有演讲、唱戏、开会、画连环画、讲故事等方式。他在湖南常德时，设讲演所，安排军官定时演讲。每到国耻日，则派各官佐去各处进行爱国主义教育的露天演讲。抗日时期，他沿途向群众宣传抗日，有时一天讲三次，每次都是一两个小时。演讲时他必准备一棵五六尺长的枝丫、一个搁点草的小草帽、几个鸡蛋。他把放有鸡蛋的小草帽放在枝丫上，以实例教育百姓一旦树倒了，窝也就没了，蛋也会碎。

冯玉祥在百泉时为了改善百姓的文化生活，建立了中山俱乐部，上演文明戏教育观众。当时曾经放过一个男子不愿跟裹小脚的女人结婚的事来号召妇女放足。

为了让大家了解不识字的害处，冯玉祥让部下把其害处编成连环画，制作成幻灯片给群众看。比如：一个老农因不识字，把自己的地契当窗纸糊了墙，把拾元钱当一元花掉了……用这些具体事例来教育农民，提高农民学文化的觉悟。

1927年12月，冯玉祥约葛天民组织了新剧团，编排剧情简单、形式多样的剧目教育群众。比如：《爱国泪》《开路基》《回头是岸》《好儿女》《国恨家仇》等等。

冯玉祥主张书店应该多编辑内容通俗和价格便宜的能增长人见识的书籍。比如《大彼得》《哥伦布》《班超》等。这样，一般的平民就可以有机会阅读书籍，增长人们的见识。

（四）论军队教育

军队对于冯玉祥来说犹如其建立的一个学校、一个家庭，冯玉祥在长时间军队教育实践中，吸收历代兵家经典并加以改造，形成了一套独具特色的军队教育思想。

1.士兵招募标准:"根正苗好"

冯玉祥注重士兵的招收。为了招收到优质的士兵,他还让官兵以回乡探亲为名招募符合条件的亲友,并发给来报道的路费。他对士兵的招收有两个条件:一是"根正";二是"苗好"。"根正"是指冯玉祥招兵时注重士兵的德行和操守,尤其是孝道,每次招兵时,他都要首先问对方孝不孝,在他眼里,不孝即不忠。"苗好"是指冯玉祥要求招募的人员要具有成为一名合格士兵的基本条件。其招募士兵的条件有:第一为青壮农民,手上有茧子,冯玉祥认为他们能吃苦耐劳,安心军旅,不开小差;第二为粗识文字的店员、小学和中学学生,经过训练可当后备军佐;第三为体格健壮无暗疾(指患花柳病或吸毒者),身高在一米五以上者[78]。

2.军队教育目标:培养优秀军人

冯玉祥军队教育的目标是培养出保国、保家、保民的高素质、高战斗力的官兵。冯玉祥军队的官兵多来自农村,很多士兵未接受过正规的学校教育,存在很多不良的习惯,素质低下,参差不齐。有些军官根本不懂如何带兵。这样的军队是不合格的,是无法进行战斗的。因此,冯玉祥积极培养士兵,特别重视对军官的教育。冯玉祥在新民府驻防时,亲眼目睹军队中赌博、伙食差、卫生马虎等现象,他认为造成这些现象全在于官长疏懒,不负责任;士兵缺乏教育,没有知识。故冯玉祥注重对士兵进行知识教育的同时,加大对军官的战斗力的教育力度,以增加官兵的知识,提高全军的素质,以培养出保家卫国的优秀军人。

3.军队教育内容:"德、智、体、美、劳"全面发展

冯玉祥的军队教育的内容不仅具有层次性,而且全面。他根据不同层次的教育对象,安排不同的教育内容,积极培养士兵的德、智、体、美、劳全面发展。德是指他对军队的精神教育;智是指他对军队的文化,特别是军事战略的教育;体是指对军队的体能和术科的教育;美不仅指对军队的音乐教育,还包括对士兵自身美的教育,即卫生教育;劳是指冯玉祥对士兵进行的自立的劳动教育。这些军队教育的具体内容主要以精神和军事训练为主,兼顾卫生、文化知识、职业技能等教育。

(1)精神教育

清光绪三十四年(1908),冯玉祥被派去山东参观校阅。冯玉祥在看

完这次校阅后，认为士兵没有一点儿精神教育，而且官长、士兵之间毫无感情，简直彼此离心离德。《孙子兵法》上说注重军心的培养，故冯玉祥认为应重视军队的精神教育，军队若无精神，则是一盘散沙。于是，他结合了古人的爱国保民的佳句，编写了《军人精神书》。冯玉祥的精神教育主要包括思想道德教育、军纪精神、爱国精神、革命精神。

第一，思想道德精神。冯玉祥注重士兵的道德教育，其内容多种多样。他教育士兵要厉行俭朴。他认为奢侈使人堕落，不能吃苦耐劳会影响做事。冯玉祥要求部队的官兵勤俭节约，吃苦耐劳。军队的饮食、衣服、器物等都有明确的规定和限制。比如：官兵的衣服都是用国布制作的，军服和裹腿布是灰色的，小衣和运动衣是白色的，鞋是皂色的，严格规定不准穿丝织品。军官佐和目兵的所有物都有明确的规定，大多是一些如水壶、干粮袋、馍包、望远镜、手枪、被褥、针线包等一些生活行军和战斗的必需品。冯玉祥要求每个士兵都要有一个针线包用来缝补衣服。此外，禁烟、酒、宴、嫖、赌。

他重视官兵"孝"的教育。同时，他注重兵与兵、兵与官之间的关系，教育士兵之间要团结友爱，亲如兄弟、父子。他还利用基督教的思想来教育士兵要为他人服务，而不是他人为我服务。他教育将领要具有智、信、仁、勇、严这五种武德。冯常对军官讲，"名誉者，人之第二生命也""哀莫大于心死，而身死次之""人死留名，豹死留皮"等教育官兵要爱惜个人荣誉和军队的荣誉。

第二，军纪精神。他对官兵晓之以理，动之以情。他编写《军纪精神》发给官兵，并详细讲解，使之熟读力行。《军纪精神》中论述了军纪的重要性，详细地说明了官兵应遵守的纪律。从起居饮食到行驻出行，无一不详细列出。比如：军队行驻出入之节规定三条：一，无论行军、驻军、宿站、尖站，不准官兵私入民宅、商号；二，娼寮、酒馆及戏园，严禁官兵入内，滋生事端；三，官兵无事，不准外出，如兵士必须外出者，须有官长带领[79]23。晨起穿衣也有明确的规定。还有为限制体罚士兵，规定的"八不打"。

第三，爱国精神。冯玉祥为了对军队进行爱国精神的教育，编写了《爱国精神》一篇。冯玉祥先从国家危亡的现象开始说起，警醒官兵提高危机意识，然后告诉军队的官兵，他们的天职就是捍卫国家，哪怕是战死、战伤，也是无上的荣誉，但不是随便的战斗，冯玉祥进一步告诫爱国军人一定要分辨清楚公私，只有勇于公战，不屑私斗的军人才是真正的爱国军人。告知爱国军人要为国家、为民族的生死存亡而战，而不是为卖国军阀的私人恩怨而战。其中，明确指出爱国军人现在最主要的任务是要实现国家的完全、独立。故爱国军人应保卫国家，为国家的独立、自由而战，对于外人，不畏、不媚、不奴、不轻、不欺，应该向外人学习，取长补短。除此之外，冯玉祥还以三民主义、建国大纲为基本教材编写了通俗问答，以激发士兵的爱国热情。

第四，革命精神。冯玉祥向士兵颁发《三民主义》《革命精神》，为官兵讲解，并要求官兵熟读背诵。《革命精神》指出若想救国救民，那么唯一的方法就是革命，随后告知官兵革命的目的是为了打倒军阀和帝国主义，是为了实现国家的独立、种族的生存、民众的利益，从而最终实现三民主义。要革命就要勇于为三民主义流血、牺牲。这是真正的革命军人的职责。除此之外，还要注意和农、工、商、学、兵组成统一战线，形成一股合力，共同奋斗。

（2）体能和术科教育

冯玉祥认为，要想救种族，就要从救身体开始。强健的身体是革命的本钱，尤其是我们国家当时交通比较落后，行军战斗多靠体力，故要加强体能的训练，增强体质。通常以小型的休育锻炼项目为主，有：单双杠、木马、竞走、游泳、拳击等。体操、单双杠、跑步、登山是军中经常开展的体育项目[74]17。他规定部队每周至少有两次行军，每次行军来回至少要六十里。

军事技术训练方面，冯玉祥强调大刀和刺刀的使用。他设置了刺枪、劈刀、器械体操、应用体操（即八道拦阻）、沟垒、射击、行军、挖掘起伏地、跑起伏地、战斗训练等科目的教育内容。他重视步枪射击技术。端"枪架子"是每次出操前士兵必须练习的内容。这种练习不但能训练士兵的臂力，而且能够练瞄准。他主张要多多练习山地战。冯玉祥还经常进行夜间、雨雪天气的演习，以训练士兵在特殊恶劣情况下的作战能力。

（3）文化知识教育

针对士兵层次不同，冯玉祥根据官兵不同的教育程度，设立不同的文化教育科目，针对不同的教育对象，安排不同的教育内容。对于文盲或半文盲的士兵，冯玉祥编写了《六百字课》和《八百字课》，使士兵能认常用字，能读懂简单的文章。对于文化水平高点的官兵，则教授更深一点的知识。比如：初级军官除了要学习最基本的科目外，初级官又加上初级战术、军人宝鉴、军人读本、典范令、《曾胡治兵语录》、《左传》摘要；中级官还要加上高级战术、兵器学、欧洲战史、国文、《易经》、《书经》等一二种[80]。高级军官除上述内容外，还要进行专门的研究。

除此之外，冯玉祥不但教授士兵一些利用星辰识别方向的天文知识，而且还鼓励官长学习土木工程学，以便能建出坚固的沟垒。

（4）卫生教育

冯玉祥认为军队中最要紧的是卫生知识的灌输。尤其是新招的兵，多数都是穷乡僻壤里的子弟，相对缺少卫生方面的常识。曾经有个士兵因拇指擦伤而未及时就医，最后不得不把拇指锯掉。这以后，冯玉祥在训练军队时，就特别注意向士兵传授卫生知识。历年来，无论行军、驻军，每回讲话，他都要叮嘱官兵要看重小事，注意卫生。

冯玉祥的卫生教育主要包括两大方面。一方面是教育士兵注意个人卫生。他要求士兵要穿着干净、整齐。冯玉祥严格规定士兵的穿着，甚至对剪指甲、洗脚、理发、洗颈、灭虱等等细节都有具体要求。另一方面，冯玉祥注重对军队外部生活环境的卫生教育。各个部队无论在何地驻扎，营区及其附近都会整理得焕然一新。厨房和厕所的卫生尤其要注意。冯玉祥在南苑时，为了消灭蚊虫以防传染病，组织士兵从上到下灭蚊，规定每个士兵每天要灭蚊的数，并一级一级地向上提交，最后统一处理。经过这次灭蚊后，当时南苑营房处，一只蚊子也很难看到。他还加强对驻地水井的管理。他先让卫生人员检查水井的水是否可用，然后要求士兵在营区水井上盖上木盖，并派卫兵轮流守卫，以确保用水的卫生。

（5）技能教育

冯玉祥对官兵进行技能教育的内容主要有两大类。第一类是指对士兵日常生活的教育。他要求士兵要学会缝补、浆洗、理发等。第二类是针对士兵自立能力的职业技能训练。其教育的内容有：织毯、做肥皂、铁工、木工、藤工、做纽扣、织布、制革、织袜、织巾、制鞋、照相等。

4.科学的军队教育原则

冯玉祥在对军队的教育中坚持因材施教、赏罚分明、以身作则和劳而不苦的原则。

（1）因材施教

冯玉祥善于因材施教。他在北苑驻防练兵时，把官长和目兵分为四个讲堂：营长和营副讲堂、连长排长讲堂、头目讲堂、特别兵讲堂。可以看出，冯玉祥对士兵是分层次进行教育的。他根据官兵不同的教育程度，给予不同层次的教育。文盲的士兵就先教其识字，再教授其他。文化程度高的士兵就教给其更深层次的内容。冯玉祥在练兵时，还会指出个别官兵的不当之处，给予纠正。

（2）赏罚分明

冯玉祥因见前清某管带赏罚不明，深恶痛恨，故其治兵赏罚分明。对于违反军纪的，无论官职多大，无论多少人求情，必须加以惩罚。比如：某旅长因犯酒禁而被惩罚。冯玉祥在开封公园的王金铭、施从云烈士的铜像前，处死了出卖滦州起义的叛徒张建功。对于有功者，按时奖赏。部队对于残疾官兵都有详细的记录，并郑重地赠送他们礼物。每年举行一次特别的宴会，根据功劳的高低给予不同的奖赏。对于阵亡的官兵，抚恤、埋葬、追悼，并把衔名称的铜牌悬在烈士祠里以表纪念。同时，冯玉祥在西北军中还实行一种特殊的教育方法，即耳提面命。其根据令行禁止的基本原则，随时提醒纠正，各级军官如若发现下属遵守，那么就立即表扬；如果发现违反者，则立即惩罚，这样可以不分时空达到赏罚分明的效果。

（3）以身作则

冯玉祥教育他人要做到以身作则，就要了解士兵，与士兵同甘共苦。比如：他要求士兵勤俭节约，并以身实践。他时刻保持艰苦朴素的生活作风，一身粗布裤褂，头上戴着毡帽，鞋袜都是布做的，经常同士兵们同吃同住。五原誓师后，士兵沿途都吃白菜、豆腐、粉条在一起煮的革命菜，每人一碗，冯玉祥也不例外。在部队中，他规定各团制定出军官回寓表，从而保证多数军官和士兵在一起，更好地了解士兵，以自身的行为为士兵树立榜样。

（4）劳而不苦

冯玉祥在军队教育中注意使兵劳而不苦。冯玉祥认为要使兵不觉得苦，首先要使士兵生活舒适。冯玉祥创造一切条件保障士兵吃饱穿暖，居住环境整洁卫生。士兵的衣服从里到外统一发放，并且衣物尺码合适，结实耐穿。每套还配备针线包。每到一个地方，冯玉祥就带领部队在驻地修建一个简单的浴池，每天烧水供士兵下操后沐浴，沐浴后的水刚好可以用来洗衣服。然后安排士兵学习和劳动。冯玉祥有效地安排学习和操练，通常是半天学习，半天操练。最后是要让士兵明白目前所做的劳动是有用的。他引导官兵认识到学习术科可以减少伤亡，这样官兵学习就有动机，就不觉得苦。在冯玉祥的部队中，明确规定连排长有为士兵写家书的义务。因此，士兵若想升职，就必须要努力学习文化知识。在冯玉祥这样的教育下，不但调动了士兵学习的积极性，而且并未让官兵感觉到军队生活的苦。

5.行之有效的军队教育方法

冯玉祥在军队教育上注重选用行之有效的教育方法。

（1）小先生制

冯玉祥在军队教育中充分运用小先生制的教育方法。他注重对各级军官的教育，认为："教战之道，十人学战，教成百人；百人学战，教成千人；千人学战，教成万人。夫所谓十人、百人、千人者，即所谓将领者也。彼等多者统千人万人，少者亦统数十数百，一人能明白一切道理，其下万千百十之人，皆可随之明白，其有益于战事者，非浅鲜也。"[79]22这样层层教育，有利于保证军队教育的质量和效率。

（2）演讲和讲话

冯玉祥擅长演讲，抓住一切机会讲演。有一次，他借部队体育比赛的机会发表演讲，教育官兵开展运动和打仗一样重要，要像外国人一样锻炼出强壮的体魄、饱满的精神。他在演讲中经常利用历史事件或故事来教育听众。他给官兵讲二十四孝的故事，教育官兵要努力学习。他引用孙子兵法中的道理，教育军官带兵最重要的是得兵心。

（3）编小册子、字帖、军歌

冯玉祥认为唱歌可以振奋人的精神，愉悦人的心情。于是，他就用到基督教的几个赞美诗的调儿，填上他自己编的歌词，然后油印出来让士兵颂唱。他编了《战斗射击歌》，告诉士兵先做什么，再做什么，以及一些在射击中要注意的事项。士兵边唱边做，通过此方式练出了一批军中的神枪手。他编了《利用地物歌》，详细讲解作战时如何利用地物。他编《国耻歌》，增强士兵的国家意识。除此之外，还有《战斗动作歌》《节省子弹歌》《站岗歌》《吃饭歌》《行军歌》《爱民歌》《夜战歌》《爱百姓歌》等各类歌曲。同时他编写了许多小册子，要求士兵熟读，有些甚至要求士兵背诵。比如，《军人读本》《精神书》《义勇小史》《战阵一补》等。他还把《二十一条》编写成字帖，不但可以使士兵练习习字，而且能对士兵进行不忘国耻的爱国主义教育。

（4）启发式问答法

启发式问答法是冯玉祥独创的教育方法。首先是编写问答式的教材，内容为一问一答的形式，然后一方问另一方答。冯玉祥在对军队进行爱国主义教育时，就采用了此种方法，他编写的爱国主义通俗问答启发了士兵的爱国热情。

（5）反复示范讲评法

冯玉祥教育军官在教育士兵时要有耐心，以身示范。冯玉祥的教学程序是这样的：一，我做给你看；二，你做给我看；三，讲评；四，我再做给你看；五，你再做给我看；六，讲评；七，你再做。这样总共进行了两轮示范—模仿—点评。冯玉祥的各营各连的战斗动作，都需要经过这七道步骤。

（6）多管齐下

除了上面具体的教育方法外，冯玉祥在军队教育上强调多管齐下。他还设立了一些军事学校来教育官兵，上面的论学校教育中已论述过，此处不再多言。同时，他利用各种条件办班、办团、办队等，积极培训士兵。1912年，冯玉祥奉命开往京西三家店看守陆军部军械所时，他开设了头目讲堂、官长讲堂、特种兵讲堂训练部队，另外还设了拳击技术班和器械体操班。冯玉祥在湘西镇守时，为了培养干部，组织了教导队。分军官和军士两班，每三个月为一期。军官安排战术原则、野外勤务、筑城学、图上战术等科目；军士安排战术原则、应用战术、简易测绘、数学等科目。他还设立了官佐体操团，训练战时需要的各种动作。1922年，冯玉祥任陆军检阅使时，在军中设立了军官和军士教导团、学生团、电学传习所来教育士兵。1925年，冯玉祥邀苏联专家来部队讲学时，设立了官军教导团、交通教导团、骑兵教导团、炮兵教导团，分别对官兵进行各类教育。

冯玉祥为了官兵在退伍后有自力的能力，在常德、南苑等地设立了兵工厂。通过半日在厂、半日在营的方式对官兵进行职业教育。他在常德时，安排入伍已久或残疾的官兵到自己创办的军官佐工业团学习。在陕西，冯玉祥提倡办工厂。在南苑时，他扩充并创办了一些规模较大的工厂。其工厂各种类型都有，生产的产品不但供军队使用，而且还销往市场。

6.完备的军队教育考评制度

冯玉祥对士兵进行严格的军事教育，并不时对其进行教育的评价。评价的方式主要有考查和考试两种。

（1）考查

考查是冯玉祥军队教育评价中最常用的一种方式。冯玉祥对军队教育情况的考查不分时间、地点。

考查的具体方式有如下几种。一，检阅。冯玉祥不时集合官兵进行讲话，举行阅兵。上自官长，下至目兵，稍有不当，即当面指示，详为解说[79]21他十分喜欢体育运动检阅，有时亲自做裁判，为获胜者颁发奖品。二，随机抽查。冯玉祥与官兵见面时，有时会随机询问他们在读的书，甚至要求官兵当面背诵。据官兵回忆，每回被单独召见的官兵都要做好被抽查的准备。三，设专门督检机构。冯玉祥在军队中设有军纪检查机构，一旦查出违反军纪者，必严惩。四，实战。实战是检验对军队的教育是否符合实际的一种非常有效的方式。五，比赛。冯玉祥组织行军等比赛。六，决心书。军队统一印制决心书。每个官兵根据自己的能力，定制出一年中要读的书和要学会的动作，统一写在决心书上，并贴在床头，以便自己和上级检查。

（2）考试

考试的具体内容有学科和术科。学科主要考查官兵的军事理论（如操典、条令等）的掌握情况。术科主要考察器械体操（如单杠、双杠、木马等）。连长以上采取的是考语的方法。所谓考语，即某级军官（如连、营团、旅长等）对其直辖的军官作评语。具体实施是指连长对本连的排长做出品德、学术、带兵、待兵及其他方面的评价，并写下来，密呈营长，然后再由营长转呈上级。同时，营长也要对直辖的连长做此类评价，密呈团长，再由团长转呈给上级。就是这样一层一层地向上评价、考核。

四、冯玉祥教育思想的历史地位

在中国教育史上，教育家的教育思想往往是众人关注的热点。那些并非真正意义上的教育家的教育思想，往往因为不具有代表性或典型性而受到冷落甚至被忽略。历史是由每一个存在过的个体组合而成的，如果说教育家是教育史这条项链上的珍珠的话，那么那些非职业的教育家就是这条项链上的小珍珠，我们不能因为他们渺小，而忽略了他们的价值。冯玉祥的教育思想就是这条项链上的一颗小珍珠。他的教育思想是当时教育思想的一个重要的组成部分，他的某些教育思想与当时主流的某些教育思想有异曲同工的地方，他的教育思想可以说是当时主流思想在特定环境下的一种发展，同时他的教育思想也进一步印证了当时时代背景下的主流的教育思想的倾向。比如冯玉祥的女子教育思想，一方面是当时主张男女平等教育思想的一种佐证；另一方面是冯玉祥的女子教育思想是当时女子教育思潮下的产物。

冯玉祥虽然不是一个专业的教育家，但是这并不影响冯玉祥教育思想在中国教育史上的历史地位。冯玉祥的教育思想是那个时代的产物，是晚清、民国时期教育改革活动的一个重要的组成部分，尤其是他在地方督政期间，对地方教育的发展起了巨大的指引作用。我们不能因为他不是真正意义上的教育家，而忽略了他教育思想中的积极的成分。他的教育思想在历史上产生了很大的影响。

第一，推动了教育经费的独立。北洋军阀统治下，社会混乱，战争频繁，民国初年时虽然已经确定了各级教育经费的负担，但在官僚腐朽的社会大环境下，教育经费常常难以落实，教育事业出现了危机。1920年

10月，全国教育联合会第六届年会通过《教育经费独立案》，然而，这些要求和提案，并未能改变政府当局对教育经费的挪用和拖欠[71]534。在冯玉祥主豫时期，教育经费困难，严重阻碍了教育的发展。为此，他没收原豫督赵倜和袁世凯的资产作为创建学校和开展教育的资本。同时，冯玉祥积极支持河南教育经费独立，以确保教育经费的稳定。在其推动下，"1922年8月省财政厅决定划出全省的契税收入作为教育专款，10月又设立河南省教育专款监理委员会专门负责教育经费的管理和分配，使教育经费独立，专款存储，各县知事负责催征"[73]64-65。1927年，冯玉祥第二次主豫期间，将监理委员会扩大为河南教育款产管理处，设立了三个部：负责立法议事的评议部、执行评议部决议案和用人行政的管理部、负责审查评议部和管理部的监察部。随后，冯玉祥又对其进行了整顿，使各县契税局实现了统一，保证了教育基金的发放和平均分配。这次河南教育经费独立对河南教育的发展产生了极大的影响，是教育经费独立运动的重要组成部分，为教育的发展奠定了坚实的基础。

第二，促进了教育的普及，开启了民智。冯玉祥创造各种条件，积极兴办各类学校，大力发展教育。在他担任湘西镇守使时，桃源女子师范学校即湖南省第二女子师范学校教育经费困难。冯玉祥得知后，拿出自己积蓄的一千块光洋，赠给学校。1919年4月，冯玉祥捐洋百元赞助艺徒学校。冯玉祥在河南督政时期，庙宇盛行，愚弄群众。他认为河南庙宇多半堂皇敞大，殊可利用，拿来尽可能地改作办学校之用。除了泰山的十五所武训小学外，他还扶持和创建了圆山学校、民生小学、民族大学、中州大学、汾阳军校、北仓女中等等，随着这些学校的建立，学生的增多，有利于加快义务教育的普及力度，促进教育的发展。同时，教育对象的大众化加大了教育的范围和教育的力度，极大地促进了民智的开启。

第三，培养出了高素质的冯家军。长年的军队生活使冯玉祥见证了军官的腐败和士兵的无知、无能，强烈的不满和浓郁的爱国热情促使他极力地想建立一支优秀的队伍。于是，他如饥似渴地学习各种知识，不断地总结治兵经验，并使之落到实处，积极开展军队教育。其中，常德和南苑的练兵是冯玉祥开展军队教育的两个最重要的时期。

在常德任湘西镇守使的两年，是冯玉祥军事集团的第一次系统的军事教育时期。他抓住一切机会扩充自己的兵力，并对部队中的人员进行了大规模的整顿，官佐都换成了自己的亲信，并抓紧时间对部队进行军事化教育。他在常德成立了军事教导团，其中包括军官教导队和军士教导团。选拔稍通文理、作战勇敢的军官及军士为学员……还开设妇女培德学校、官佐子弟学校，安排家属工作工作[81]44，解决军官的后顾之忧。设立官佐体操团和武术队，安排相应的射击、劈大刀、跨越障碍跑、游泳、负重行军等训练。冯玉祥除加强官兵体格的训练之外，还定期组织考核，奖罚分明。同时指派军官编写《军人读本》，"设立汉文研究班、英文班和日文班"[81]45。冯玉祥编写了各种形式的教材，尤其是《精神书》，他要求士兵学习、背诵，并定期进行考核。为了士兵在退伍后能自立，冯玉祥建立了兵工厂，聘请教师指导官兵学习技术。

冯玉祥驻守南苑时是冯玉祥有系统性军队教育的第二个时期。此时的冯玉祥经过战争的历练，可谓经验丰富。他从实际出发，结合自己的治军经验和历代军事名家的练兵经验，提炼出了一套实用并有效地训练官兵的内容和方法。冯玉祥把科目分为学科和术科两类，并根据不同的程度分班进行训练学习。

冯玉祥的军队经过这两个时期的军事教育，创建出了一支高素质的冯家军，为国家培养出了不少优秀的军事人才，成为保护国家主权和领土完整的坚固的后备军。

第七章　吴承仕的教育实践与思想

一、吴承仕生平简介及教育实践活动

（一）吴承仕生平简介

吴承仕（1884—1939），字检斋，号展成，又号济安，今安徽歙县人。著名经学家、古文字学家、教育家。吴承仕出生于安徽歙县昌溪乡仓山源村的一个晚清士大夫家庭，与黄侃、钱玄同并称章门三大弟子，与黄侃有"北吴南黄"两大经学大师之称。安徽歙县昌溪乡仓山源村环境优美，山清水秀，是全国著名的产茶之乡之一，吴承仕的家庭是一个士大夫家庭，因此其父亲非常重视对他的教育。1888年，年仅五岁的吴承仕就被送入村里的私塾，在私塾启蒙老师张建勋和汪沛仁门下学习。两位老先生都是当地饱有学识的秀才，在他们的熏陶下，吴承仕循序渐进，不断积累知识，不仅为自己后来参加科举考试提供了知识基础，更是为他后来专门研究国学打下了坚实的基础。勤奋的学习注定是要换来丰硕的成果的，1901年，吴承仕与自己的父亲一同应试，并留下了父子同榜中秀才的佳话，此时的吴承仕只有十七岁，其父吴绍绶为了纪念此事，将自己名字改为吴恩绶，为"恩科取中"之意。次年，意气风发的吴承仕奔赴南京参加乡试，中试第三十九名。1907年，吴承仕再次奔赴北京参加举贡会考，此次会考分一等、二等、三等发榜，一等及二等前十名者，分别以主事、中书等录用，吴承仕被取为一等第一名，点为大理院主事。自此，吴承仕开始了自己的仕途生涯，而大理院主事是掌管刑狱典籍的官衔，这个职位也为吴承仕研究历史典章制度提供了条件。1911年，辛亥革命爆发，结束了中国两千多年的封建君主专制制度，次年建立了中华民国临时政府。

吴承仕对于新政府充满了期待，并出任了当时司法部佥事，但是袁世凯窃取了中华民国的果实，政府被军队控制，政治腐败，吴承仕在担任佥事期间不满部中同事种种做法，对于当局非常失望。因此，吴承仕对于自己任内之事消极应付，把自己的主要精力转到对历代典章制度以及三礼名物的研究上，并开始关注当时的大学者章太炎，与其进行书信往来。1914年，章太炎手持羽扇，故意将袁世凯授予的勋章挂于扇柄，装疯卖傻大闹总统府，怒骂袁世凯，章太炎后被囚于军事教练处。吴承仕对章太炎十分佩服，利用职责之便，不顾个人安危探望章太炎。吴承仕不仅在经济、生活上接济章太炎，并执弟子礼向其讨教学术，章太炎也对吴承仕的为人与学识十分赏识，通过口述将自己的学术见解传授给他，后整理为《菿汉微言》一书，吴承仕在片头记到："此中所述余杭章先生口义百六十首，起自乙卯迄于丙辰之初。"[82]2 自此，吴承仕成为章门弟子。1918年，袁世凯去世，各派军阀混战，中国兵祸连年，政局动荡不安，吴承仕也日益不满当局，对自己的工作也仅仅是"画卯"签到，将其余所有时间都投入读书、写作之中，并与庞敦敏、方石山、王元增、陆麟仲、溥侗等人组成了昆曲研究会，在会中高唱《骂曹》《扫秦》等曲，嬉笑怒骂，借古讽今，批判北洋军阀的腐败与无能。1919年到1924年间，是吴承仕学术著述厚积薄发的几年，他先是在1919年北京大学出版的《国故》月刊上发表了《王学杂论》，又于次年辑录《经籍旧音》，成书二十五卷，序录一卷。接着又于1923年撰成训释古音的专著《经籍旧音辨证》一书，次年撰写《淮南旧注校理》《淮南鸿烈》，其在《华国月刊》上发表《经籍旧音辨证序》《吴承仕致华国月刊书》《男女阴释名》等文章。1924年年末，吴承仕出任北京师范大学国文系主任，并被聘为北京大学、东北大学、中国大学等学校的教授。自此，吴承仕逐渐由一名纯粹的经学研究者转变为一名教育家、革命家。1926年，吴承仕担任中国大学的国学系主任，由于当时的中国大学尚属私立大学，凡有名望的教授一般都不会来中国大学，请一位教授来代课都是很难的事情。吴承仕在担任国学系主任期间，通过自己的人脉，先后聘请到一些学术界名流到中国大学讲课，并对国学系进行了一系列的改革，添加了具有先进思想的课程，使中国大学在社会上享有了一定的声誉。1927年4月12日，蒋介石发动了反革命政变，4月28日，张作霖在北京杀害了李大钊等革命烈士，吴承仕闻此噩耗，悲愤莫名，食不下咽，并立即辞去司法部佥事一职，表明自己的立场，与反动派决裂。当时，北京城笼罩在反动派的白色恐怖之中，一些文人走狗也跟随在反动派之后叫嚣着反对"学生干政"，大肆鼓吹他们所谓的"读书救国"，吴承仕对此论调针锋相对，并在当年北京师范大学招生考试时，命作文题为"读书与救国能否并行不悖，抑有先后缓急之论欤？"

1930年，经由范文澜和齐燕铭的介绍，吴承仕开始接触马克思列宁主义著作，通过对马列主义著作的学习，他的思想上发生了巨大转变。首先，吴承仕认识到了国民党政府的腐败统治，造成国家内忧外患，军阀混战以及日本帝国主义的入侵，仅仅埋头于书堆中研究学问是行不通的，更需要关心社会情况，了解时政。其次，吴承仕开始走上了一条与老师章太炎不同的治学道路，他力图以马列主义辩证法观点与唯物史观来研究古代经学、语言文字及礼制等，正如其学生在回忆里写的那样："惟有吴老师独据一桌，含着烟斗在那里细心阅读《辩证唯物主义教程》。我问他：为什么要看此书？他说他要用辩证唯物主义整理中国的经学。"[82]71 1931年，日本帝国主义侵略军制造了"九一八"事变，由于国民党卖国政府执行消极抵抗政策，东北三省就此沦陷，这引起了全国爱国人士的不满，时任北京师范大学教授会主席的吴承仕联名数十位教授通电全国，要求南京政府抗日救国，并响应中国共产党的建立抗日民族统一战线的号召，在进步刊物上发表文章呼吁国共合作，停止内战，一致对外。1933年，吴承仕在任中国大学国学系主任期间，倡导改革了中国大学国学系的课程设置，添加了包括政治经济学、现代文艺思潮、社会科学概论等一系列具有先进思想的新课程。1934年，吴承仕联络徽商吴良臣，在自己的家乡昌溪创办了一所名为"歙县私立昌溪复兴小学"的新型学校，先后为抗战时期、解放战争时期以及和平建设时期培养了一大批优秀人才。同年，吴承仕出资创办进步刊物《文史》，主要刊登具有进步意义的学术论文，鲁迅、沈雁冰、李达都经常在该刊物上发表文章。由于《文史》宣传的是马克思主义思想，仅仅出版四期就被国民党当局查禁，吴承仕并未因此被打到，他在1935年出资创办了《盍旦》，继续宣扬马列主义观点，批评时政，但他并未仅仅局限在对当局的笔诛口伐之上，这一年的12月9日，爆发了"一二·九"爱国运动，吴承仕以年近六旬的年纪站在学生队伍中，参加游行示威，并联系大学教授，组成教育界抗日救国会。1936年年初，反动当局再次查封了进步刊物《盍旦》，吴承仕又与齐燕铭、张友渔等人创办《时代文化》一刊，再次站在宣扬进步思想战场的第一线，同年秋，吴承仕光荣加入了中国共产党。1937年5月，吴承仕与张友渔、黄松龄、杨秀峰、张申府等进步教授一起发起新启蒙学会，以期唤起知识分子成为改革的中心力量。"七七"事变之后，日寇、汉奸、走狗疯狂搜捕抗日爱国人士，吴承仕也在此名单上，他为了躲避追捕离开北京，潜伏到天津继续坚持抗日救亡工作。翌年4月，日本兴亚院以高额薪水为诱饵，聘请吴承仕担当北京师范大学文学院院长，吴承仕耻于与日寇为伍，严词拒绝，也因此被日寇所记恨，遭到迫害，使得吴承仕在贫困交加中身染伤寒，潜回北京治疗，最后由于肠穿孔以及旧病支气管炎的并发而逝世，终年五十六岁。

吴承仕一生著作丰富，其中学术成就较高的著作有《经学通论》《国故概要》《经典释文序录疏证》。吴承仕自接受马克思主义思想熏陶后，用辩证唯物观、历史观整理经学，撰写了《五伦说之历史观》《中国古代社会研究者对于丧服应认识的几个根本观念》《语言文字演进过程与社会意识形态》等文章，而面对社会动乱，政局腐败无能，他又发表了《关于华北的非常时期教育问题》《我们要自由，同时要自由的保障》《认识与实践》等等进步文章，现大都收录在《吴承仕文录》中。吴承仕自1924年担任北京师范大学国文系主任后，余下的十几年间大都在大学中教学，他无愧于一名教育家、革命家的称号。

(二)吴承仕的教育实践活动

吴承仕由一名参加科举考试的清末举人成长为一名具有马克思主义先进思想的革命斗士，由一名经学家成长为一名革命家，并且集状元与党员的光环于一身，他的一生是具有传奇色彩的一生。吴承仕在经学研究和革命活动中的大放异彩，让世人忽略了吴承仕本身是一位大学教授，是一名教育家。也许有人会说吴承仕并没有发表自己的专门教育论著，算不上严格意义上的教育家，但无论作为一名研究国学的经学家，还是一名呼吁抗日救国的革命家，他都站在大学讲台之上，教育是其基本的立足点。正如他自己所说的那样："承仕幼承庭诰，长受业于章太炎先生之门，服官法界计二十余年，讲学于北京、师范、东北、中国、民国各大学，已逾一纪，退食之暇，唯以研精小学……"[83]252纵观吴承仕一生的教育生涯，其教育活动可分为以下几个阶段。

1. 任教北师

1924年至1931年，吴承仕担任北京师范大学国文系主任兼教授，专心致力于国学研究与教学工作。其主要贡献表现在以下几方面。

（1）延聘优秀教师

吴承仕在担任系主任期间，聘请了很多知名人士及教授来国文系任教，其中主要有：鲁迅、黄侃、马幼渔、钱玄同、杨树达、朱希祖、黎锦熙、刘毓盘、刘文典、高步瀛等等。这一批知名人士也给当时的国文系带来了可喜的变化，不仅解决了师资不足的问题，各界知名人士的讲学授课，也给学生提供了多样的学术思想。北京师范大学一九二九届国文系毕业生杨明德回忆道："形、义方面是由沈兼士先生担任的，说文解字讲得一般，至于训诂部分则讲得不详。黄侃先生来后，才把这一部分缺陷补充起来，对于《说文》、《尔雅》、《集韵》、《释名》、《经籍纂诂》讲解介绍特别详尽……"，"黄先生高度总结概括了这门学问，对我们后来读《史记》、《汉书》和先秦诸子，都不感到困难了，再经杨树达先生一讲，就更明白了。这不能不感激吴先生的精心安排"[82]119。

（2）实施学分制

在"五四"运动前，中国高校制度主要是学习日本，实施的是学年制高校管理制度，当蔡元培担任北京大学校长之后，逐渐跳出日本学制的束缚，转向德国学习大学的管理制度，逐步改学年制为选修制和学分制。1922年新学制的颁布，规定大学要采用"选科制"，1924年颁布的《国立大学条例》更是以法律肯定了蔡元培的改革实践。吴承仕受这些影响，对于当时的国文系采取学分制，规定国文系的学生除了必须选择本系的必修课外，还可以自愿选择其他系的科目学习，"我系的课程设置，分两阶段，第一、二年级主要都是必修课，也都是文史哲的基础课……一、二年级也可以有些选修课。第三、四年级则全是选修课，开设文史哲各种专书研究或专题研究，总的都是专门性的学科，可凭学生爱好而分类选修。四年修满一百三十六个学分，就可毕业"[84]122。在他看来，实施学分制可以开拓学生的眼界，帮助他们掌握更多的知识，对于他们将来走上教师的岗位大有裨益。吴承仕的这一举措也得到了当时国文系学生的一致欢迎，"我马上选择了梁启超先生的《中国社会史》，黎士衡先生的《中国经济史》，对于我认识社会、丰富经济知识大有好处，也促使我的思想争取上进，对于我以后喜交进步朋友，掩护进步同学到我创办的回民中学任教，无异是起了很好的作用"[82]121。

（3）为人师表

吴承仕不但是北京师范大学国文系的主任，也是国文系的教授，他自己先后开设了经学史、三礼名物、国故概要、六书条例、古籍校读法等课程，虽然吴承仕研究的是旧学，但他并非那种食古不化的老学究。"当时我对检斋先生的为人并不了解，例如，他对以大勋章作扇坠到总统府痛斥袁世凯，被袁幽禁在龙泉寺的章太炎，曾不避嫌，亲自去探视送饭；张作霖残杀李大钊同志以后，他愤然辞去司法部佥事职务。这些都足以说明他关心时事、正义凛然，我却以为他甘心待在象牙之塔里，落伍了。"[82]75正是吴承仕这种精于古籍经学而又不拘泥于其的特点，培育了一批批优秀的人才。在国学方面，有王重民、刘汝霖、张新虞等优秀人才，先后成为目录学、论文索引、先秦诸子等方面的专家。其中，尤以王重民最为突出。王重民先后任北平图书馆主任，北京大学图书馆系主任，为我国的图书馆事业做出了巨大贡献，王重民一生都钦佩吴老师，多次谈及吴承仕对其为人与治学的影响。文学方面有吴伯箫、谭丕模、孙楷弟等一批人才，后来都成长为著名的文字专家和文学家，另外靳德俊、赵德栗、刘振声、孙祥偈则成为著名词学家，其中孙祥偈更是著名的女词人。吴承仕还与黎锦熙培养了一批中国大辞典编委会骨干，如：王述达、傅严、孙崇义、徐世荣等。这些受业于吴承仕的名人之所以有如此成就，是离不开吴承仕的言传身教的。

2.改革课程

1931年，吴承仕辞去北京师范大学国文系主任一职，改任为中国大学国学系主任，在当时中国大学仅仅是一所私立大学，不仅没有名气，酬劳也相对较低。吴承仕放弃做一名国立高级学府的名教授，却屈就于私立大学的教职，这也让当时世人无法理解。现在回顾历史，观察其在中国大学任职期间对国学系的课程改革，引荐年轻教师等一系列作为，可以看出吴承仕"醉翁之意不在酒"——他为了宣扬进步思想，对名利是不屑一顾的。

吴承仕之所以要进行课程改革，首先是国学系开办之初人数不多，而国学范围太大，导致课程没有体系，正如吴承仕说的那样："第三年我以旧学者——章门——资格来承其之，当时人数甚少，课程亦模仿国立各大学，大半因人设课，无计划，无体系，无目的。"[83]226另外，"九一八"事变之后，国家已处于内忧外患之中，而此时北方文化教育界却涌起一股暗流，向青年们大谈"禅学"，鼓励学生们去研究"金石""校勘"，企图将青年学生埋在故纸堆中，蒙蔽他们的视听，在思想上禁锢他们。对此，吴承仕洞悉了文化汉奸的阴谋，作为国学系主任，他给各个年级都添加社会科学概论这门课，对于别人质疑"为什么国学系要学习社会科学？"他回答道："社会与历史，本来是同质而异观的。同一个我们所托以生存的社会，纵看起来，就是'历史'，横看起来，就是'社会'，况且'现在'这东西是把握不住的，刹那刹那，已成过去，即说现代社会，就是历史亦无不可。在今日的社会上，研究文学，史学，便都是社会科学的一方面。为要明了社会各方面体系，所以我们把社会科学概论，当然要添了进去。"[83]237吴承仕在国学系的专业课中，增加了西洋文哲史、近代文艺批评、苏联文学等具有新思潮思想的科目，其后又陆续增加了陈伯达的周秦诸子，齐燕铭的中国通史，曹靖华的新俄文学选读；在选修课中添加了李达的唯物辩证法，黄松龄的政治经济学，吕振羽的中国政治思想史，等。

这其中，吴承仕尤其注重学习、研究外国文史，他认为："社会进化，中外的道理一样，我们现在研究国学，当然不能抱残守缺，尽在故纸堆里讨生活的"，"我们今日研究学问，兼学习外国语文，看东西书籍，融会贯通，自然是无可置议的必由之路了"[83]237。吴承仕希望青年学生们通过学习外国思想，了解中国社会的状况，不被当时政局中一些文人鼓吹的所谓"读书救国论"迷惑，针对反动文人制造虚假舆论，以期将学生牢牢控制在校园之内，吴承仕本人也予以回击："应该废除经院化的词章，考据，校勘学，御用化的政治经济学，宗教化的神学、形而上学等，这些历史资料，不妨留待将来的专门家去整理和批判，暂时只有束之高阁罢了。"[82]78 这表明吴承仕已经在思想上发生了巨大转变，已由一名正统经学家成长为为民族疾走呐喊的革命斗士。

3.创办刊物

吴承仕不仅通过改革课程设置来唤起学生们的思考，还创办各种期刊。这些进步刊物大都由吴承仕亲自出资，并且用手中的笔作刀，以文字为枪揭露国民党政府的反动统治。齐燕铭曾回忆道："那时一般朋友们有钱的少，他出的钱比较多，《盍旦》出版了六期，印刷费完全是他出的，赔钱写文章，有时还要亲自校稿，常常弄到深夜不寐，他始终是兴致勃勃的干！"[82]47

1934年5月，《文史》诞生，这是吴承仕创办的第一本刊物，也是新启蒙运动的前哨，其内容丰富，涉及论政、民族思想、人生哲学等等，"我们以刊物名称，显示她的领域，以作品的内容，表现它的立场与路线"[82]143。鲁迅、沈雁冰和其他进步青年都曾在其上发表文章，吴承仕自己也在该刊物中发表了《五伦说之历史观》《竹帛上的周代封建制与井田制》《我所认识的大众语运动的路线》等运用辩证唯物主义观研究语言文学及三礼名物的文章。后人对此刊物评论道："编成这部伟大的文史，无怪于当时的教育家，以此为青年的读物，真可说是美不胜收的绝少刊物，与胡适先生所著的中国哲学史，在现代学界中，占有同等的威力……"[82]68 即使《文史》是以研究学术为主，但由于宣扬进步思想，依然被国民党政府所注意，并警告两次，《文史》刊行四期之后就被查封。同时，由于吴承仕研究国学的方式冒犯了当时的国学"道统"，他也招致了旧同道的人身攻击和谩骂，"他在北平进步学生和文化界的威望越来越高。他的旧日师友不理解他，更不肯原谅他"[82]100。最后，吴承仕被京派学者排挤出北京大学、北京师范大学，对此，吴承仕毫无所动，坚持自己的信仰和立场。

《文史》被查禁之后，吴承仕又再次创办了《盍旦》，"盍旦"取自《礼记·坊记》中"相彼盍旦，尚犹患之"一句，意为既然渴望黎明，就要为黎明而鸣。其中的文章大都是杂文，主要以宣传马列主义观点，评论时政为主要宗旨。吴承仕也在其中发表《我们的认识与实践》《认识与实践》等十几篇文章,《盍旦》的进步思想自然不为当局认可,《盍旦》共出版六期即被迫停刊。吴承仕对此并不屈服,认为反动当局不懂人话,妄图封住他的嘴巴。为此,他又与张友渔、齐燕铭、张致祥等共同创办《时代文化》,再次站在爱国斗争的一线,以《谁戴了有色眼镜》《北平文化界最近的动态》等犀利的文章,揭露国民党的反动统治,鼓舞了青年学生们的爱国斗志。

4.创办学校

吴承仕在北京为教育事业奔波的同时,仍心系故乡昌溪的教育。昌溪保持重视教育的优良传统,昌溪人也将读书成才作为自己的发展之路,因此私塾、书屋等教学场所在昌溪一直很兴旺。但在抗战时期,虽然也办有国立、私立的小学,其教学内容、课程设置都不统一,师资配备也是参差不齐,相差悬殊,并且只招收家庭条件良好的孩子,对于广大出生于穷苦家庭的孩子则是拒之门外,这不仅违背了昌溪人的传统,也使得孩子们受到的教育不系统。

吴承仕有鉴于此,联系了在京徽商吴良臣,商议在故乡昌溪兴办一所新型学校,此举不仅得到吴良臣的大力支持,也受到有着“歙南首富”之称的徽商吴炽甫等有识之士的积极响应。1934年2月,一所新型的学校在“吴氏员公支祠”建立,并命名为“歙县私立复兴小学”,这所学校不同于其他几所学校,它的受教育对象是广大平民百姓,学校不仅免除他们的学费,对于品学兼优的学生,学校还资助他们进一步深造。这一举措得到乡民的拥护,在学校建立之初,就有一百多名学生入学,复兴小学的声望也与日俱增,不久就合并了附近原有的几所学校,师资力量更加雄厚,学校设备也更加齐全,不仅配备了图书馆,每个教室还配备了风琴、挂钟、痰盂等物品,学生都有自己的校服。复兴小学不断壮大的原因,除了徽商的资助之外,吴承仕也是功不可没的。在建校时,吴承仕从北京赶到昌溪参加学校的开学典礼,书写对联祝贺,并撰写了的校歌。在建校初期,学校图书馆的书籍匮乏,吴承仕与其兄弟吴承侃、吴承传向学校馈赠了《小学生文库》《小朋友文库》《初中文库》等成套书籍,后来又破除自己不轻易出手写字的习惯,利用早晚歇息时间,书写了一百余副对联,将其捐赠给复兴小学,用以出售作为学校经费。学校为纪念吴承仕的贡献，特地将吴承仕亲书的对联和他的肖像挂在图书馆内，并将图书馆命名为"吴承仕图书馆"。

吴承仕不仅在经费上资助复兴小学的建设，更是关心学校的教学。他为复兴小学制订教学计划，在课程上践行自己的"认识与实践"的教学思想，开设劳作课，让学生在学习之余不忘劳动，手脑并用。由于当时中国处于内忧外患的环境中，吴承仕与当时大多数教育家一样，重视军事体育教育，学校不仅开设了体育课，还配置了木制刀枪，聘请新四军官兵为教官，将学校编成童子军，进行队列、拼刺、械斗训练，以加强学生身体素质。学校重视军事、体育教育，并取得不错的成效，校"复兴篮球队"两次参加县城比赛皆夺得冠军，并且培养了一批抗战时期、解放时期的优秀人才。抗战爆发后，吴承仕更加重视对学生思想上的教育，向学校提供了《觉悟》《复活》《一片爱国心》等进步作品，宣扬救国思想。同时，他改编了学校教师的话剧作品，以此来讽刺汉奸，改编后的话剧一经演出，轰动全县，掀起一阵爱国浪潮，并引领更多的学生踏上革命救国的道路。

二、吴承仕教育思想的形成背景

人从出生开始，就会受到周边环境的影响，发展身体，获得知识、经验，从而形成自己的思想和行为习惯。吴承仕作为一名经学家、古文字学家、教育家，无论在经学、古文上的造诣，还是在教育思想上的独特见解，都与其所处的家庭环境、社会时代以及当时的文化思想有着千丝万缕的联系。

(一)家庭背景

吴承仕出生在安徽歙县昌溪乡仓山源村，这是一个典型的徽州村落，村子风景秀美，独具徽州韵味的高墙马头依山而建，栉比如鳞。人们常用"八山一水一分田"来形容徽州的山多地少，仓山源村也不例外，人地矛盾的加剧，使得村中绝大多数人都选择经商。同时，歙县地理位置优越，离名茶黄山毛峰、祁门红茶、太平猴魁的产地不远，而且水陆交通便利，所以成为茶叶转销重镇。

　　吴承仕的太祖吴启琳和曾祖父吴道隆在清乾隆年间离开家乡，来到北京经营茶叶生意，吴承仕的家族也因此发迹。到清道光年间，吴家已拥有"吴玉泰""吴隆泰""吴三泰"三大茶叶店，吴承仕的爷爷吴景桓继承了家族的生意，进一步壮大了吴家的资本。吴家经过三代的打拼，已经拥有了雄厚的经济基础，从吴承仕的父亲吴恩绶开始，吴家已不满足于经商，转向科举进军。最终，吴恩绶于清朝末年中秀才，出任歙县知事，后寓居北京，长期担任京都歙县会馆馆长。到了吴承仕这一代，家族的经济富足，使得吴承仕可以专心致力于学习，因此比起父亲吴恩绶，吴承仕在科举上的表现则更加耀眼，他不仅与父亲同年中了秀才，又在次年南京乡试中获第三十九名，五年后在北京举贡会考中取得一等第一名的佳绩，并被钦点为大理院主事。

　　吴承仕家族不仅拥有雄厚的经济基础，还有着书香门第的名望。在这个晚清士大夫家族中，吴承仕曾祖父吴道隆是国学生，诰赠朝议大夫，曾祖妣姚氏与张氏诰赠恭人。祖父吴景桓担任过布政司理问，诰封奉政大夫，他已有名望与地位，仍愿意为乡民办好事，其最为津津乐道的莫过于在清道光年间，他亲自主持、修建了连接昌溪镇与仓山源的青石板路，此路蜿蜒于山涧之间，长达五里，为以后乡民出行提供了便利，为人称赞。父亲吴恩绶担任歙县知事，中华民国初年担任歙县第一任县长，他目睹了清王朝的腐败、堕落，为国家命运与前途而担忧，"他是京师歙县会馆同乡中的活跃人士。他虑远谋深，极力扶持鼓励吴家后人启蒙就学，继而培养深造，意图让他们将来能做治国兴邦的志士仁人"[84]182。有这样一位忧国忧民的父亲作为榜样，吴承仕由一名经学家转变为爱国救民的革命斗士，也就不让人感到突兀了。

　　吴承仕的母亲汪氏也是读书人家的女子，因此非常重视吴承仕的早期教育，为了让吴承仕得到好的启蒙教育，早在吴承仕五岁的时候，就将其送入私塾，在张建勋与汪沛仁两位饱有学识的秀才门下学习，这也为吴承仕将来的学术研究夯实了基础，在他参加乡试的本房总批中评价道："议论崇闳，包罗富有，贯穿列朝典籍，如数家珍……揭晓后知家学渊源，务求性理，清芬歌颂，专尚仁施，故年未跻夫弱冠，名已列乎云梯。"[82]206自幼接受良好的家庭教育，使得吴承仕没有成为嚣张跋扈的纨绔子弟，反而培养了他尊老爱幼、诚实勇敢、助人为乐的优秀品质，"他常常和村里的孩子们嬉戏玩耍，帮助穷家孩子做些拾柴摘茶的劳动，还常为村中孤寡老人，从冈下井中挑水，送入家门"[84]183。这种优秀品质伴随他的一生，也影响了他一生。

（二）社会背景

人是一种具有社会性动物，一个人脱离了社会就不能称之为真正意义上的人，任何一个人生活在社会上，都会受到这个社会的影响。正如王道俊与王汉澜所说的那样："在不同的社会和不同的阶级中生活的人，他们的思想意识、道德品质和行为习惯都有程度不同的社会的阶级的烙印。"[85]48 显然，吴承仕也不例外，虽然他曾经也想逃避现实的黑暗与腐败，躲在书屋里研究学问，但是中国当时的社会环境已经不是平静的湖泊，而是飓风中的大海，想过着与世无争的世外桃源生活已不可能，就如同他的学生张致祥评论的那样："但是人毕竟生活在社会之中，你想逃避它，它即无时无刻不对你的生活进行无情的干预，强迫你作出这样那样的反应，办学困难要你解决，学生被捕要你营救……"[82]82 最终，吴承仕不可避免地被卷进了社会时代的漩涡。因此，要解读吴承仕的教育思想，就要分析他所处的社会时代。

政治上，近代中国被帝国主义用洋枪洋炮砸开了大门，鸦片战争之后，逐渐沦为半殖民地半封建社会，黎民百姓遭受着封建统治者与外来侵略者的双重压迫，苦不堪言；经济上，由于受到资本主义商品的倾销等各种因素的影响，传统小农经济逐渐瓦解，民族资本主义经济开始萌芽并发展；文化上，西方各种思潮涌进国内，以儒家思想为代表的传统文化的地位遭受到了前所未有的冲击，知识分子们也开始睁眼看世界，学习西方的文化。总之，近代中国处在新旧交替、内忧外患的社会转型时期。一方面，面对帝国主义的侵略，国人迫切希望能够摆脱这种现状，因而"救国"成为了社会关注的主题；另一方面，多数国人仍是愚昧无知，被晏阳初总结为"愚、穷、弱、私"，认为中国人中有百分之八十的文盲，谈不上有生活水平，不仅多数是病夫，而且不团结、不合作。因此，"开启国民心智、提高国民素质"成为社会迫切需要解决的问题。无论是"救国"，还是"开民智"，教育都在其中扮演了重要的角色。为了救国，国人提出"教育救国论"，其中既包括洋务派的代表张之洞，也有维新派的代表康有为。辛亥革命之后，更是涌现出一批教育家，有倡导"五育并举"的蔡元培、开展"生活教育"的陶行知、注重"实用主义"的胡适等等，他们都希望通过教育来改变国家落后的现状；为了开启民智，在二十世纪三十年代的农村更是兴起了一场轰轰烈烈的乡村建设运动，主要以晏阳初、梁漱溟为代表，他们希望通过兴办教育、改良农业等措施，实现民族自救。

吴承仕自1924年在北京师范大学执教之后，一直活跃在教育一线，他对于上述的"教育救国""开启民智"教育思想都有所接触，但他并未盲目追随这些思想，而是采取冷静观察、默默学习的方式，在这种观察学习的过程中逐渐形成自己的教育见解。他的同乡陶行知创办南京市实验乡村师范学校，实践自己的"生活教育"理论。吴承仕对于陶行知主张的实用主义深以为然，他认为这与马克思主义的"认识与实践"相吻合，因此他回到家乡创办复兴小学，开设劳作课，学习与劳动并重。对于"教育救国论"，吴承仕认为应该持辩证的方法看待，但当时的青年学生还没有这种认识，因此他针对青年们的思想撰写了《读书与救国》一文，剖析了理论与实践，读书与现实斗争的关系，引导青年学生树立正确方向。吴承仕身处当时的时代，虽不可避免受到当时的思想影响，但能够保持冷静的头脑，这与他自幼所接受的传统文化思想，以及后来马克思主义思想洗礼有着密切的关系。

（三）文化背景

1.传统文化的熏陶

在五千多年的文明发展历程中，中华民族用自己的智慧凝聚了中国传统文化，它不仅源远流长，更是博大精深，其中儒家与道家的思想是其核心，它们融入中华民族的血液之中，影响着一代代中华儿女。吴承仕出生书香世家，自幼学习儒家经典著作，传统文化对他思想的影响尤为明显。

（1）儒家思想

以孔子为代表的儒家旨在培养仁爱宽厚、忠信博学、重义轻利的谦谦君子，其思想主张包含"仁者爱人""中庸""忠信坦诚""学以致用"

等，封建社会的读书人身上都或多或少受到这些思想的影响。吴承仕自幼饱读经书，算是"正儿八经"的读书人，儒家思想可谓深入其骨髓，他的一言一行都能看到儒家思想的影子。

表现最为明显的是儒家的"学而优则仕"，纵观吴承仕的科举历程，不难发现这就是一条地地道道的"学而优则仕"的道路。吴承仕五岁入私塾，不仅喜欢学习，而且学得很好，他的老师张建勋与汪沛仁都非常欣赏他，鼓励他走科举入仕的道路。吴承仕也没有辜负老师的期望，他十七岁与父亲同时考中秀才，之后一路高歌猛进，次年再应试考中举人，又于1907年在举贡会考中独占鳌头，最后被点为大理院主事。自此，吴承仕通过读书，由一位普普通通的乡下读书人转变成一名官场职员，实现了在封建社会每个读书人都梦寐以求的愿望，也踏上了属于他自己的"学而优则仕"的道路。

儒家认为读书人应该"穷则独善其身，达则兼济天下"，走入官场的吴承仕也曾憧憬着能为百姓做些实事，以图"达则兼济天下"，然而当时的社会正处于清政府最后几年的腐朽统治时期，这艘在历史长河中行驶了数年的封建大船不甘于就此沉没，为挽救自己的命运，甚至不惜做外国人的奴仆与走狗，早已将本国百姓的生死存亡置之度外。吴承仕在担任大理院主事期间，目睹了清政府的所作所为，对清政府失望至极，也知道自己无法实现"兼济天下"的梦想，只好退一步以求"独善其身"。在辛亥革命爆发之前，他对于官场之事止于应付，辛亥革命后，吴承仕改任司法部一职，但现实并没有因此改变。不久，袁世凯窃取了革命果实，袁世凯死后又开始了军阀混战，动荡不安的环境让他更是不满，以至于"他每日上午十时至司法部'画卯'签到，下午五时即归家一头钻进书房里，读书写作"[82]12。当然，他这种独善其身的作为显然也与儒家思想中的"乐以天下，忧以天下"相矛盾，更与中华民族自古就具有的"天下兴亡，匹夫有责"的民族精神相违背。所以，吴承仕后来毅然决定走出书房，站上讲台，冲到爱国运动的前方，为国家的存亡呐喊、战斗。

儒家经典文化影响着吴承仕的一言一行，吴承仕也以自己的一举一动诠释着儒家的经典思想。因此，在后文讨论其教育思想的时候，我们不难发现儒家思想对他的教育思想也有着重要的影响。

（2）徽派朴学思想

清朝乾隆、嘉庆时期，朴学达到鼎盛，成为清代学术主流，被人称为"乾嘉之学"。徽派朴学是"乾嘉之学"中一个重要的流派，其集大成者是徽州杰出的哲学家、思想家戴震。他继承朱熹的实证的治学方法，并且加以创新与发扬，主张"实事求是，不主一家""不以人自弊，不以己弊人"，这种倡导实事求是，注重实证考据的学风，不仅将当时的学术研究带上高峰，也影响了徽州整个地区的学习风气。

吴承仕的家乡在歙县，而徽派朴学其他几位重要的成员，程瑶田、金榜和凌廷堪等都是歙县人。可以说，吴承仕是在徽派朴学思想氛围中成长起来的，后来他又拜在国学大师章太炎的门下。章太炎与徽派朴学很有渊源，对徽派朴学有深入的研究，在他的论述中将徽派分为吴派与皖派。章太炎对徽派朴学的研究成果至今还是学术界研究的材料。所以，无论是吴承仕在家乡接受的教育，还是到北京之后跟随章太炎继续学习，都深受徽派朴学的影响。在他研究经学、小学的过程中，无不体现了徽派朴学的治学方法，他的《经籍旧音辩证》《三礼名物》等文章都注重事实依据，连他的老师章太炎对这些文章也给出了很高的评价。这使得他在经学上的成就达到与前辈相当的高度，虽然他也谦虚地反省："我是浸淫于所谓正统经学、小学的很小范围中，费时甚多，心得较少的一人。"[82]77但从他给自己的弟子的信中，可以看出他还是比较认可自己的经学研究的，他这样写道："自惟平生所学，若校勘、考订、说经、解字诸术，当其有得，差足与乾（隆）嘉（庆）诸老比肩。"[82]57

由此可见，把徽派朴学思想说成吴承仕的学术研究成果最坚实的基础也并不为过，而且徽派朴学的思想并不仅仅体现在吴承仕的学术研究中，在他的治学、教学中同样有所体现，本书将会在吴承仕教育原则和方法中继续阐述这一点。

2.西方马克思主义思想的洗礼

1840年鸦片战争之后，中国的国门被打开，国家主权丧失，国土也被列强分割，整个中华民族遭受到了巨大的屈辱，凡是有血性的有识之士，都在探寻挽救国家的道路。其中最早觉醒的一部分人将目光转向了西方，他们希望通过学习西方来摸索出强国富民的方法。为此，洪秀全发起了"有饭同吃，有衣同穿，有田同耕，有钱同使；无处不保暖，无处不均匀"的太平天国运动，康有为、梁启超上书光绪皇帝开展维新变法，孙中山领导了推翻清王朝的辛亥革命，但是太平天国运动被中外反动势力联合绞杀，维新变法仅仅持续百日，辛亥革命果实被窃取，并没有彻底改变中国的命运。就在中国人迷茫彷徨之时，1917年俄国十月革命的胜利，再次为中国先进知识分子带来了新的希望，他们把目光转向马克思主义，以李大钊、陈独秀为代表的马克思主义拥护者开始积极宣扬马克思主义，传播革命火种。1921年，中国共产党的建立，开启了中国革命的新篇章。自此，马克思主义哲学文化在这个古老的国度扎下了根。

在吴承仕的挽联中，有这样一段文字："爱祖国山河，爱民族文化，尤爱马列主义真理，学贯中西，善识优于苍水。"[82]51 这里的"尤爱马列主义真理"是来赞誉吴承仕晚年追求马列主义真理的。也许会有人发出疑问：一位科举出身的旧社会读书人，怎么会接受马克思主义思想，最后从一名举人成为一名共产党员呢？我想至少有两方面的原因，一方面是受当时时代的影响，在他的学生当中，很多人都参加了革命，这影响了吴承仕。另一方面的原因则是吴承仕本身对于真理的追求，这也是最主要的原因。正是由于吴承仕本身对于真理强烈的渴望，因此在接触马克思主义之后，他开始如饥似渴地吸取知识的营养，不仅大量阅读了诸如《资本论》《辩证唯物主义教程》《反杜林论》等马列主义译作，而且以自己研究经学的严谨态度仔细钻研，在他阅读过的书籍上写满了自己的心得体会。在马克思主义著作中，他找到了自己寻求的前进方向，不再独自忧虑失望，不再深感有心无力，而是走上属于他的革命道路。此外，学习辩证唯物主义方法论的吴承仕也彻底转变了以往的治学观念，他"开始以辩证唯物主义和历史唯物主义的观点，重新研究古代历史，改写他的讲义"[82]77。吴承仕开始改革国学课程，必修课中增加了西洋文哲史、近代文艺批评、苏联文学等具有新思潮思想的科目，在选修课中添加了李达的唯物辩证法，黄松龄的政治经济学，吕振羽的中国政治思想史，等。他不但请别人讲唯物辩证法，同时也在自己的教学中提倡这些思想。他在上课中出"论劳心者治人""试论理论与实践的统一"等作文题目，传播马克思主义思想，引导学生思考理论与实践的问题。他教育学生："我们钻了一辈子的故纸堆，没有用。希望你们不要再钻故纸堆。你们首先要学习社会科学，懂得社会发展规律。"[82]100

总而言之，如果说中国共产党的成立是中国革命的大转折，那么接受了马克思主义思想洗礼的吴承仕也在思想上彻底的大转折，他从此破茧成蝶，蜕去了旧经学的"茧"，化为时代需要的"蝶"。

三、吴承仕教育思想体系

（一）论教育目的

教育目的是培养人的质量规格，指教育要达到的预期结果，它反映教育在培养人的过程中，对于培养标准、方向以及社会倾向性等等要求。"在一定的社会中，凡是参与或关心教育活动的人，如教育家、思想家、政治家、艺术家、科学家、企业家、军事家和教师、家长等等，对于把受教育者培养成什么样的人，都会有各自的期望，也就是说都会有各自主张的教育目的。"[85]93对于一个国家来说，教育目的非常重要，因为教育目的是其培养人才的总要求；对于一个教育家来说，教育目的同样重要，因为这决定他采取什么样的教育内容、什么样的教育方法以及教育原则来实现自己的教育理想。在吴承仕看来，教育就是用来培养"有用的人"的。

如何才算一个有用的人？吴承仕并没有专门论述过，但我们可以从他对自己孩子和学生的要求中窥一窥其包括的内容。吴承仕在对自己孩子的教育中，要求他们要做一个"有远见，有学识，头脑清楚，有用的人"[84]168。这里的"有用的人"包括了三个条件：第一是要有远见，第二是有学识，第三是头脑清楚。在这三个条件中，有学识是要求具备一定的知识技能，而有远见和头脑清楚可以归纳为正确认识世界。可见，要做一个对社会有用的人，就必须具备自己的知识技能，但是仅具有知识是不够的，如鲁迅笔下空有一身魁梧的身体，却没有思想的中国人，只能沦为麻木的看客，吴承仕则总结为："我们要会制枪，会放枪，更要紧的是：知道枪口所瞄准的方向。"[83]161因此，他更加强调要头脑清楚，要有远见，即正确认识世界。在当时的年代，中日两国矛盾尖锐，一些爱国人士倡导"抵制日货"，吴承仕通过分析认为这种仅仅持续几个月的运动，只会使得几个月后市场日货缺乏，物价上涨，奸商会趁机抬价，而更加奸猾的日商还会故意拿架子不肯出货，"与其将来买高价的日货，不如永久的买平价的日货，我们所以主张不必抵制"[83]231。

吴承仕坚持要正确认识世界，当他接受马克思主义思想之后，更加坚定了这个信念。马克思主义认为，认识是离不开实践的，因此，吴承仕进一步完善自己的教育目的，将实践纳入其内，教育学生只有将"理论和实践统一起来，才能成为真正有用的人"[82]100。并在《我们的认识和实践》一文中做了详细阐述，他把国学系比作商店，教诲新生：你们买的是我们要卖的么？我们卖的是你们想买的么？就算买卖是同一物，是货真价实的么？就算是货真价实的，适合你的需要么？如果没有认识或无所谓认识，只会浑浑噩噩度过四年时间，最终"你们将来拿到一张不兑现的支票——文凭，我们每月拿到一张打折扣的支票——聘书"[83]225。在他看来，这就是教育者剥削着受教育者来养活自己，受教育者剥削着父母、父兄的血汗钱来供给教育者，这样的教育没有意义。因此，他勉励学生："第一是认识世界、认识时代——时空本来是不可分的，有正确的认识而后才有正确的路线。"[83]228

总之，吴承仕这种培养"有用的人"的教育目的，既包括了掌握知识、技能，也包含了认识与实践。他也一直践行着这一教育目的，无论是后来的课程改革，还是教学中的教学方法，始终都围绕着这一目标。

（二）论教育作用

吴承仕生活在中国最屈辱的历史时期，在思考了当时中国社会问题以及人的生存问题之后，他认为"教育，约略可以分为三大纲：一、认识；二、实践；三、民主"[83]16。在这里，他既肯定了教育对人的发展作用，也强调社会发展需要教育。

吴承仕要培养的是能够正确认识世界的人，他坚决反对"中国因为生产落后，所以应该提倡理工科职业教育，限制文科法科教育"的主张，认为虽然我们学会了如何建设飞机场、铁路，但建设好的飞机场、铁路却被帝国主义霸占，为他们服务，这是可怜而又滑稽的。所以，要加强国人的认识，让他们接受哲学、政治经济学、世界历史、社会斗争史、近代史的教育，来让大家认识世界、认识历史，并认识自己对于历史、对于世界不容回避的义务。认识自己的义务之后，就要去实践它，在实践中获得教育，从而更好地认识现实。他以学生运动为例，在运动中学生可以更深刻感觉到反帝情绪的高涨、民众的热烈、政府爪牙的残酷，以正确分析当前的形势。

从教育对于社会的发展作用来看，教育是实现民主社会的途径。吴承仕这种教育作用是针对当时政府的"党化""军训"等教育政策的，国民政府宣称"学生只宜专心读书，国家大事，自有当局主持"，而吴承仕则指出："我们确切认识一切行动，都应该建筑在民主制的基础上，一面是增进集团效能，一面即是加紧政治训练，不，不是训练，简直是直接参加。"[83]162 吴承仕在这里强调的是我们不能为读书而读书，而是要在读书中学会认识，积极参加一切学校组织的行政活动以及应该参加的社会集团，为社会民主而努力。在当时，大学生面临着"毕业即失业"的问题，吴承仕认为这个问题的症结在于"资本主义的及半殖民地半封建的国家的社会机构对于饭碗分配根本不合理的问题"[83]162，他提出如果要解决毕业生的饭碗问题，"非用经济斗争政治斗争的手段从解决社会机构方面着手不可；而从事斗争，又非尽量接受斗争训练不可；而斗争训练，又非从认识和实践着手不可"[83]162。吴承仕希望通过教育，培养政治、经济人才，以实现苏联式的民主社会，从根源上解决饭碗问题。吴承仕这种希望通过教育，来实现民主社会的想法，难免有点夸大教育的社会作用，但这也恰恰体现了他对教育作用的重视。

（三）论教育内容

吴承仕关于教育内容的论述是围绕着他的教育目的展开的，也与他自身所处环境以及时代背景有着密切联系。吴承仕是一个善于接受新事物的人，他在早年就开始吸收新的思想，不主张学习科举考试的四书五经，他给自己儿子吴鸿迈启蒙时选择的是《国文》，而并非传统的"四书"，晚年接受了马克思主义熏陶之后，则更加坚定了他的想法，开始以社会科学的知识为主，主张暂时将国粹束之高阁，等待将来国泰民安的时候再来研究。吴承仕认为社会科学知识中史学和文学是主要的一部分，为此他还设想将"国文系"改为"文史系"，因此其教育内容主要包括史学（语言文字学）与文学。

1.史学

什么是史学？吴承仕解释为："史学是以社会的陈迹为根据，而求其变迁的通例，与胜败的所由，面面不同的无穷人事，具着面面相同的若定范畴。"[82]168这里吴承仕显然是受到马克思主义历史观的影响，他用运动的、前进的眼光看待历史，认为历史的变迁过程有着自己的规律，史学就是通过研究历史事实，来探寻历史演进的规律。

史学有什么作用？吴承仕的回答是："史学以藏往知来为职。"[82]168他还以生产关系为例，如果发现生产关系到达了某一个阶段，就能预知到未来社会将会向什么方向发展。这种对于史学的认识，也让吴承仕在研究经学上突破了传统研究，他虽秉着章太炎的"六经皆史"的观点，但却运用唯物史的方法研究中国古代经学，不再沉醉在一字一句的考证上，而是印证其属于社会历史发展的哪一个阶段，成为了用马克思主义研究经学的第一人。

应该如何学习史学？吴承仕认为有这样两种学习方式：一种是消极意义的学习，主要是收集历史资料，整理历史资料，运用正确的观点来系统地批判；另外一种是积极意义的学习，不再局限于资料分析，而是认识到历史是生活经验，研究历史的过程就是学习斗争的过程。这两种学习方式并无对错之分，只是深浅有别，但最终还是要走向积极的学习。正是基于吴承仕对史学的深刻理解，他在国学系课程改革中，增设中国近代史、中国通史、中国政治思想史等课程，以培养学生这种历史观及学习方式。

2.语言文字学

吴承仕把语言文字学看作史学的一部分，之所以将语言文字学单独提出来加以讨论，是因为吴承仕在语言文字学上并非只推崇中华古文，而是主张大众文字，并主张要积极学习外国文字以吸收新知识、新思想，这是具有进步意义的。一方面，对于语言文字本身，吴承仕主张简单化、通俗化，这样可以使大众拥有读写的能力，也有利于提高大众整体文化水平；另一方面，语言文字同样是一门工具，吴承仕认为"语言不但是发表思想的工具，而且是构成思想的工具"[83]46。当时，我们国家生产落后、学术落后，因此要向先进的国家学习，而"接受学术，当然以学习他们的语言文字为唯一桥梁"[82]196，外国语言、文字就是学习他们的知识、思想的工具。吴承仕晚年时对自己没有学习外国语言非常遗憾，曾感慨"但是为年力所限，缺少一种阅读外国语文的必要工具，不得直接利用近代的新理论与世界上重要史料，以为互相比较互相参证之资"[82]159，所以他希望学生至少要学习一门外国语言，培养阅读和翻译的能力，在培养自己语言素养的同时，也能够将外国思想介绍给他人。

吴承仕这种学习外国语言文字以吸收外国思想的做法，与洋务运动的"洋为中用"是有着区别的，他不是机械地将外国知识拿来就用，而是"使世界最进步的知识转化为我们普通知识，并且融会为我们一贯的知识"[1]196。用吴承仕在《新启蒙学会宣言》中的一句话概括之："扬弃古代文化，即是忠实的接受和保持古代文化；吸收外来文化，即是忠实的扩大和培植固有文化。"[82]203

3.文学

吴承仕把文学看成社会意识的表现，认为文学占社会意识形态的最高层，他认为文学的作用就是"即小喻大推己及人"[82]168。例如描写一个农民的贫穷生活小环境，可以喻及农村破产的大背景，同时看出中国的经济情形以及中国与世界的经济关系。文学也是一种锻炼表达能力的学问，吴承仕的老师章太炎评价他 "文不如季刚，学笃实过之"，他也曾对学生惆怅自己的笔是缠过脚的，没办法放开。因此，他特地添加了新俄文学选读、现代文艺思潮、西洋文学史等课程。吴承仕希望通过学习文学锻炼学生的写作能力，并且明确要求学生："应练习写作技术，养成表现能力，深入大众，体现大众，服务大众，推进大众，才是文学的最高目标。"[82]196另外，针对旧文学的问题，吴承仕也有所阐述，他认为要取其精华去其糟粕，用批判、吸收的态度对待旧文学。既然已经拥有了我们时代的内容，就不必用旧文学的古典形式，对于旧文学的技术，我们可以去欣赏它、领会它，但不能去膜拜它，对于那些盲目追求旧文学的形式的人，他在《介绍一篇乌龟型的文学作品》中批判："看着不顺眼，念着不入调，最时髦的新生活，偏要编制颁发新生活的旧春联，做成似对非对似通非通似古典非古典的东西，只叫人看了难免有哭笑不得之感。"我们可以看出吴承仕是不赞成这种"旧瓶装新酒"的文学，而是追求能够与大众同乐的大众文学。

　　吴承仕这种以文学、史学为主的教育内容，与他的教育目的是息息相关的。因为在吴承仕心中，"晚出的社会科学，重要性却超过于自然科学"[82]192。虽然自然科学建设也很重要，但更重要的是怎样建设？为什么建设？为谁建设？他强调的是认识，所以他的教育内容没有涉及理工科的自然科学知识，现在看来，还是有着一定的局限性的，但是在当时，他这种积极学习外国文字，吸收外来先进思想，以及倡导大众文学，用唯物主义观研究史学的态度，是具有前瞻性和进步性的。

（四）论教育原则与方法

1.知行统一

　　吴承仕自幼就受儒家思想影响，因此一直重视知与行的结合。在教育儿子吴鸿迈时，为了让他学习诚实的精神，特地带他去看《华盛顿砍樱桃树》的电影，当时一起陪同的黄侃认为电影院播的是外国电影，出的是英文字幕，小孩子看不懂，不会受到什么教育。其实，那时的吴鸿迈已经在国文课本里学过这个故事，因此看懂了这部电影，后来吴鸿迈回忆此事："爸爸非常高兴，用右手摩抚我的头顶，说：华盛顿是个诚实的好孩子，你要学他！"[83]167

　　理论联系实际是党的优良传统之一，毛泽东在反对教条主义时曾经多次指出学习理论是为了应用理论解决问题，吴承仕接受马克思主义并加入共产党后，不仅加深了对自己传统知行观的理解，也更加重视认识与实践的关系。在他看来，认识离不开实践，实践也离不开认识，二者一旦孤立，理论就不再是真正的理论，实践也不再是真正的实践，正如在《关于华北的非常时期教育问题》中，他详细论述到："斗争训练的第一步，即是认识：认识世界，认识历史，认识世界和历史，同时即认识自己对于世界对于历史的不容回避的义务。以认识促进实践，同时即以实践促进认识；假使认识自认识，实践自实践，那末，只好说是根本不认识，更谈不上实践。"[83]160吴承仕在教学中认为课本不过是自然与社会的记载，而理论不过是实践经验的累积，二者本来就是一个行为的两面。因此，只有处理好理论与实践的关系才能更好地将间接经验与直接经验，课本知识与现实生活，学与用的关系处理好。他把教室这个场所看成生活中的一部分，把教学这一过程看成行动的一部分。在评论学生运动中，他阐述道："即是说参加行动所亲自经验的东西，比讲堂上自修室里所得的东西，尤亲切而有味。至于这运动的实践意义，比'著作等身''三年不窥园'的效果，不可同年而语，又不待言了"[83]161，"因运动本身的实践，和不断的批判和修正，在经验中，学习得比较进步的技术"[83]194。

2.民主平等

民主的思想开始于鸦片战争之后，魏源等第一批开眼看世界的人，在各自著作中介绍西方制度，洋务运动期间，这类文章和著作更加丰富，严复明确提出："以自由为体，以民主为用。"这也标志着中国人对民主认识的一个里程碑，但是直到五四新文化运动时期，民主与科学才逐渐深入人心，成为新文化的核心价值。对于民主与科学的追求影响了社会的各个方面，在教育中表现为：兴起并发展平民教育，提倡"个性化""启发式"教学方法，重视科学文化知识。

这种民主与科学的精神显然也对吴承仕的教育思想产生了影响。在他的《新学生团体的出现》一文中阐述到："学生是中间阶层最前进的分子，是曾经受过德谟克拉西洗礼的分子。关于一切运动，当然要实行最民主的方式，才能得到群众力量的支持，才能收到运动的效果。这个铁则，不论谁都应该认识的。"[83]204在他看来，学生是先进的，是受过民主洗礼的。因此，在论述教与学的关系中，吴承仕反对机械教条式的教学，主张教与学应该互相辅助、互相促进，教与学应该注重民主、平等的精神。为了在教学中更好地贯彻这种民主、平等的精神，他采取班级服务生的制度，即在每个班级选取一个代表作为班级服务生，以便更好地服务于教师的讲授与学生的学习。一方面，这样可以使得教师及时了解学生的要求及反馈意见，使得教师讲授更具有针对性，以免教师漫无边际地传授知识，学生却毫无收获；另一方面，对于学生所提意见，吴承仕也并非全盘接受，而是有所分类，错误的意见会做一下口头解释，正确意见中需要迫切解决的，以及初学者的疑难问题会及时反映给讲授教师，而关于学术争论则会遵循平等原则保留意见，允许有一家之言。也许，我们现在回头看这种服务生制度，恐怕早已不是什么新鲜之物，班干制度在现在每一个班级都随处可见，但在当时，吴承仕能够异于其他大学的管理风气，提出这种崭新的制度并实施，是难能可贵的。当然，这种民主平等的教学关系也取得了不错的效果，不仅促进了当时国学系的师生关系，也培育出一批真才实学的人才。他的学生余修后来回忆此事时感慨："吴先生主持下的国学系开了新生面，他受到同学们的尊敬和爱戴。我从先生的春风教化中，懂得了治学一方面要严谨认真，一方面要有平等研究的学风。这种学风密切了国学系的师生之间、教与学之间的关系，提高了学生的学习兴趣，再不觉得这是一门枯燥乏味的学问。"[84]24

吴承仕的这种民主平等并非是教师教与学生学，教师、学生完全处于同等地位，在他心中，虽然要保持这种民主平等的精神，但是也要分出主次。他在国学系开学之初的讲话中将教师讲学与学生听讲比喻成卖东西与买东西的关系，其中一种是我们给什么你们要什么，另一种是你们要什么我们给什么。在第一种情况中，教师是主体，而第二种情况则是以学生为主体。这两种情况到底如何抉择，吴承仕认为要根据时代的历史任务作为选择标准。最终，吴承仕选择的是第一种，要以教师的教为主体，原因如下："因为你们要什么，我们给什么，第一在学校的行政方面，大不方便，第二不客气的说，便是你们所要的，不见得完全……"[83]232

3.博精结合

学习知识是一个细水长流的过程，需要分个轻重缓急，因此就会涉及博与精的问题。吴承仕对于颜之推的博与精的讨论非常赞同，并在颜之推的基础上提出自己对博与精的看法："非博无以致精，非精无以持博。"

在他看来，经济、政治、哲学、法律、宗教等专业学科内容都非常庞大，一个人的精力、时间是有限的，不可能做到全部贯通，所以他把做学问的方式分两种：一种是兼综不略，这是博的事情；另一种是专门名家，这是精的事情。但这二者并非截然对立的，而是互相联系的，因为非博无以致精，非精无以持博。他认为博精要分为先后两个阶段，第一个阶段是从事于博，在这个阶段要博综大略，力谋常识之丰富；第二个阶段从事于精，这一阶段应各务所好，以图天才之发展。为了让学生更加深刻理解这一观点，他在《本系的检讨与展望——对国一年级学年开始的讲话》一文中还特地引用《颜氏家训》中的一段话：学问有利钝，文章有巧拙。钝学累功，不妨精熟，拙文研思，终归蚩鄙。但成学士，自足为人，必乏天才，勿强操笔。这句话的原意是：学问是有利与钝之分的，文章也有巧与拙之分，学问钝的人积累工夫，不妨达到精致；文章拙劣的人即使研究思考，也终难免流于粗陋，只要能成为一名有学之士，就不枉在世上为人了。真正缺乏天才的人，就不要勉强去提笔作文了。吴承仕用这段文字的用意在于告诉学生：虽然华词妙语、做好文章，不是每个人都可以做到的，但是困知勉行，研究学问，就算是资质略劣的人，也应当奋勉从事。他认为"历来学问、文章，兼有所长，如钱大昕，章太炎等，固属高等人材，而质文偏胜的。如袁子才（长于文）阮芸台（长于学）等，却亦不失为中等，但若治史的自名广览，而文笔不达意，作文的稍露才华，而常识差的太多，那就算是下等了"[83]236。

吴承仕这种博与精的教学思想也体现在他的课程改革中，他把国学系的学习过程依次分为两个阶段：第一阶段是一、二年级的必修课程，学生在这一阶段储备知识，以拓展自己博的广度。吴承仕深知中国文史书籍浩如云烟且杂乱无章，想要完全学习一遍，终其一生也无法完成，因此在应该储备哪些必要知识时，他认为应该选择基础常识、方法理论以及普通工具等知识。第二阶段是三、四年级的选修课程，学生根据自己的特长，选择自己的攻读方向，以挖掘精的深度。吴承仕特别重视这一阶段的教育，他反对当时其他一些高校历史系将历朝历代的史书都列在课表上的行为，认为这种做法"似乎是很完备，但其结果，教者走马，听者看花，学年完了，未必有所得"，他还以历史方法这一必修课程为例，认为只要掌握了历史方法这一课程，那么专的书籍既可以选择《左传》《国语》，也可以选择《史记》《汉书》。只要掌握了学习的方法，自然可以触类旁通，难道一个会读《项羽本纪》的人，却不会读《高帝本纪》么？

吴承仕这种以博与精为教学原则，用必修与选修的方式来实施教育的理念，至今在我们的大学存在，难怪当时吴承仕自己也总结到："我觉得这种必修与选修的办法，不但理论如此，就是事实也应当。"[83]237

4.认真缜密

吴承仕师承国学大师章太炎，无论是做人做事，还是治学精神都深受其影响。而章太炎对于徽派朴学集大成者戴震有过深入的研究，写过《清儒》《悲先戴》《释戴》等作品，他在清儒中非常推重戴震。因此，章太炎不仅在儒学方面深受戴震的影响，而且对戴震在考据学中的缜密态度和深邃思想也极为推重。吴承仕一生都极为尊敬章太炎老师，在治学上受章太炎的影响颇深。

这种认真缜密的治学精神首先体现在他的学术研究上。吴承仕在自己的著作《经学通论》的自序中，这样写道："今述此论，大氏比次旧闻，校计众说，如有同异，亦妄下己意。要之陈述多而裁断少者：一因学术短浅，志在慎言；二因旧事茫昧，颇难质定；三因治学方术，量重证据，譬诸狱，不宜轻用感情；四因抽象定例，本为假设，后说胜前，则前说自废。"[82]237自序中四条原则鲜明地体现了吴承仕治学的认真与缜密：当一件事情无法质定的时候，应当注重证据，不能因为自己原有的情绪干扰自己的判断，应当慎言，而不能妄下结论。认真缜密也体现在他的学习中，在接触马克思主义后，他开始研读《资本论》《反杜林论》《二月革命到十月革命》等巨著，在书的空白处，注满了蝇头小楷，其中既包括阅读提纲、心得体会，也包括自己阅读时的参考书，值得注意的是他连参考书的内容都具体到哪一页，可见其认真缜密。

认真缜密更体现在他的教学中。吴承仕的讲学非常有条理性，能够将难以读懂的古典经文，讲得通俗而明白，并且后期讲学中运用到辩证唯物主义和历史唯物主义，因此更加认真而严密，"每讲完一段，特别是讲《六书条例》时，总是向同学们问：'这样讲，辩证不辩证？'"[82]115吴承仕不仅在讲学中认真缜密，对于生活中出现的常识问题也不遗漏，"同班李建樟同学在一篇游记中有'白鸽栖于树巅'一语，先生旁批：'白鸽栖树吗？'"[84]90-91对于白鸽栖不栖树这种生活问题，吴承仕都会提出并写在学生的本子上，由此可见吴承仕的认真缜密。

认真缜密还体现在他对学生的音乐教育上。1929年之后，北京当时的各个机关、团体及学校都要在每个星期一的上午举行一小时的纪念活动，其中活动中最重要的一项就是唱党歌，而当时的歌词与曲调不合，出现国语不别四声的情况。针对这一现象，当时居然没有人提出异议，吴承仕按捺不住在报刊上发表了《国歌改造运动》，他尖锐地指出连一些地方戏曲都不敢违背四声这个铁律，而在唱表示国民精神与国家意志的党歌时，却把"三民主义，吾党所宗……"唱成"三命主以，误荡搜宗……"，吴承仕认为这是极为低能、可怜的事，并批判"操国语而不别四声，即不成其为国语；国歌就是韵律化而和以音乐的国语。唱国歌而不别四声，则不成其为国语的歌曲"[83]142。不久，他又听到女儿将儿歌《月明之夜》中"云儿飘，星儿耀耀，海早息了风潮……"唱成"云儿飘，星儿咬妖，唉——早息了风潮……"，于是又在报刊上呼吁："小学课程中音乐、唱歌很重要，它可以陶冶儿童的性格，可以培养儿童高尚的情操，歌词的内容当然最重要，但词与谱的配合也丝毫不容忽视。否则唱出来满口倒字。不知所云。那还谈甚么陶冶？甚么培养？"[84]171为此，他建议短期内要禁止这些四声不分的歌曲，暂以古词制成新式简谱代替，长远来看，应于大学以及各级师范学校增设国歌制谱讲座，培养一批作曲和填谱的教员。

5. 与时俱进

在政治上，与时俱进是指把握时代特征，始终站在时代前列和实践前沿，始终坚持解放思想、实事求是和开拓进取，在大胆探索中继承发展。吴承仕的与时俱进则有别于此意，主要是指人的思想观念以及实践行动随着时代进步而进步，陆昕在《祖父陆宗达及其师友》中，用"人与时进，学以世移"作为回忆吴承仕的文章标题，我们认为这八个字来解释吴承仕的与时俱进思想最合适不过。"人与时进"指吴承仕本人能够紧跟时代，并顺应时代的发展；"学以世移"指吴承仕的学术思想随着时代变化而变化。

首先，在语言学发展的认识上，吴承仕是与时俱进的。"五四"新文化运动之后，白话文取代文言文是大势所趋。1934年，南京国民政府却倒行逆施，在报刊上发表多篇文章，反对白话文，主张恢复文言文，在学校开设文言课。针对这一复古暗流，上海教育界人士诸如叶圣陶、胡愈之等发起了大众语运动，主张把白话文写成更接近大众口语的大众语。吴承仕科举出生，又在举贡会考中取得一等第一名的状元，古文言文对他来说应该是他最擅长的文字，但他却"不但不教人学古文，不但提倡白话文，而且指出要丰富文章的内容非白话不可，不仅从形式上主张白话文，而且比五四时代具有更进一步的认识"[82]50。这里之所以说吴承仕比五四时代对时局有了更进一步的认识，就是因为吴承仕是支持大众语运动的，他在

《我所认识的大众语运动的路线》一文中说："是客观存在的条件，决定了文言白话交替的命运，同时也决定了新文学的内容与形式，这是历史已经明白告诉了我们的。"[83]88吴承仕不但支持大众语，而且站在语言文字发展规律的高度，赞成新文字的拉丁化注音和拼音，这在别人看来简直是匪夷所思，但了解吴承仕与时俱进的思想的人，对他这种举动也就不足为怪了。

其次，在教育内容上，吴承仕也是与时俱进的。"九一八"事变之后，北方文化教育界中一些政府爪牙向青年们宣扬"读书救国论"，大谈特谈禅学，企图使进步青年困在"国学"的故纸堆里，而当时很多青年确实被迷惑，他们进出图书馆，沉醉在金石、校勘、考据等国粹之中。吴承仕身为国学系主任，却并不抱守残缺，认为应该学习新文化。为改变青年陈腐的读书观念，学习新思想来武装头脑，他在国学系开设了大量的新思想课程，如：唯物辩证法、政治经济学、现代文艺思潮、西洋文学史等。并且在入学考核中，逐渐重视对学生思想的考察，而并非以国学专业知识为重。此举吸收了大批具有先进思想的青年，使得后来的国学系涌现出一大批革命人士。他教育学生要跟上时代："写出不错的论文，发表了小说，当然很好，但是只有跟上时代，在实践中锤炼成材，才是有出息的人。"[84]79但是，这种做法却被当时的学术界非议，他们认为吴承仕把国学系搞乱了，连吴承仕的老朋友也不理解他："孙人和教授一向推崇先生的道德义章，治学态度。竟忍不住滔滔不绝地批评先生忘了老朋友，不要老朋友了，也不搞学问了。他边叹息边说：跟着年轻人跑，老了还不走正道，只有跟他分道扬镳了。"[84]81

最后，在治学上，吴承仕还是与时俱进的。吴承仕晚年开始学习马克思主义辩证思想，这件事传到吴承仕老师章太炎那里，章太炎不同意他的做法。吴承仕对章太炎一直非常尊敬，但对于真理的追求，使得他不顾老师的反对继续走自己的路，颇有"吾爱吾师，吾更爱真理"的精神，他不再满足于章太炎的衣钵，并放弃自己曾经固有的观念，学习新的研究方法，运用辩证唯物论的观点，研究三礼名物以及语言文字，发表《语言文学之演进过程与社会意识形态》《五伦说之历史观》等多篇论文。吴承仕在学术上超越了章太炎，这也是他践行与时俱进思想的结果。

（五）论教师

古人云：师者，所以传道、授业、解惑也。现在说教师是阳光下最光辉的职业。的确，教师承担着传授知识文明的重任，教师的素质关系着一个国家的前途和命运。吴承仕所处的时代，正是内忧外患的动乱年代，教育被当作改变国运的法宝，吴承仕虽不认同教育救国，但不否认教师的巨大作用，他对教师的标准以及教师地位有着自己的见解。

1. 教师的标准

吴承仕认为要成为一名教师，必须要具备扎实的理论知识、科学的教学方法以及言传身教这三个条件。

（1）扎实的理论知识

作为一名教师，其首要任务就是传递科学文化知识，扎实的理论知识是教师授业的基本保障。只有拥有了渊博的学识，才能在教学中旁征博引，左右逢源，达到好的教学效果。因此，吴承仕要求站在讲台上的教师，必须具备这一基本条件。

当时北大一位教师，名为陶希圣，仗着自己是从德国留学归来的，尚未读懂中国书，便在北大讲授社会发展史，并且还发表关于中国古代社会科学的文章。对于这种不具备专业知识的人，却站在大学讲台上讲授，吴承仕极为不满，严肃而尖锐地批判陶希圣："他懂吗？他配讲吗？"[82]112认为其讲授社会发展史时，所引经文根本是望文生义，是没有理论基础的。吴承仕针对其写的《中国古代社会思想史》加以批判，对于陶希圣发表的另一篇《婚姻与家庭》也毫不留情，他在《文史》刊物中发表《中国古代社会研究者对于丧服应认识的几个根本观念》一文，指出了陶希圣在第二章第二节中就存在十处错误，并在文章最后点明："我只检讨到我认为较有兴趣的一部分而粗略的加以批判。"[82]158言外之意不言而明。在前文中，我们了解到吴承仕为人宽厚，哪怕自己被人误解、攻讦也一笑置之，但对于这种没有专业知识，却站在讲台上误人子弟的人，他却毫不留情地用如此尖刻的言语笔伐文诛，由此可见吴承仕对于教师基础知识的重视。

正是由于这种重视，使得他在聘请教师时一律选择有真才实学的教师，如当时的黄侃、钱玄同、鲁迅、杨树达等，这些都是有着深厚功底的饱学之士。后来，由于经费不足等原因，他也选择聘请有学识的年轻教师，而不选择徒有虚名的教师，他告诫学生："偶像不见得都是真有威灵的，希望大家打破偶像崇拜的观念，平心静气地研究学问。"[83]238

（2）科学的教学方法

有了扎实的理论知识，同样还需要科学的教学方法，否则空有一肚子知识，却没有办法倒出来，也只能做一辈子的教书匠。吴承仕主张教师要善于运用教学方法，"先生在讲话的最后一部分，专门提到教与学的关系，大意是说虽有名师，如果教授不得法，也不会收到好的效果"[84]23。在他看来，就算是名师，没有好的教学方法，也是出不了高徒的，因此他在教学中非常注重教学方法的运用。

吴承仕在大学中所教授的课程是"经典释文序录"，主要包括音韵、训诂等，这是研究中国文字、音韵及经学的入门必读课程，教得不好就会变成机械灌输的"填鸭式"教学，吴承仕不是那种照本宣科的教书匠，首先，"他很注意讲授方法，常常用提问、比喻来引起学生的兴趣"[82]75。其次，由于他接受过马克思主义的熏陶，讲授古文经典时，会运用运动的观点来辅助讲学，"听讲授的人，觉得不是在钻研千百年前佶倔聱牙的古文献，而是蒙师在进行形象教学"[84]86。同时，吴承仕个人从不以学问骄人，主张教师与学生是民主平等的关系，平等对待、循循善诱，"见他随讲随写有时还画图，字迹工整，口齿清晰，能把枯燥的古代名物制度讲活，吸引听众"[82]125。

（3）言传身教

教师区别于其他职业的特点之一是具有示范性，不仅运用自己的知识、言行通过示范来影响受教育对象，而且教师本人更是学生学习的榜样。教师的一言一行都会潜移默化地影响学生，因此吴承仕注重教师的榜样、示范作用，即言传身教。

吴承仕作为一名大学教师，本身就践行着这一要求。在接受马克思主义之后，他在课堂上宣扬进步思想。1935年，"一二·九"运动爆发后，他在课堂上严肃说："那些青年，为了挽救民族的危亡，不惜抛头颅，洒热血，现在冲到街上去面对面地搏斗了，你们，为什么还能坐在课堂里？为什么不去参加？"接着就一摆手："不上课了！"[84]79-80他教育完学生之后并没有躲进自己的书房，而是在当天以年近花甲的年纪站在学生队伍当中，为救亡呐喊。"先生不仅在道义上支持学生救亡运动，给我们以鼓励，即便在行动上，他亦能冒寒风，奔走街头，与我们并肩前进"[82]103，在吴承仕的示范作用下，他门下的学生纷纷走上了为国救亡道路。1936年2月，当时政府在北京各大高校逮捕革命学生，吴承仕所在的中国大学是第一个被搜捕的学校，全校被逮捕的学生中有一半都是他门下的学生。为了营救学生，吴承仕四处托人，花费了极大的精力，被当时北京教育界的学阀视为疯子，甚至被诬蔑为汉奸，最终教育当局解聘了他。正是由于被解聘，使得他在生命最后两年穷困潦倒，靠朋友救助度日。这个时候日寇为在文化上巩固其殖民统治，在教育界收买学术界知名人物。日寇威逼利诱吴承仕担任北平师范大学的文学院院长，被吴承仕严词拒绝，最终遭到日寇的迫害，吴承仕在贫寒病困中逝世。可以说，吴承仕用自己的实际行动诠释了"富贵不能淫，贫贱不能移，威武不能屈"的大丈夫形象，更塑造了一名身体力行，言传身教的光辉教师形象。

2.教师的地位

教师的地位在中国古代是比较高的，古语有云：一日为师，终身为父；又说师道尊严。到了近代，由于各种原因，教师地位有所下降。吴承仕关于教师地位的讨论主要体现在其《五伦说之历史观》一文中，在阐述君臣、父子、夫妻、兄弟、朋友这五伦时，他特地讨论了师与弟子之间的关系，他根据三礼的涵义，认为从有形方面来说，师与弟子的关系接近朋友，但从无形方面来说，师与弟子的关系则介于父与君之间。他解释，古代教师的传道授业解惑，是有使用价值而没有交换价值，使用价值是无法用货币来衡量的，因此古人才倡导"师严道尊"。吴承仕对于当时教师地位感慨道："若在现代资本经济制度下，一切皆商品化了，师的价值，恐怕亦有早晚市价不同之感罢！"并讽刺："特别在我们中国，恐怕还要考虑到保管来回或货真价实哩！"[83]10从这里，我们可以看出，吴承仕对当时教师地位下降是不满意的，他认为教师应处于君、父同等的高度，我们可以从他和他的老师章太炎之间的关系发现，他一直践行着这一看法。

1915年，吴承仕以法官身份探望章太炎，与章太炎结下师徒之缘，其一生对章太炎执弟子之礼，恭敬有加。1932年，章太炎北上讲学，来到中国大学时，吴承仕已经是中国大学国学系主任，一位小有名气的学者，在老师章太炎面前，吴承仕却毕恭毕敬，为老师板书数小时。章太炎晚年思想保守，不再继续革命。他的另一个学生周作人写了《谢本师》，表示与章太炎划清界限，但吴承仕却没有这样做，他在课堂上对同学们说："太炎先生对他的老师表示决裂，写过'谢本师'。我的老师不同意我现在走的路，我不会做以他那样的表示。"[84]81 后来，吴承仕还专门写了一篇《特别再提章太炎先生的救亡路线》消除别人对章太炎的误解，并公正地评价："他的民族意识，是最敏感最坚固最彻底的；同时他那不屈不挠的节操，经过坐牢三年软禁一年绝食七日种种艰苦，到现在仍旧保持不变"[83]166 可见，吴承仕虽然不再赞同老师的观点和看法，已经离经，但却始终不叛道，将章太炎老师摆在心中一个极高的位置。

四、吴承仕教育思想的特色与启示

（一）吴承仕教育思想的特色

1.中西文化交织

中西文化对吴承仕的影响很大。一方面，他是中国传统科举制度下出生的状元，可谓是深得中国古典文化精髓的佼佼者；另一方面，他在学习和生活实践中追随马克思主义，是一名走在时代前列的革命战士。对内，他是中国传统文化的继承者；对外，他是西方先进思想的倡导者。这种中外思想对他的影响必然会体现在他的教育思想中。

在吴承仕教育思想中，中国文化体现在很多方面。首先，在其治学方法上，崇尚严谨认真。前文中讨论到吴承仕受徽州朴学治学精神的影响极深，他在中国大学上三礼名物的课时，详细地向学生介绍戴震的世界观和认识论，而且极为推崇戴震的治学态度，他希望学生能够继承戴震严谨的治学态度，认真学习的方法。其次，吴承仕继承了"师道尊严"的教师观，他将教师放在"君"与"父"之间的高度，对于资本主义社会中将教师商品化、价值化，他是不同意的，尤其是在当时的中国，教师的待遇与地位恐怕还要大打折扣，这更让吴承仕不满，认为这违背了中国"尊师重道""师道尊严"的传承，是可怜、可笑的。最后，他在知识猎取上，注重博精结合，这是对我国古代教育家的教育思想的直接继承与发扬。总而言之，中国传统文化思想几乎是遍布其教育思想每个方面的。

相比较中国传统文化对吴承仕教育思想影响的广泛性而言，西方文化对他的影响则相对集中，主要体现在其教育内容上。上文中已对吴承仕的教育内容做过阐述，包括史学、文学以及其特别提出的语言文字学。在史学中，他强调我们需要研究外国史学，因为"社会进化，中外的道理一样"[82]170。而且，他指出我国自魏晋以来，学者在研究学问中就引用印度佛学相关知识，作为文章的辅助材料，所以现在我们研究学问，"看东西书籍，融会贯通，自然是无可置议的必由之路了"。他在语言文字方面，精通小学（文字学），却主张正确的文字改革，支持世界语的推行，他说："至若与我们同源的日本文，和简明易习的世界语，学起很方便，成功很容易，大家又怎好不学呢？"[82]170吴承仕鼓励学生阅读西方文学，在国学系开设了新俄文学选读、现代文艺思潮、西洋文学史等课程。当然，这与他自己曾经大量阅读西方文学巨著不无关系。从上我们可以看出，西方文化是其教育思想、内容的一个重要组成部分。

中国文化与西方文化之间本身就存在一些区别，在某些方面甚至是矛盾的。吴承仕在其教育思想中将二者兼收，必然会出现一些冲突。那么如何处理和对待中西文化之间的冲突？吴承仕给出的答案是"批判继承"与"选择吸收"。对于中国文化要批判地继承，其中我们现在不需要的古典形式，要大胆地舍去，而像戴震等人反对理学杀人这样的反抗精神，则要坚定地继承和发扬；对于西方文化要有选择地吸收，例如他们的哲学思想，要毫不犹豫地借鉴与学习。

2.时代烙印深刻

近代的中国一直处于战乱之中，动荡的时代促使每个中国人学会思考，学会转变固有观念，睁眼看世界。吴承仕所处的时代更是近代动乱中的巅峰，他刚踏上仕途之路没多久，爆发了辛亥革命，清朝政府就此被推翻，接着又历经袁世凯称帝、军阀混战，直到李大钊被杀，他愤而辞去司法部佥事的职位，彻底诀别官场。走入教育事业之后，又见证了日寇制造的"九一八"事变、"七七"卢沟桥事变，以及见证并参加的"一二·九"运动，可以说时代在其人生刻下了无法磨灭的痕迹，也在其教育思想上印下了深刻的烙印。

在教育学生是安心读书还是奋力救国的问题上，吴承仕是受了时代的影响的。他见证过西方列强对清朝政府的驱使，又亲眼目睹了日本帝国主义的铁蹄践踏着国家土地，奴役着中国人民，深感中国已经处在生死存亡之际，所以他反对当局的"读书救国论"，主张要教育学生先救国。为此，他在北京师范大学招生考试时，命作文题为"读书与救国能否并行不悖，抑有先后缓急之论欤？"接着，又撰写了《读书与救国》一文，唤醒青年学生，认清楚世界形势，在平常时期，要为救国而读书，而在国难当头时，就要为读书而救国。

吴承仕在教学内容的选择上，也受到时代的影响。近代的中国一直是落后的，洋务派把这种落后归结为我们国家科学技术的落后，维新派把这种落后归结为国家制度的落后，虽然二者都失败了，却给后人留下了宝贵的经验。为了改变中国落后的命运，在教育内容中，自然科学与社会科学到底孰轻孰重？吴承仕虽然承认这二者是互相辅助的，但认为社会科学要较自然科学更为重要一些，他说"自然科学是关于生活技术，社会科学却是改进生活的指针；自然科学止讲生产，社会科学却专讲分配……自然科学的一面是兽性，社会科学却全面是人性。"[82]192吴承仕的这种主张，自然是因为当时中国的问题已经不是科学技术落后这种表面问题，而是生产分配等深层次的社会科学问题了。

3.认识实践兼重

吴承仕晚年所写的学术著作以及杂文，谈到最多的就是认识与实践，这是他接受马克思主义思想后的巨大转变。他自己也感受到了马克思主义思想的生命与活力，所以他在国学系的开学讲演以及报告中多次谈到认识与实践的问题，教育学生不仅要学习认识世界，也要在实践中检验认识，在思想上崇尚认识，在行动上注重实践，这是吴承仕教育思想最大的特色。

正如前文讨论的那样，吴承仕需要培养的是有用的人，一名能够认识世界的有用的人。吴承仕崇尚认识，他希望他教育的学生能够清醒认识这个世界，不被事物的表面迷惑，例如当时的政府诬蔑共产党为土匪，并大肆宣扬共产党杀了很多人，吴承仕随即发表《张献忠究竟杀了若干人?》,拆穿当局政府的阴谋。当黎元洪提出"有饭大家吃"的虚伪口号之后,他又发表了《有饭大家吃》的文章,讥笑这是政府的"有脏大家分",无情地揭露黎元洪的伪善。这些文章旨在唤醒人们正确认识世界、看清世界。同时,为了学生能够掌握一门认识世界的方法,他特地请吕振羽来国学系讲马列主义原理,当时为掩人耳目,而取名为"社会科学概论"。他希望学生们除了要认识世界,更要认识自己身上肩负的历史任务,明白自己要做什么之后,要去实践它,在实践中检验自己的认识。

吴承仕自己本身就是一名不说空话,注重实践的人。他早年钦佩章太炎的为人,即以一名法官的身份入狱拜访章太炎,后来拜其为师;李大钊被杀害之后,他愤怒至极,连饭都吃不下,并立即辞去司法部佥事的职位,表达自己的抗议;他接受马克思主义思想之后,随即就在国学系开设新课程,传播马克思主义思想;他为救国存亡,创办《文史》《盍旦》《时代文化》等进步刊物,并在这些刊物上发表了多篇文章,揭露反动政府的丑态;他在五十多岁时,亲自参加"一二·九"运动,用实际行动诠释自己的爱国之心;为了家乡的教育事业,他可以千里迢迢赶回歙县创办复兴小学,培养人才。正是由于吴承仕如此注重实践,所以他不仅在课堂上教授学生知识,同时也在生活实践中指导学生们的思想,而且花在课外的时间远远超过在课堂上的时间。每年夏秋之际,他会组织学生外出郊游,除了师生野餐之外,往往会讨论时事问题。1935年的清明节,他带领学生瞻仰了李大钊同志的墓地,向无产阶级革命斗士默哀致敬,以实际行动向学生传播革命思想。"一二·九"运动爆发后,他鼓励学生积极参加这一爱国运动,在实践中体验当局的残酷,群众的同情,社会的复杂。

在吴承仕这种"崇尚认识,注重实践"的影响下,国学系的学生中涌现出一批抗日救国的革命人士,他们在毕业后奔赴祖国各地,为救国存亡而战斗,用实际行动践行吴承仕的思想。很多人在新中国成立后依然牢记他的教诲:做一个认识与实践并重的有用之人。

(二)吴承仕教育思想的启示

研究吴承仕的教育思想,不仅是研究他对于历史做出的贡献,同样还要探讨其对于当下教育的贡献。事实证明,吴承仕的教育思想对于学术研究、学习态度、学习方法等仍然有着重要的启示。

1.严谨治学，兼容并包

吴承仕能够在担任教师的同时，进行学术创作，源于其认真的态度。他曾经爱好打麻将，为此，章太炎写信劝他"博戏虽无伤，然习之久，费日耗资，亦甚无谓"，吴承仕果然戒掉这一爱好，转为下围棋和看球赛，后来"他连围棋也不下了……泡杯茶、吸支雪茄，独自坐在那里读马列主义著作"[82]83，将全身心的精力投入学习当中，这是吴承仕能够进行如此之多学术研究的基本保证。吴承仕在科研中，主张慎言，每发一言都需要足够的佐证材料，讲究真凭实据。对于当时学术界一些颠倒错乱的文章，他遗憾地表示："中国人以不成熟的作品去欺骗外国人，又将外国人虽努力研究，因为根据不甚可靠的资料，以致产出似是而非的作品，转译为中文以欺骗不成熟的中国人。"[82]161吴承仕在学术思想中，则认为要允许不同的声音，集思广益，"容纳各种不同的见解，倘是真有研究，真有心得，在各方面去发展，那是最好的事情"[82]171。吴承仕这种鼓励不同意见，包容各家之言的学术理念，在现在仍值得推而广之，如果学术界所发之言大都雷同，进退步调一致，那么学术界只会是一潭死水，没有半分活力，只有各家争辩，言辞针锋相对，才能碰撞出学术研究的火花，创新学术思想及流派。

学术研究是一项科学、严谨的研究活动，在研究过程中不仅要学习前辈们的知识，更要吸收他们的宝贵经验。如能在学术创作中像吴承仕那样投入最大的精力，用最严谨的治学精神，包容各家学术言论，想必学术研究之路会更加顺畅，这也是我们回顾吴承仕思想的意义所在。

2.追求真理，终身学习

吴承仕是一个痛恨黑暗的人，他曾把北京比喻成一个大监狱，几百年的封建国都使北京成了封建势力扎根之处，没有生气，充满颓废。吴承仕更是一个热爱真理的人，他说青年们已经耐不住北京的沉闷，封建势力的末日要到来了，还曾诚挚地跟学生表达对于人类新光明和民族新光明的仰慕，并表示自己虽然年事已高，不能像年轻人一样出同样的力，但也要尽他所有的力量。吴承仕用实际行动来证明自己说过的话。

在追求真理的路上，吴承仕遭遇过种种困难。首先，他在选择马克思主义道路之后，老师与朋友不支持他，钱玄同用"普罗学、唯物观"的三字联来讽刺吴承仕的《文史》刊物是"普罗文学、唯物史观"。其次，教育当局为阻止吴承仕宣扬新兴社会科学，免了他的工作，同时又用名利来诱惑他放弃自己的立场，但"吴承仕对于这些，都毫无所动，他继续抱定他的立场，不怕人家的讪笑，也不受人家的诱惑"[82]35。再次，当吴承仕与黄松龄、张友渔等教育界知名人士提议"新启蒙运动"，特务们又恫吓他，吴承仕对此则回敬了六个字"不怕！不怕！不怕！"最后，吴承仕在追求真理的道路上，他的家人也是不赞同的，吴承仕与其家人也发生过争吵，并感慨年轻人没有家室之累很好，还佩服俄国作家托尔斯泰晚年脱离家庭的勇气。虽然受到家人的劝阻，但吴承仕依然坚持自己的道路，"吴先生很多行动，是遭到家人的劝阻与干扰的；先生是力排众议，勇往直前的"[84]34。老师的反对、朋友的讽刺、家人的劝阻、特务的恐吓、反动文人的攻讦，这些都没有让吴承仕放弃对真理的追求，这实在是难能可贵的，也是值得我们学习的。

对真理的追寻来源于不断地学习，虽然当时的吴承仕并不知道什么是终身教育，但秉承中国传统文化的吴承仕却知道"活到老，学到老"的谚语，他在自己的学习和教学生涯中从来就没有停止过学习，他不仅持续学习，而且向不同的人学习。参加科举之前，他在私塾里向张建勋与汪沛仁学习。科举中榜后，他向国学大师章太炎学习。执教后，他依然没有自满于已有的知识，而是小学常求教于黄侃，音韵、训诂求教于钱玄同，甲骨金文则求教于金石学家陆和九，词学则求于孙人和等先生。晚年，他并没有与其他一些国学学者一样拘泥不化，固执地抵触新文化，而是经常阅读新文化刊物，并且开始阅读自己以前不喜欢的翻译书，看自己看不太懂的新体诗。吴承仕这种终身学习的精神，使得他深得旧学精髓的同时，还接受了新事物、新思想，形成了自己独特的思想。

3.拒绝空谈，注重实践

每个教育家的教育思想中都有一个最闪光的地方，认识与实践就是吴承仕教育思想中最耀眼之处。他在实践中得到教育，也在实践中践行自己的教育思想。李大钊被害、政府军抗日战争的节节败退，教育了他国民政府已经背叛革命，不关心中国人民的生死存亡，只在乎自己的统治，要想挽救国家命运，需要另谋出路，所以他选择亲自实践，参加"一二·

九"学生运动为国家存亡呐喊；中国的落后教育他，只有马克思主义才能救中国，所以在实践中，他制定教学大纲、改革课程、创办进步刊物，宣扬进步思想，让国学系的学生与时代紧密联系起来，并在晚年光荣地加入了中国共产党。可以说，实践让吴承仕更加清醒地认识世界，认识世界则更坚定了他注重实践的教育思想，因而他在教育学生时不断强调要在实践中去认识世界、表现自己、学习知识。

在吴承仕的教育目的中，他需要的是认识世界的有用的人，而认识世界是要靠实践来充实、推进、转化和完成的，所以他强调不仅要在学习中实践，也要在实践中学习。他教育学生用手和足去亲自实践，鼓励学生参加"一二·九"运动，用亲身实践来体会民主集权的意义，感受集团动作的威力，体味反帝情绪的高涨，目睹小市民的动摇和大教授的有意曲解，体验当局爪牙的残酷。他认为这种在实践中学到的东西比书本上来得更加亲切而有味。吴承仕为追寻这种亲切有味的实践意义，不仅亲自参加了"一二·九"运动，而且在北京沦陷之后，他没有听从学生的劝告离开北京避难，也没有遵从老师章太炎的意愿南下教学，而是留在北京，在敌人的心脏继续战斗，践行自己的实践思想。他在与学生余修惜别之时，依然不忘督促他："今后的征程，曲折而艰苦，思想上必须作'置之死地而后生'的准备；在学习上，不仅向书本学习，而且向实践学习；要朴素，扎实，忠诚，这是立身之本。"[84]38在他看来，即使未来依然渺茫，前进的路途曲折漫长，也要学习，更要向实践学习。

第八章　胡晋接的师范教育实践与思想

一、胡晋接生平简介及教育实践活动

（一）胡晋接生平简介

胡晋接（1870—1934），名石坞，字子承，又字紫琴，号梅轩，晚年号止澄，今安徽绩溪人。安徽著名教育家之一，他是休宁中学（原安徽省立第二师范学校）的创办人、安徽省立第五师范学校校长、安徽近代影响较大的学者之一，以精通程朱理学、兼涉百家学说著称，有"一方硕士，六县宗师"美名。胡晋接的父亲胡肇龄，是清恩贡生，曾主持过绩溪东山书院，以"去私、戒矜、谨言、慎行、气和、心平、账清、笔勤"等八箴作为准则，注重对子女的教育，崇尚理学，喜好宋书，在徽州被称为理学鸿儒。胡晋接自小随父在东山书院学习，得到良好的家庭教育启蒙，并且在父亲的教导下早年就熟读各种书籍，尤通程朱理学和舆地之学。胡晋接的父亲是个严格谨慎、注重家庭教育的人，这给胡晋接后来的学习成长带来了很大的影响，可以说胡晋接的家庭教育为他当时的学习提供了足够充分的土壤，也为他接受传统教育打下了坚实的基础，对他后来的师范教育思想产生了积极的影响。当时国家局势动乱，胡晋接十四岁进学，科举考试废除之后，胡晋接求学做官的道路中断，而当时中国知识分子看到民族面临巨大的危机，提出了"实业救国""教育救国"等口号，积极效仿西方先进的科学技术、政治学说和教育理论。胡晋接深受这些新式思想的影响，并且有志于从事教育事业。1902年，私立思诚两等小学堂创办，该校聘请胡晋接为堂长，胡晋接在此办学十年。1913年，时任安徽省教育厅厅长的江彤侯得知私立思诚两等小学堂办学成绩卓著，就委任胡晋接去办省立五师（省立五师后改名为省立二师）。1927年，省立二师停止办学。1903年至1927年，胡晋接一直致力于师范教育事业，为徽州培养了大批教育人才。1927年，胡晋接告老辞职返乡。胡晋接晚年担任安徽省通志馆特约编纂，为《安徽通志》撰写了《舆地志》和《艺文志》等内容。1933年，胡晋接被任命为《绩溪县志》总纂，1934年3月病逝。

（二）胡晋接师范教育活动的两个阶段

胡晋接的教育实践活动是胡晋接师范教育思想的中必不可少的部分。正是有着坚实的教育实践活动基础，胡晋接的师范教育思想才得以逐渐成熟。胡晋接的师范教育活动主要体现在两个阶段。

第一阶段。1874年，胡晋接跟从父亲在东山书院读书，1883年参加科举考试，考入府学，熟读经史，成为饱学之士。1891年，胡晋接先后在绩溪城南汪氏家塾任教和浙江青溪私塾任教。胡晋接在此期间欲创立新制学校，施展他的才华，可惜严重缺乏资金，结果无疾而终。1903年，绩溪巨商程序东、程松堂创办"仁里私立思诚两等小学堂"，胡晋接在这所学校工作八年，培养了很多人才。当时，办学资金充沛，胡晋接在徽州传统教育的基础上积极创新、善于管理，师资力量雄厚，如留日回国的学生江鹏莹、程仲沂，都是该校教师。短短几年，学校就声名远播，远近学生纷纷来校就读，开创了徽州现代学校教育的先河。胡晋接由私塾到小学的教学实践，为后来开创省立二师积累了宝贵的经验。

第二阶段。1912年，胡晋接奉命担任安徽省督学，主要负责徽州教育。1913年，胡晋接奉命筹建省立五师并担任校长，负责建校工作，开启徽州地区师范教育新的序幕。1914年，省立五师改名为省立二师，胡晋接继续担任校长，直至1927年省立二师停止办学。这十年的时间里，省立二师成为安徽省中等学校中的杰出代表。一直担任省立二师校长的胡晋接在实际的教学活动中，提倡结合新思想实行实用主义教学，培养了许多杰出的人才。胡晋接在办学之初，面临的是学校经费得不到落实、学校校址没有选定的处境，在这样的情况下，胡晋接精心策划和管理。如，他倡导开源节流，减少教师的薪资，积极为学校创收，减少物品损耗，等等。经过胡晋接的精心经营，省立二师的风采得以展现，社会影响日益增大，还曾得到教育部门的极高赞誉，荣获"安徽学府"的美誉。胡晋接在办学期间，大力发展师范教育，认为师范教育是一切教育的根本。胡晋接积极聘请知名学者来学校任教，传授给学生全面、生动的知识。他还邀请社会上的学者来学校讲学，陶冶学生的情操，扩大学生的视野，培养学生的自治能力。胡晋接注重学校的德育工作，认为德育是师范教育的根本所在。与此同时，胡晋接对学校内部的管理也毫不松懈，他根据省立二师的具体情况，制定出了完整的管理制度。这些让省立二师在那些岁月里光芒闪现。

二、胡晋接师范教育思想的形成背景

（一）良好的儒学熏陶

徽州是中国古代传统教育最为发达的地区之一，素有"东南邹鲁"之誉。宋元以来，特别是明清时期，徽州书院林立、讲会盛行，塾学、义学遍布城乡各地。首先，学校类型多样，数量庞大。除了政府办的府学、县学外，书院也有很多。除此之外，民间的社学、私塾也很多。在传统社会，古人信奉的是"万般皆下品，唯有读书高"，但是，只有小部分人可以通过读书获取功名。在当时的徽州还有这样的俗语"三代不读书，好比一窝猪"，所以徽州人特别重视教育。根据学者统计，在当时的徽州涌现出很多优秀人才，如，商界的胡雪岩、文化界的渐江等等，这些出类拔萃的人物在全国各地都有极大的影响力。

徽州教育的繁荣与发展，与徽州崇儒重教的文化传统分不开。从汉代起至元代，来徽州定居的都是外地的名门望族。这些名门望族都有着相当深厚的儒学经典，他们秉承儒家的优秀文化，积极响应读书入仕的号召。在此影响下，整个徽州地区的传统教育也蒸蒸日上。南宋以后，被奉为经典的程朱理学影响着人们，朱熹的思想在徽州的影响不断深化，崇儒重教的传统也慢慢得到人们的认可。

同时，徽商为徽州教育的发展提供了稳定的经济基础。贾而好儒的徽商积极发展教育事业。徽州教育的发展离不开宗族提供的支持。作为中国封建社会后期宗族制度最为稳固的徽州地区，他们具有深厚的传统文化渊源，而且他们知道宗族要发展、壮大，仅依赖经济是不够的，更重要的是政治上和学术上宗族的领导地位。要确保宗族的领导地位，只有通过积极发展教育才能得以实现。因此，徽州宗族有着明确的教育目标，许多宗族创设教育机构，积极引导族内子弟学习儒学，徽州的各种传统教育机构，都是由宗族一手创办，并且由宗族来组织、管理的。此外，当时很多名儒积极致力于教育事业，这对徽州教育的快速发展有着很大作用。徽州有许多名儒，他们除著书立说外，还在书院讲学，一心投入教育事业。徽州的传统教育对胡晋接有着巨大的影响，中国传统教育的影响在胡晋接教育思想中举足轻重。

胡晋接自幼深受典型的徽州传统教育影响，对其而言，儒家思想可谓是"耳濡目染"。据史料记载，胡晋接是绩溪金紫胡氏的后人，其中胡匡衷、胡秉虔、胡培翚因长于经学，尤其是《三礼》的研究，成就卓越，影响深远，史称绩溪礼学"三胡"或"绩溪经解三胡"。绩溪金紫胡氏以经学世代相传，笃学之风盛极一时，几乎胡氏后人都奋发儒术，而且都勤读诗书，很多人皆以巨著留予后人。绩溪胡氏的著作很多，据相关的记载，胡氏一族为大族，而且在当地具有很高的声望。这些都充分显示绩溪金紫胡氏在经学界的声望、地位、规模以及影响。徐子超编纂《绩溪金紫胡氏书目》，收录比较完备，根据他的统计，自五代至清末，该族计有著述一百五十四种，今仅存六十一种，仅清一代，该家族有学者二十余人，著述多达一百二十三种，其中经学著作有六十余种。可以想象，当时胡氏家族经学的昌盛。绩溪胡氏的昌盛情形，持续了大概百年时间，后来在很多外来因素的影响下，很多儒家经学巨著被损坏。当时国家局势混乱，太平军兴起，绩溪也是常年遭受战乱之苦的地区之一，大多数人流离失所，胡氏的家学也随之萎靡，但是在足够丰沛的儒家根基上，胡氏的传统儒家经学思想一直存在，特别是到了胡晋接这一代人，秉承先辈的传统，以经学为根本，保存住了传统儒家经学的精髓并加以发扬光大。深厚的家学渊源，奠定了胡晋接对传统儒家思想的接受与传承，这也充分说明儒家传统思想对胡晋接的影响是很深的。这也为胡晋接后来的师范教育思想奠定了坚实的儒学基础。

(二)徽州传统教育近代变革的影响

十九世纪下半叶，欧美的坚船利炮让清政府摈弃了唯我独尊、故步自封的状态，掀起了学习西洋技艺的洋务运动大潮，但是却以失败告终。一些爱国的开明进步人士一直在寻找中国维新变革失败的根源所在，经过一番比较之后，大家似乎得出了一个结论：我国之所以落后不在坚船利炮等"西技"，也不在科学、艺术等"西艺"，而在民主共和的"西体"，我们缺少新的社会制度，而新的社会制度的建立与运行需要具有全新理念的一代新人，怎么才能拥有全新理念的一代新人呢？教育无疑是造就有全新理念新人的重要途径，于是，学习西方、创立新式教育制度成为社会和时代的召唤。

随着1905年废除科举制度，改革各类教育机构的呼声此起彼伏，上海设立格致书院，改革原有制度、学习西学的做法得到许多人士的认同。1896年6月，山西巡抚胡聘之等人递交了《请变通书院章程折》，认为书院"或空谈讲学，或溺志词章"，建议裁汰原额，添设算学、格致等课，广购译制西学之书。1896年9月，翰林院侍讲学士提出具体方案。各地纷纷响应。

即使是民间的学塾，也在时代的浪潮下出现了很大变化。这意味着教育改革已经从上到下发生了改变。事实上，各地新式学堂的开办，也面临着一些问题：如师资力量的短缺让新式学堂举步维艰。因新式学堂主要是教授近代西方社会科学和自然科学的知识，所以教师基本都是从海外聘请。这也存在弊端，如语言不通等。若从留洋归国的毕业生中选聘教师，也很有限，当时留学东京的人数大概有两三千人，所学科目分别是：政法、实业等，基本没有学习师范教育专业的，如从这些学生中抽取一部分来教学，只能称之为救急而不是长久之计。面临以上困境，一些人士提出兴办近代师范教育。在兴办新学的时代浪潮中，一些徽州人积极参与，其中最早的是婺源县的官立高等小学堂，但是难以维持。

综观清末民初的徽州教育现状。首先，徽州乡村进入贫困时代，早期的徽商大大减少，有一些从事商业的人，所得收入也很少，不足以担负家庭生活的负担。如，大多数村民主要是依靠农业生存。其次，徽州是儒家传统思想的保卫者，以前的学校主要是儒家教学经典，新式学堂呈现给大家的是全新的教育方式，以及近代的科学和自然课程。新式课堂设置的地理、图画、体操等课程冲击了传统的教育理念，容易激起民众的反感。

回顾徽商璀璨之时，徽州人民还是有着强烈的仕进愿望，这对于一心指望通过科举来改变命运的徽州民众是个巨大的打击。没人能够阻止时代前进的脚步。徽州人民对开办私立和公立小学堂已然慢慢接受，正是如此其他的新式课堂也创办起来了，如胡晋接担任堂长的绩溪仁里私立思诚两等小学堂。随后几年，新式学堂随之涌现，但是很多新式课堂中旧私塾的痕迹依然明显，有鉴于此，抱有教育救国思想的许承尧在开办新安中学堂之后，很快就感到教育是必不可少的，一些小学一直没有存活下去，是因为小学没有足够优秀的教师来教导学生，所以师范教育才是一切教育的根本，是不容忽视的。

正是在徽州传统教育受到冲击，新式教育因为缺乏师资又举步维艰的状态下，近代师范教育应运而生。胡晋接正是在这样的背景下，走上了兴办师范教育之路，而且一走就是整个后半生。

（三）中学与西学交融的影响

十九世纪末到二十世纪上半叶，中国社会处于巨大的变革时期，可谓是内忧外患。邻国日本明治维新后，国力大增，教育改革是明治维新成功的重要原因之一。甲午战争的失败，标志着洋务运动的失败，马关条约的签订唤醒中国民众的认知。康有为、梁启超等积极进行维新变法，希望依靠西方的思想文化来彻底扭转中国人民的思想，提高国民素养，唤醒国民的爱国之心。因此，面临这样的思想解放运动，中国的传统教育也受到一定程度的影响，西方的思想理论已经影响我国社会的方方面面，我国的教育也深受西方教育思想的影响，杜威的实用主义教育思想、卢梭的自然教育思想等等，这些教育思想对国人的影响也是极其巨大的。与此同时，中国近代先进的教育思想在慢慢被唤醒。教育救国的思潮风起云涌，洋务运动积极推行教育改革：废科举、兴学堂，发展师范教育、实业教育，等等，一时间西学开始走进新式学堂。资产阶级维新派的思想顺应了当时的历史潮流，充分地反映出当时的知识分子希望用新思潮、新思想来代替旧思潮、旧思想，胡晋接当时亲身经历了民族衰败的惨痛过程，接受了维新派的思想，追求教育报国。康有为、梁启超的教育救国论对胡晋接影响深远。当时，康有为提出教育在于开启民智，认为这是教育之重，并且提出教育就是开民智，同期梁启超也提出任何时代的变化都改变不了教育，因为任何时代都需要教育去培养人才，而人才的根本是学校。同时，越来越多的国人也意识到作为一名教师，不仅需要足够的知识和学术，最重要的是教师人格的养成，教师的人格对学生有着很大的影响。

西方近代教育对中国影响较大的当属杜威的实用主义教育思想，这不仅由于杜威本人在中国讲学达两年之久，也与杜威的一些学生（如胡适、陶行知等）宣传杜威教育思想有关，更与当时中国亟待进行传统教育的改造有关。实用主义教育思想对当时中国教育的影响是比较明显的。胡晋接的师范教育思想的产生自然深受这股思潮的影响，在某种程度上说这种变化对胡晋接师范教育思想的影响是非常深远的。

胡晋接在省立二师大力推行教育革新，与西方实用主义教育思想的影响密不可分。他积极实施"村民教育主义""实用教育主义""发展社会经济主义"，教导学生教学做相结合、德智体全面发展。在学科设置上，开设英语、数理、物理、珠算、乐歌、体操、法制、经济、商业、图画等现代教育课程。胡晋接提倡教育与实际生活相结合，提出用教育手段开启民众智慧，并培养了大批人才。他注重实用教学，注重学生的自学辅导，注重学生与外部的交流，认为把教育与实际，教育与生活，以及教、学、用三者紧密结合起来，付诸实施。

三、胡晋接师范教育思想体系

胡晋接在长期的师范教育实践中，形成了自己对师范教育的看法。以下分述之。

（一）论师范教育的宗旨

十九世纪末二十世纪初的中国，动荡飘摇，社会一片萧条，胡晋接虽然只是一介文人，但是胡晋接在青年时期即立下"教育报国"的理想，胡晋接认为救国图存，民族强大，要改变中国当时的局面，当务之急就是教育，而最根本的是小学的教育，决定教育关键所在就是要发展、壮大师范教育，因此胡晋接的师范教育是建立在救国的信念之上的。

胡晋接在省立五师办学期间，确立了学校的教育宗旨和培养目标。随后，胡晋接在省立二师更加具体而明确地提出国民教育目的，凡为国民，须具有信实、勤俭、谦逊、亲爱、公德、常识、遵法、尚武诸美德。胡晋接指出：信实、勤俭是个人安身立命必不可少的所在，谦逊、亲爱、公德、常识是人们在生活、为人处世中必不可少的要素，而遵法、尚武是一个国家强大、昌盛必不可少的因素。从这可以看出，胡晋接师范教育思想的平衡和兼收。胡晋接希望通过师范教育来培养合乎时代发展要求的新型师资，由这些师资去培养新时代所需的新国民，从而实现民族独立和国家富强。胡晋接一直把教育救国融入其一生的教育实践，特别是师范教育实践。他以师范教育为根本，明确定位师范教育，认为师范教育是一切优秀人才成长的源头，并在徽州的土壤里执著地践行其师范教育思想。胡晋接在办学资金紧缺、学校面临关闭的情况下，依然坚持办校，自筹经费。在那样的艰苦环境下，胡晋接吸收了职业教育思想一些主张，提出师范生的责任及教育方针确定的依据。可见，胡晋接希望师范教育不要重蹈"吾国前此教育之不切实用之失"，要根据我国国情，打通职业与教育，培养社会经济发展急需的实用性人才。此外，胡晋接还明确提出师范生的理想人格，即德、智、体、艺育并重，其中德育是指品性优美，行为中正；智育是指知识深厚，技能娴熟，才思敏捷；体育是要求身体健康，精神充实；艺育是指语言、文学、乐歌、图画教育，侧重于学生的艺术与各种技艺，这都是围绕师范教育的宗旨展开的。

（二）论师范教育的制度建设

1.师范学校的学制

我国近代教育制度的确立比较迟。1902年，教育部颁布了"壬寅学制"，这是我国第一部真正意义上的学制。1912年颁布的《师范教育令》和《师范学校章程》是最早的师范教育法令，也是当时省立二师开展师范教育的准绳。省立二师建立之初，遵命令定为预科一年，本科四年，但是在具体的师范教育实践中，胡晋接等人觉得这个学制有些缺陷，他们发现在这个学制下设定的科目比较繁多、沉重，学生学习的课程比较多。这样，学生无法深入学习每门课程，况且这样的学习容易让学生养成追求皮毛而不追求内在精深的不良学风。与此同时，别的省市师范学校已经开始采用选课制来弥补这一缺陷。于是，胡晋接从1918年开始，试行国文和外国文的选科制，并且缩减相关年级的课程数量。1921年，胡晋接在

《修正预科及本科各选科课程标准计划草案》中提出：预科"注重普通"，延长至两年，本科则延至三年，分别设置国学、数理、艺术三选科，并且将相近性质的科目加以归纳，达到精学的目的。随后，这个决策在省立二师施行。省立二师向安徽省教育厅汇报了此事，安徽省教育厅给予了答复。从安徽省教育厅的回复可见，对于省立二师提出的计划，教育厅已经知晓，明白省立二师是为了具体教学的需要而做出相应的改变，但是一切改变还是要遵照师范规程，并且不可以超过原定的预算，具体的改变请呈交给教育部核定。足见，安徽省教育厅没有否定省立二师提出的建议，但也没有立刻同意的意思，还要转呈教育部核定。但此时的省立二师已经在着手办理此计划，不仅仅从新生就开始安排，连在校的各个年级都在准备。但是因为师资力量一系列的问题，本来是本科计划开三科选修的，实际只开了国学、理科两科。但还是可以很明确地看出，这样的改革较之前进步很大，在当时的时代环境下，这也是很大的进步。

随着时代的发展，师范教育的地位受到越来越多的重视，于是更适合时代需要的学制也逐渐诞生。新学制将师范教育涵盖在中等教育之下，建立普通教育与师范教育的链接：中等教育和师范教育合二为一。在这样的情况下，师范教育刚刚曙光初现，如今又是一片混沌，但是地方政府对于师范有了更大的管控权，他们提出让省立二师专门办三年制师范，但是胡晋接完全不同意此种做法。为此，胡晋接提交了《徽属中等学校为改行新学制事上教育厅长意见书》，他明确表示：省立二师仍为六年制师范，扩大前三年普通科规模，普通科学生毕业后不愿意进入师范深造的可以选省立三中。经过安徽省教育厅的决定，师范教育方面通过《师范教育方案》。经过这个法案，安徽省教育厅通知如下：省立二师校名不变，专办后三期师范教育，原来的旧学制改为初中一年级、初中二年级、初中三年级，而且在下学年招生的时候要招收三年制师范讲习科。虽然是命令如此，省立二师始终认为这样的安排不适合其整体的师范教育，针对此问题，胡晋接提出了《呈复改编级次办法由》，并提出新的解决方案，此方案如下："下学年原预科二年级、本科一至二年级照旧升为本科一至三年级，直至毕业；原预科一年级甲、乙程度不同的两个班中，成绩优良且年龄较小的选编为旧制预科二年级一个班（36人），程度稍逊且年龄较大的升为新制讲习科二年级（21人），程度不够的留为讲习科一年级；另新招部分插班生。"[86]97胡晋接的这个方案得到省厅的认同，教育厅重新划分全省的师范学校，省立二师的范围得到扩大。随着范围的扩大，具体师范招生问题也随之显现出来，如：学生年龄小、学识浅。但是如果不扩大招生，只是在原有的地方招生也会面临生源问题。胡晋接针对省立二师的具体情况，提出了《呈请将讲习科改为普通科照新制完全师范六年办法》，自此省立二师就是按照前三年师范普通科，后三年师范专科的学制的完全师范学校。

2.师范学校的课程设置

1913年1月，胡晋接奉省都督之命出任省立五师的校长。2月，胡晋接着手具体的筹办事务，发布招生公告并公布招生课程，遵照教育部发布的《师范学校章程》，胡晋接开设两个班，高小毕业考国文、算学两科；未在高小毕业的，考国文、数学、历史、地理、理科等五科。

随后，省立二师完全按照《修正师范学校的规程》设置数学、理化、外国语为选习科目。从省立二师购买教科书的清单中，我们清晰地看到胡晋接设置的课程，有哲学、修身、地理、图画、经济、法政、乐歌、体操、外国文、理科、文学、手工。这些课程不仅囊括传统的徽州教育，而且也包含新式学堂的课程。同时，这些课程的课时安排也很有讲究，既符合当时徽州的传统思想，也是对当时新思想的接受。课程表是这样安排的：三个学期，每个学期都开设修身、国文、习字、英语、数学、图画、乐歌、体操等科目，每个学期的课程安排时数都有一定的规律，修身、习字、图画和乐歌在三个学期都是每周两个课时，英语和体操是每周四个课时，国文是十个课时的安排，数学是每周八个课时，修身是每周十个课时以上，国文和数学的上课时间偏多，同时又兼顾体操、修身等其他科目。之所以这样安排，是因在开学初期，胡晋接首先进行了学生招生考试。通过这次招生考试，胡晋接认为入学诸生程度甚浅，省立二师特注重国文和数学两门课，其授课时数，较师范学校课程标准略有增加。可见，胡晋接安排课表是有理有据的，并不是不重视新式学科，而是因为学生程度的不同而对时间安排稍加改变。

胡晋接在《修正师范学校的规程》里规定："前项科目外，得加课商业，其兼课农业、商业者，令学生选习之。"[86]100这也在后来的具体课程安排上体现出来。因省立二师地处徽州，徽州的居民基本是以农业和商业为生，农业是当地人民安身立命的所在，商业是他们的经济来源，农业和商业课程的安排是符合徽州区域社会经济发展需要的。学校的课程并不是一成不变的，随着国家局势的变化以及学校的具体情况，整个课程的安排会有变化。当时，学生皆是徽州地区的学生，整个教学过程是用徽州方言进行的，随着办校规模的扩大、生源的增多以及时代的需要，1921年，胡晋接提出要用国语进行教学的要求。在这种情形下，省立二师开办了国语补习班，开设了注音字母、声音学、语言书、国语练习、翻译、文法、国语教授法研究等等新的课程。自此，国文成为省立二师必学的科目，并且针对补习班规定了课程的纲要："国语科分国音（含发音学、拼音法、国语会话、每周8小时）、文法（即为白话文法，每周2小时）、教育科分教育心理学、论理学、教授法、管理法、哲学（孔子哲学概论）五项，每周3、2、4、4、3小时，英语数学补习科分英文（发音学、造句法，每周8小时）、数学（算术概论、比例、命分，每周8小时）两项。"[86]99

1924年，省立二师根据"有本有序"的教育方针，在课程的设置上做出了相应较大的变化，主要以培养优良教师为重，而以准备升学为轻，重新制定《省立二师学程纲要》。在学程纲要里，主要分为两大部分。第一部分，注重学生的德、智、艺、体育，根据相应的学科开设一些课程，德育开设公民科和道德学科，这主要是针对学生的修身养性进行的，为的是培养学生的礼仪、纲常以及做人的道德，这些都是必不可少的。智育开设的有名数科、自然科、社会科，主要是培养学生的数学、理化、历史、地理的常识逻辑，这些科目以科学为目的，要求实用而且可以运用到学生实际的生活当中，这也是不可缺少的。艺育开设的学科有文科、艺科、林科，文科主要培养学生的基本文学知识、文学素养，艺科主要是针对学生的书法、绘画、写生、乐歌的培养，林科注重的是造林术以及森林管理法。体育开设体育科，为的是学生身体的强健。第二部分，强调的是学生宏观的视野，如，数化科开设教育观察和教育研究的科目，教育观察包括中国教育史、世界教育史以及近世之西洋教育，教育研究包括教育制度、学校管理法、训育法等等。名治科开设政治学和民生科，政治学包括社会风纪、政治大要、政治评议，民生科主要是经济大要和经济评议。

3.师范学校的教材选择

教材是师生共同使用的教学材料，是课程的载体，是实现课程目标和教学目标的关键所在，也是实现师范教育培养目标的基础。教材的选择对教师和学生都是至关重要的。胡晋接深谙教材的重要性，在省立二师开办之初，没有指定的教材，在这样的情况下省立二师对于教材的选择是灵活的。胡晋接根据师范学校的培养宗旨和目标、现实的需要，以及学生的实际情况，实用主义教育和社会经济教育为标准选择教材，对教材的选择甚是严苛，他认为："近日海内外教育家，盛倡教育采用实用主义之说。此诚至当不易之理，而为今日吾国教育界所奉此主义，以协同进行者。然欲实施此主义，首须慎选夫教材。"[86]104而且，胡晋接以博物科为例，具体地指出"慎选"不仅要与教育方针和培养目标一致，还得按照实用主义法则、学生具体的需要和实际情况，选择学生身边的课程资源作为教材的内容，并且还要与社会大环境的经济相关联，教材要可行、可信、具有逻辑结构、脉络清晰，教材不能选择那些让学生望而生畏的。其实，对于自己灵活安排的教材，有些版本不是很适合实际的教学，于是，胡晋接就让任课老师根据具体情况自行编写教材。在教员自己编写教材的时候，胡晋接提出了一个原则：那就是编写教材时要注意的是教材内容在实际生活中能够得到应用，而不是追求教材内容的高深所在。省立二师先后编写的教材有：《修身》《文法学》《国文读木》《文字学》《中国地理讲义》《竹工》《说文》《童子军概要》，这些教材具有针对性和实用性。

4.师范学校的内部管理

省立二师自成立之时就制定了较为完整的学校管理制度和规章制度，正是在这些完整而规范的管理之下，省立二师才会在当时艰难的办学条件下大放异彩。

学校规程主要包括两个方面：立学规程和校务规程。立学规程主要包括：校训、校歌、教育宗旨、学则、学程纲要。省立二师的校训：诚毅。胡晋接在执掌省立二师的几年间，也是按照这个思路办学的。学校有重大的活动时，全体学生要演唱校歌。学则的宗旨是根据教育部师范规程所规定的培育学生的要旨和本校宗旨培养学生成为优秀的教师。校务规程包括总务部规程、教务规程、舍部规程、事务部规程。校务规程大纲是为了学校行政方针的统一，实现各部门之间的分工、合作而确立的。

学校组织大纲略分为三个部分：总部、分部、属部。总部与属部是为了学校办事便利而设立的，同时总部下设总务部，总管各个分部的事物，依据本校校务组织大纲管理全校事物，内设文牍、实习、会计三个股，总务部设立主任一人，由校长兼任，主要职责如下。一，管理本部事务：主持全校校务的一切事件，并进行全校校务的完全规划，处理本部门会议决议事件，调制本部门规程细则，处理其他关于本部门的具体事务。二，管理分部重要事件：调制分部各主任职务规程，核定分部所订的各项规则及细则，核定分部计划书，核查成绩报告书，核定经费预算计划书及分部报告书，办理分部其他重要事项。主要负责各部门事物，包括：教务部、舍务部、事务部、附属小学部、学区。教务部依据学校的校务组织大纲的规定主持全校的教务，要随时和各级各科教员商榷教务，教务部设主任一人，下设文科主任、实科主任、教育实习科主任，统管本部全部事务，各个属部的主任同时协助主任管理各项具体事务。教务部统摄全校教务，主要包括：讲义收发部、报章收发部、图书仪器部、成绩部。舍务部统摄全校舍务，具体包括训练管理卫生及其他舍务的事项，下设各级各任、各级各舍监以及校医。凡是关于全校舍务的工作由舍务部规划管理，包含仪式部、卫生部。事务部具体负责全校的事务，并合理安排，包含：会计部、庶务部、工程部、膳食部、贩卖部、农林部、陶务部、校园部、印刷部、摄影部。

同时，学校的各个部门根据学校的具体工作情况制定了相应的规约，作为学校具体工作的指导。根据《师范教育令》的明确规定，师范教育的经费是依靠省政府财政拨款的，当时，政府拨款给省立二师的费用主要为两部分：经常费和临时费。主要包括：教员薪资、办公费、建筑费、购备费等等。但是，当时省立二师时常经费紧张。面对这一情况，胡晋接做出"节省开支和增加收入"的决定。节省开支首先是职员均减半俸，学生膳食费自理，并且临时费用存之款为本校房屋之费用，这样可以大大减少开支。其次是面临固定有限的经费，要保证最大效率地利用，这也是节省开支里面必不可少的方法，在省立二师担任庶务主任的胡正修执行此项工作，他精通管理，有效地提高了学校物品的利用率和使用寿命。

为了更好地安排学校事务，学校确立了会议制度，并提出会议的具体要求。会议要在具体的会议室召开，每次会议要安排会议主席一人主持会议的事务，需要一名记事人员，记录会议的重要内容。学校按照管理常规召开会议。当遇到一些重大事件，需要临时召开会议的，由学校的主席主持召开，如遇到需要大家参与探讨的会议，参会人员须在开会的前三天将自己打印好的与会意见上交，并且在会上发表自己的看法，可以各抒己见。当会议结束后，如果在执行中有困难以及一些未解决的事宜，均由各个负责人随时提出以备各部会务修正，在未修正之前，要遵守之前的会议条例。

面对学校具体复杂的教育管理，为了更好地服务学生，学校设立了相应的机构和职务。省立二师在教员管理方面，学校主要负责人是校长，负责学校的规程以及学校的各项事务。教务部设立教务部主任一职，主要负责学校校务、学科、课程、教员的具体安排以及图书置办。级任教员主要是授课、负责学生修学、训育、旅行教学等等，各科任课教员主要负责的是各个科目的教学工作。舍务部设立学监，主要负责学生的住宿、卫生、学风等等，还负责管理师生请假诸多事宜，并且做好记录，每级设学习主任二人，由一人兼舍监（学监改为舍监），每级一寄宿舍设舍监一人，全校分六级，应设舍监六人，六人中以一人为舍监长，以上属庶务部，庶务部设文牍人员一名，文牍人员主管办理文牍，监视校印及整理图书仪器、教授耗品、表簿公牍成绩品之属，会计部有会计一名，主管银钱出入，庶务部有庶务员一名，主管全校器具耗材、杂料及工程杂物。

学校建立各种笔记簿规章。职员类：职员履历簿、职员到簿、教员授课一览表、管理员勤务一览表、实际授课百分比表、教员担任学科及时间表；学生类：学籍簿、身体检查簿、操行考察簿、学业考察簿、平时积分簿、学生成绩一览表、学生出席簿、学生功过录、学生假簿、褒赏惩罚录；教务类：学历、学科课程表、教授细目、授课时间表、教学用图书分配表；会计类：现金出纳簿、支出分类簿、各项补助簿、每月支出计划书、每月支付预算书、每年收支一览表、资产簿、保证金簿，杂入簿；文牍类：公牍留稿、全校表簿总目录、图书目录、仪器目录、器械标本模型目录、成绩品目录、公牍目录；庶务类：器具目录、工程簿。这些账簿充分展现省立二师管理规章制度执行的力度。学校还有关于职员的详细规章制度，如：职员办事时间规则、职员请假规则。职员办事时间规则：职员办事分为平时和临时办事时间，平时时间是每天早上八点至下午五点，中午休息时间从十二点至一点。平时，工作时间办公室内人员不得离开办公地点，如因有事要离开办公室，需要告知办公室其他工作人员。职员在办公时不得干扰其他工作人员。一般星期天上午休息，如遇学校临时有事，仍然需要到校办公。职员请假规则：职员有事需要请假需提交请假书，并且写上自己的职务，然后由自己所在部门领导批准之后，会按照补课的规章制度安排其他职员来为学生补课。

为了更好地培养学生，同时也为了端正学校的风气，学校从各个方面进行具体事项的管理。学生在入校时就要遵守学校的各项规章制度，学生进校要实行"知行并进、守信耐劳"的校训教育，遵守学校各项管理规章制度，服从师长的各项命令。学生早上上课、晚上回来就寝都需要整队进行，对师长要尊敬，对同学要团结、友爱，在学校举止要端庄。为了更好地进行各项工作，学校指认级长、寝室长、轮值生来协助管理学生的日常事务。级长需要品学兼优，为全校的表率，管理全校的学生日记及轮值业簿，传达学校相关人员的命令，并且要执行下去，在这期间还要检查值日生是否完成了他们的任务；寝室长主要负责学生的生活起居是否有秩序和规律，轮值生主要是上传下达并且处理一些临时的事务。轮值生要诚实可靠，不得欺骗大家，并且学生在参加轮值时不得无故迟到，在学生轮值期间学生的银钱数目要清楚，要爱护学校的器具。

（三）论师范教育的人才培养模式

1.独特的教学方法

胡晋接在担任省立二师校长期间，反对旧式教育只偏重知识传授，而不注重培养学生能力的做法。胡晋接既注重知识的积累，也注重学生能力的培养。他注重启发式教学，在实际的教学当中采用灵活而有效的教学方法。这些教学方法主要有：旅行教学、劳作、标本教学、读书笔记、学术研究、修身养性。这些新颖的教学方法在教学活动中取得了很大的成效。

（1）旅行教学

教学方法是教师和学生为了实现共同的教学目标，完成共同的教学任务，在教学过程中运用的方式与手段。历览前贤，好的教学方法往往起到事半功倍的效果。孔子就提出"启发诱导""因材施教"可谓影响深远。胡晋接深知教学方法的重要性，面对省立二师的教育情况，胡晋接在既有传统教育的基础上积极吸收新教育思想的营养，在两者的结合上诞生出新的教学方法——旅行教学。

旅行的目的。在省立二师的杂志上，记载了胡晋接对旅行教学的目的的阐述：每年春秋季节，出校旅行。旅行教学的目的有三。一是补习校内教学的不足。通过旅行，可以提供学生校外实地考察的机会，不仅可以弥补校内教学的不足，而且可以帮助学生理解在课堂上所学的知识。二是促进智育、体育、德育和美育的融合。通过旅行可以整合各科知识，促进人的全面发展。三是养成学生随时随地自动研究学问的能力。实践出真知，旅行所见就是研究的素材，研究的问题往往就来自日常的生活经历，要在社会、生活和自然界寻找研究的课题，养成研究的习惯，提升研究的能力。

旅行的时间与地点。旅行次数是每年两次，分别在春、秋季。临时决定旅行的地点，根据每次旅行的目的和重点，由监督老师去选择旅行的地点，而且在旅行之前，要做充分的准备，各科教导员要做充分的指导和安排工作，保障学生出行安全，并为实现旅行目的做好充分的准备。旅行前要充分了解历史情况，因为旅行是为了弥补学校教学的不足。旅行中得以还原的就是历史的现实，这在旅行中是真实、唯一的，这也是旅行价值的体现。

旅行的规则。胡晋接明确指出，旅行不仅是出去采风，而是有目的的，旅行是为了研究学问的，所以必须有一定的规则。如，旅行中必须要整队，要保持积极向上的精神面貌，不允许交头接耳或嬉笑打闹，时刻谨记遵守旅行的规则；在旅行中，休息的时候，不得远离队伍；在旅行进程中，有特别事情须要请示督导老师；在旅行队伍中，每十人一组互相监督，以便旅行顺利、完满；在旅行过程中，学生要仔细观察并且要记录旅行的要点，为以后的学习作参考。

旅行的考察。旅行结束之后，督查教师要针对学生的旅行任务做考察，学生必须做好旅行学习中的标本或摹本图画，并给老师检查。学生要及时反馈旅行中的心得体会，以及旅行学习前准备的是否得以应用。有心得体会的学生要将其成绩保留存档表示鼓励，旅行回来后要详细记载整个旅行的过程。

胡晋接在省立二师的杂志上详细列出旅行的重要性以及旅行和智育、体育、德育、美育的关系。在胡晋接看来，旅行与"四育"的关系主要表现在以下几方面。第一，与智育的关系。在旅行过程中，教师可以带领学生观察、采集标本，并做好评论，这是旅行的意义所在。第二，与体育的关系。胡晋接认为旅行可以锻炼筋骨，开拓胸襟，发扬活泼之精神，呼吸新鲜之空气，于出发时尤须有行军气象，特别是旅行要有"行军气象"，也就是在旅行中不仅要遵守规则，还要保持积极进取的精神面貌和良好的身体素质。第三，与德育的关系。胡晋接后期办校刊的主要内容是宣扬"务本主张"及倡导东方的文明，尤其重视对学生的德育教育。在旅行中学生要遵守社会道德和传统道德，这些都在他办的校刊中得以体现。第四，与美育的关系。胡晋接认为，野外就是自然的教育环境，得天独厚自然环境会让人的心灵得到洗涤以及美的感受，这些都是在课堂上无法实现的，都可以通过旅行得以实现，这就是旅行目的的另一种体现。

（2）劳作、手工、标本、商业教学

胡晋接在办学前期注重 "信实、勤勉、谦逊、公德"，并循实用主义教育精神发展社会经济教育。胡晋接在实际教学当中明确提出劳作、手工、标本、商业教学，这不仅是特定时期办学资金紧缺的缘故，也是充分贯彻实用主义教育精神。学生在手工课上可以劳作出任何东西，售价所得作为学生储蓄金，并且要分别写上具体所得的分类，由老师掌管。校园的作业包括：灌溉、栽培、剪枝、除草，这些都是学生分组进行的。学生在劳作的时候，还要做学生作业的标本，学生要掌握植物标本采集的方法，准备采集标本的工具，对标本进行具体的分类处理，植物和动物分别进行，并保存好标本。学生自己成立课外活动游艺事项，包括贩卖部和校园部。学校发展的前期还需要扩充校舍，增设学级，增加经费，贩卖部每周派高小学生两人，担任轮值的服务。在这样的情形下，贩卖部就设在校园当中，用具皆是临时分配，采用学校杂费垫用，贩卖部的商品主要是必需用品或其他校园的手工品，商品的价格也有严格的规定，由外面买入的商品价格是在原价的基础上加上运费和百分之五的费用，而本校出售自己的商品，价格不能高于市场价格。在贩卖部还要采用记账簿，分门别类地记录贩卖部的账目。一般是派一名主任主管贩卖部的主要事物，其他的各项事物都是每周派四位学生轮流当值，当值的学生需要按照贩卖列表执行各项具体事物。这些都是围绕着胡晋接的实用主义教育和发展社会经济教育主义进行的。

（3）读书日记

胡晋接在教学活动中，一直十分注重学生的读书日记，要求学生随时随地反省和思考，并将学生的心得记下来，提倡学生养成良好的学习习惯和风气。胡晋接在省立二师的旅行教学中也是如此要求的。学生在旅行结束回来后，要写读书笔记，及时记录旅行途中的心得。关于记日记的方法，胡晋接也给出了参考方法：日记法。首先是内容，第一，日记可以记录当天的天气情况；第二，记下天气的情况及内心的感想；第三，记录上课和课余作业的心得体会；第四，记录时事并对时事观察、思考后发表自己的意见，前提是个人的思想要端正；第五，记录个人的一天生活经历，事情要客观、公正。其次是形式，第一，提倡用表格记录，条理要清晰；第二，在写日记的同时要注意文法的表达、书法的正确，注意在日记中不要出现错别字，写好之后要记得检查；第三，写日记要每天坚持，养成良好的学习习惯，学生须谨记不要断断续续记日记，须每天准时完成；第四，日记不能敷衍了事，日记是为了展现学生的实际情况，或学生今日所得，而不只是完成教员当天指定的学习任务。学生不仅在学校期间要充分使用读书日记，在假期中，学生也可以用日记记下身边发生的事情和自己的心得体会。

（4）训育

胡晋接根据省立二师的实际情况，对训育进行了完整的梳理，提出训育的目标、德目、标准指示、职员、方法、学生自动的事项、考察、奖罚。

训育的目标。是指培养学生养成信实、勤俭、谦逊、亲爱、公德、常识、遵法、尚武诸美德。这些具体的目标都在胡晋接的师范教育思想中得到充分的体现。

训育的德目。主要包括规律和勤勉，规律又分为容仪、动作、言语、时间四个内容，勤勉则分为勤务和勤学。

训育的标准指示。主要指教育部训令，同时参考当时的模范人物，选择古今中外之模范人物，陈列其图像，讲说其传记，让学生随时看到，学生会有感而发，心中会有向往的念头，达到潜移默化的作用。还要借鉴欧美文明社会的人物模范和社会模范，因为中国尊崇个人道德更胜一筹，而欧美社会则更崇尚社会公德。同时，学生还要把古今的格言转为自己的心得，写在册子上，并且随身携带，随时勉励自己。从以上我们可以看出：训育的一切都是服务于师范教育目的的，训育不是单独存在于省立二师。从训育的规定来看，涵括的内容有对仪容、语言、动作的规定，强调勤勉、勤学。同时，不仅着眼于校内的具体情况，更放眼国外，处处体现出训育的贴切。同时，训育不仅仅是纸上谈兵，而是落到实处。

训育的职员。任命担任训育的各位职员有校长、教务主任、学监、学级主任教员、教员，这是一场从上至下的训育活动，教员和学生都要积极参加。

训育的方法。第一，课堂训话。在课堂的开始和结束时要对学生训话，课前的训话是希望学生上课集中精神，课后的训话是鼓励学生多思考，若遇到学校的纪念日或活动也要进行训话。早晚整队训话，如果学校遇到关系全体师生的突发事件时，那么全体师生要整队参加训话。临时面会训话，如果遇到临时发生的只是关于学生个人的事，教员需要单独和学生进行训话了解具体情况，以解决具体事情。第二，黑板揭示。就是在教室的黑板上写下有益学生的话语，让学生时时得到警醒。此外，在学校的图书阅览室，教员可以放置一些有益于身心健康的书籍、报刊、杂志，以便学生参考、阅读，起到润物细无声的作用。第三，试行监视起居。这体现在两个方面，一是要注意学习时间的安排和实施，一是学习秩序的标新。第四，试行监视修学。学校设立一个监视自修的教室，并且有教员或学生观察自修的秩序和内容，以便发生情况时可以随时帮助学生。第五，休息时之管理。学生在晚上休息的时候，练习手风琴，阅读报刊、杂志，在操场进行户外运动时，都要随时保持一定的规范和秩序。第六，银钱之管理。当时学生身上若有一元以上的银币，要及时交到会计处保管，在需要之时可以去会计处领取。

学生自动的事项。第一，修学。学生自己要掌握修学的时间，每天修学时间起码是两个小时，白天时间多些的要三个小时，修学要按照教室的规章制度进行。第二，勤务。在学校内除了特别的事项安排之外，教室、自习室、阅览室都是按照学生轮流值日安排打扫。第三，整洁与静肃。学生在自修的时候，学习用具要保持整洁，不可以在自修室大声喧哗、吵闹。第四，札记日记及账簿。札记一般是用来记录各种参考文字的，日记是记录学生自己每天的心得体会，提醒学生每天都需要反省，账簿记录的是学校各种账目开支。第五，谈话。谈话的主要功能是练习语言的能力。第六，运动。学生在校园进行运动的时候既要保持秩序，又要充分地享受自由的运动，两者之间要保持互相适宜。第七，寄宿舍之分布作业。学生要随时准备接受舍监安排适合的管理宿舍任务，学生需要积极配合。第八，学校园之作业。学生要分区、分组担任校园内植物的灌溉、浇水、施肥等工作。第九，旅行教学。学校每年举行两次旅行教学，让学生实地考察，锻炼学生的动手能力，并培养学生研究学问的能力。

训育的考察。第一，观察。观察分为行为和性质，行为要按照规律勤勉划分出细则，教员随时随地观察学生的训育情况，性质就是教员从气质、智识、感情、意志四方面，对学生进行考查。第二，检查。检查分为用具和簿记，要检查用具是否整洁、干净，簿记是否有条理，日记是否有心得体会，账目的记录是否正确。第三，评判。每个月根据观察所得，检查各个方面，按照各个明细加以分类，在学期期末进行性质区分，并登记在学生操行考察簿中。

训育奖罚。即训育考察评判后之奖励及规诫，对于在训育考察中表现出色的学生会进行奖励，对于在训育考察中表现欠佳的学生要加以惩戒。随时奖励及惩戒，按照奖励及惩罚的规则进行。

（5）学生自治

省立二师制定明确的规范管理学生，同时为了更好地培养学生独立的能力，省立二师提出学生自治的想法，并且根据不同年级的学生采取不同的自治方法。预科的自治就是遵守规则、尊敬老师，培养良好的生活、学习习惯，这是省立二师对学生自治最基本的要求。一年级的自治是在预科的基础上要有责任心，二年级的自治范围就大很多，要学会实用精神，并且做到维护校风的职责，这已经是精神层面的追求了。三年级的自治是在二年级的基础上更加深入，四年级的自治立足于这两者之上，看向未来，树立鸿鹄之志，谋乡里小学之进步。从这上升的自治要求和目标可以看出，学生自治正是胡晋接师范教育目的的体现。为了达到这样的自治目标，学生积极成立一些协会，并在学校组织学生参加自治协会，主旨是帮助学生提高道德修养、学业能力以及让学生学会互助合作。青年会有着严格的制度，权责分明。对于青年会的成立，胡晋接发表了演讲，并提出了希望。胡晋接举例说明，如果有学生进青年会，只要报名参加后，学生终身不可以赌博、不可以沾染不好的习惯，也就是说在青年会里，道德是最重要的，同时遵守信用、勤劳能干也是不可缺少的。胡晋接认为一个好的习惯一旦养成，会在个人的人生中会发挥巨大的力量，同时在青年会里面，只要一个人违反了自治的规章制度，那么会受到一定的惩罚。

胡晋接还提出自治对于各种学术的交流融合也有极大的益处。胡晋接说，世界文明的进步之快，就是因为各科共同研究取得的成果，如体育会研究出体育方法和适合人们的各种运动，这都是我们修业的成果，大家可以一起观摩、研究、比较，这才是最好的进步。

对于青年会提出的合群，胡晋接认为我国虽然人口众多，但是国民如同一盘散沙，完全不合群。正是因为如此，合群对于现在的学生来说很重要，学生学会合群是依靠智商和道德为基准的，因世界文明进步很快，如果不学会合群，是不会适应社会极速发展的，对个人的生存也有一定的影响，更不必说要与其他各文明国进行竞争了。国家的命运是掌握在青年的手中的，所以青年要与世界其他文明国青年一样，学会合群，这是很重要的，也是民族的希望所在。正是本着合群的原则，青年会不是单独学生个人的自我管束和自我成长，实际上是"合作自治"，就是培养学生在社会上的人际交往与团队合作的能力。

（6）学生自学

根据《修正师范学校规程》，为师之道不仅仅是教授学生知识，而是培养学生自学的能力。省立二师也提出对学生进行自学的教育方法，提出师范教育当中教师教授学生，实际上是教授学生怎么去教学，学生自学并不是教师完全放手，而是教师处在一个辅导的位置之上。为此，胡晋接对教师在辅导学生自学时提出了六点要求。一是各科的教授宜注重学生的预习与复习，也就是教师提前预告学生将要进行的科目，学生提前熟悉科目的内容，等教师上课结束之后，要记得复习当天所学内容，这样循环往复，促进知识吸收。二是各科的教授宜注重回答与发问，每次上课之前教师会让学生先将前一课的讲义或参考书中的疑点说出来，教师会答惑解疑，然后教师抽取学生回答，以检验前一节课的教学效果，检查学生是否有学习心得，学生可以用作业簿、口头或在黑板上给出答案，同时教师要给出意见，并且采用评分制度。三是实践诸科教授宜注重学生实行之效验，各个学科的教授不止停留在书本上，而是要追求实用，在实际中去运用。四是演作诸科教授宜注重学生自演自作，演作科目的教授需要给学生一定的空间，让学生自己动手、动脑，充分调动学生的积极性。五是各科教授之参考宜简要，并注重学生之自行参考，每次教师上课除了要口授一些重要的课程讲义之外，还需要有一些必要的参考书，教师要表明课程的具体所在，以供学生回去参考、学习。六是各科课外实习指导宜取学生自动之义，各科的课外实习指导需要学生自己积极主动的进行。

2. 丰富的教育实习

本着实用主义教育方针，省立二师不仅注重学生的知识教育，同样注重学生学习的实用性。1918年，省立二师制定了《教育实习规程》，规程主要分为七个部分：第一，教育实习的总则；第二，教育实习任职的人员；第三，教生规约；第四，管理实习；第五，教授实习；第六，批评会；第七，研究会。

第一，教育实习的总则。规则首先就说明实习的重要性：为了让学生毕业后可以更好地适应工作。这是教育实习积极举办的最根本原因，这也符合省立二师的实用主义教学的精神，学生学习是为了在实际中得到运用，这才是学习的真谛。

第二，教育实习任职的人员。规程中明确指出，指派一位主管教育实习的主任，主任的工作包括：指导教学事项，检查、监督教育实习以及具体事项。

第三，教生规约。学生在教育实习过程中，要遵守教育实习的规则，如：学生不得缺席、不得随意更改实习的科目时间、听从实习主任的安排等等。

第四，管理实习。管理实习是省立二师教育实习必不可少的，管理实习分训育与事务两项。训育的实习内容主要为训练事项和养护事项。其中，训练事项需要做到维持秩序、指导修学、考察个性、临时训话；养护事项涵括监视饮食、注意冷热、检查寝具、监护游散、调理疾病。与此同时，事务实习包含庶务图书管理、运动、园艺工作、贩卖等等工作，并明确指出如果从事事务工作与训育时间有冲突时，要委派别的学生去轮值。

第五，教授实习。《教育实习规程》明确指出了教授实习的学生范围、科目及要求三个部分。教授实习之关于各学科者，除修身、国文、算术等学科，各教生必须实习者外，其他各科由主任随时指派，这是依据教授实习关于学级者，如多级、合级、单级各编制，教生每人须实习一次，由此得出教育实习在省立二师整个教育活动中占有举足轻重的地位。依据教育实习规程，教授实习分为参观实习、普通实习、指定实习三个部分，分类清楚、明确，也是学生实习逐渐提高的要求。

参观实习。是指由各科担任教员的模范教授担任授课老师，这些授课的教员是由实习主任统一安排的，在参考实习期间需要遵守一定的规章和方法，如：注意自身秩序、注意管理方法、注意教授方法、各备笔记簿随时记录以资取法。同时，没参加参观教学的同学，可以征得主任的同意，选择参观其他学级的授课。

普通实习。普通实习有一定的安排，首先选取参加普通实习的学生，教生由主任一次派定，列表宣布，每周轮派六人，各实习一次；其次是普通实习的前期准备工作，在这期间学生要做好具体授课科目的教案，并提前准备一些预案来面对课堂上的一些突发状况，教生将应授科目与担任教员接洽编订草案交担任教员检阅；再次是普通实习的指导工作，由主任主事及担任教员参观指导，而且在整个实习授课的过程中，别的学生是可以参观指导的，等授课结束可以提出自己的意见、建议，以强化实习的效果。

　　指定实习。指定实习细分为课中实习和课外实习两类，课中实习，是指由校长、主任以及教员和学生来参观的实习授课。首先是由实习主任预先派定，每周三人或两人轮流进行，排定参加指定实习的学生要做好充分的准备，教案、讲义要字迹清楚、条理清晰。学生要将教案、讲义分别派发到参加指定实习的校长、主任以及其他教员与学生手中，准备参加指定学习的学生要将在课堂上需要的物件提前准备好，做好充分的准备，以免影响实习教学的效果，并且在实习上课之前，需要巡视教室一圈，仔细观察教室的环境是否干净，教室的器具是否整齐以及参观席位是否都准备妥当。各项事宜准备好之后，就可以正式开始指定实习，在此课堂实习中，校长、主任以及其他教员与学生如数出席，并且在参观中各自带好笔记簿，以便记下学生的教授情况，以便在后来提出自己的意见和建议。

　　课外实习。是指负责管理学生课外活动的教育实习。一，各科的练习簿，如：缀文簿、习字簿、算学簿等等，都是由轮流参加课外实习的学生负责，之后再由担任这门学科的教员做最后的检阅，以免出现问题；二，如是算术科目的实习学生，指导度量衡与各种货币之间如何具体、正确地使用；三，如是地理科目的实习学生，指导山脉、水道之实地考察及实地摹绘地图；四，如是学科学的理科实习学生，要指导学生动物的解剖、植物的采集、矿物的检查等事宜；五，如是图画科目的实习学生，要指导学生实物的临摹和风景的写生；六，如是手工科的实习学生，指导的是原料的采取、工厂的参观等等；七，参加课外实习的学生要负责调制游技教材，以便学生使用；八，还要为教授实习制造直观的学习教材，并以制作的名目收录再调制教材，在使用结束后各科教员要编号收藏。九，以上各个项目的安排，必须要提前拟好草案给教员订正，并录入各科教材部。

　　第六，批评会。批评会是在管理实习后轮值一周进行的，由实习主任先将名单通知至各位教员，然后举行批评会，批评会主要分为学级批评会和全体批评会两项。学级批评会，每周两次，由主要人员在午后的课余时间进行，在活动中，各级学员互相批评、指正对方的失误之处，同时教员在旁边加以指导，并说明批评的正确与否，每次是各组派出一名代表，快速地记录批评会的笔记，等会议结束后的三天内要将笔记整理完成后送到主任教员处进行检阅。全体批评会是每周六晚上进行一次，各学员在会上轮流指出各自存在的一些缺点，发言的顺序是：任教实习生、其他实习生、其他教员、原任教员、师范教员、主事、校长、实习主任，并请教员进行指正，双方各派一名学员记录笔记，并在会议后的一周内送至主任教员处进行审核。

第七，研究会。研究会是每周一次，在星期六的晚上进行，一般是在批评会结束后，参加实习的学生在实习过程中遇到难点、疑点或自己有深刻的心得体会的，都可以和同学开会进行研讨，参加管理实习的学生在实习中对学校的校务有意见的，可以研讨待会后给出清楚的提案，学校方面会和主要管理人员进行研究讨论，在会议中学生得以表达自己的看法，同时这些实习的规章制度也是可以修改的。省立二师的教育实习成绩是有目共睹的，学生在教育实习中对教师的职业已经有了清晰的了解。

3. 有效的教育评价

（1）学前测评

在省立二师，第一年的开学之初，面对复杂的招生和学生学业水平高低不齐的情况，为了更好地让学生步入正轨，胡晋接首先进行招生摸底考试，高小毕业的学生考国文和算学两科，没有高小毕业的学生考国文、数学、地理、历史、理科，通过这次招生考试的成绩来划分班级及年级。通过这样的考试，各科教员就可以清楚地掌握班级上学生各科的优势与劣势。正是有了学前测评，省立二师才可以根据学生的学业基础实施有针对性的教育，提高了教育的效率。

（2）学中考核

在省立二师每个学期的期中会进行考核，学生的试验成绩分学期、学年试验考试，同时还有每月试验考试约四周进行一次，各学科的考核在不同的时间段进行，考核的内容也是紧紧联系省立二师的具体情况，如国文重视经学、理科论重视操作等等，学业考核的成绩会划分清楚的类别：甲、乙、丙、丁，各科教员会记录在案，会和学期末的学业成绩综合评比，同时会采用黑板揭示。黑板揭示是省立二师的一大特色，就是利用学校的宣传黑板，在黑板上列出在这段时间内各项考核成绩都很优秀的学生，以资鼓励大家，同时也会列出一些表现欠佳的学生，以起到警示的作用。

（3）学末总评

学生学业成绩包括平时试验成绩、学期试验成绩、学年试验成绩和毕业试验成绩。平时试验成绩由教员考查学生勤惰与其学业之优劣随时判之；学期、学年试验成绩根据学生在学期或学年试验考试中的表现而定，学期试验考试于每学期期末进行，学年试验考试于每学年的最后进行，但是毕业的时候可以免除学年试验考试。毕业试验考试是在学生学习最后的阶段进行，但是在没有毕业之前，有一科没有完成的，需要先进行毕业试验考试，之后学生在毕业的时候可以用试验的分数作为该科目的毕业成绩。毕业成绩分为甲、乙、丙、丁四个等级，甲是八十分以上，乙是七十分以上，丙是六十分以上，丁是六十分以下，评分等级为丙以上的，就是合格，成绩为丁的就是不合格。获得及格毕业成绩的学生就升级，反之则留级，留级两次以上就会被勒令退学。总评的结果是和奖励、规诫直接联系的，学末总评的成绩是在学中考核的基础上综合计算的。学校十分注重学生的学业成绩，所以第一期学科程度列为丁者，分别退学或留级，留级的学生在第二年开学的时候会重新组合一个班，并且学校会让学生给大家带一份学业成绩的总评，为的是家长在假期督促学生努力学习。

品德评价一直是省立二师教育工作中必不可少的。训育是省立二师一直在进行的工作，训育主要是针对学生的道德修养进行培养，胡晋接认为道德教育是学生教育中不可缺少的部分。训育评价主要分为两大部分：一是操行成绩考察，首先是观察，由担任训育的职员随时随地实施观察法，记录于操行考察簿上；其次是评判，每周开训育研究会一次，就观察检查所得，细加评判，每一学期终，评判其性质、意志、识量、才干、容仪、言语、动作、服务等。二是操行考察之发表，每周将操行成绩发表一次，对年级学生进行训话，每学期发表一次，每个学期将学生的操行成绩考察的状况及评语告知家长，以达到训育上的一致要求。

4.系统的传统文化洗礼

在胡晋接的教育思想里，学术根基仍然偏重于传统国学，他对学生提出注重"信实、勤勉、谦逊、公德"的教学目标，他认为渐益提倡国学，尊崇经训，而且在校刊里提倡东方文明，很注重学术研究。胡晋接在教学活动中，一直很注重对学生修身养性的培养。

（1）国学传承

在省立二师成立的第一年，胡晋接就发表文章《中庸笔记》表达对传统国学的重视，胡晋接也表现出对孟子、王阳明思想的极大赞同，并且提出详细的致良知学习方法。

省立二师成立了经学、史学、佛学等研究会，并且经常开设传统国学的演讲，演讲的内容都是在传统国学的基础上展开的，有着丰富的内涵和深远的意义。

1926年，胡晋接和省立二师的教员商议成立国学研究院，确定《国学研究院规程》，并聘请外校教授前来授课。胡晋接比较推崇佛学，并把佛学思想搬到课堂上。他在省立二师提出"务本教育方针"。"务本"是儒学的思想，来源于孔子弟子有若。把"务本"作为教育方针，足以说明省立二师对传统国学教育的重视。胡晋接主办朱子生日会讲，其目的是贯彻"道学为体"的教育思想。从1914年省立二师创立到1920年这七年之间，他总共主持三次朱子生日会。

（2）修身养性

胡晋接要求学生在学习之前要做好清洁工作，注意洗手，自己的用具要清洁，还要注意礼仪，早晨做操和上课之前要向老师敬礼，课余时间可在校内外游散，由老师监督，而且在校期间，每天静坐一次，一次十几分钟，可以多次进行。日长时，每日三小时，日短时，每日两小时，规则与教室同。

胡晋接对于学生服务的教育首先体现在学生值日安排上，提出学生要自己守规则，然后养成一个良好的习惯。在饮食上，要有所节制，运动和休息也要有度，思想也是有所节制。在每晚准备睡觉的时候，要养成良好的入睡习惯，早晨养成早起的好习惯，早起可以呼吸清晨新鲜的空气。在平时的生活中，要做到衣服和被褥要勤洗、勤晒，保持清洁卫生。在公共场所也要注意讲究卫生，做到不随地吐痰，不随手扔垃圾，这些卫生习惯都要保持。学生在学习、生活中，书本和用具必须要清洁、静穆，各种用具须整洁，戒随处痰唾、戒喧哗。学生在生活上要保持容仪的干净。坐、立、行、走的姿势要随时保持端庄、大方、沉稳，不要含胸驼背，在出入教室或学校举行重大仪式时，特别要注意服饰整洁大方，不要展现出邋遢的面貌。学生在平时的学习生活中要保持语言的文雅，在谈话过程中要注意语言的选择，谈话的声音也不宜过大，适宜谈话两人均可以听见的范围，平时谈话语言尽量用尊称，还要注意谈话的时间不宜过长，语言要真实不要随意添油加醋，在学校活动中的进场、退场或班级里上课前后，请尽量保持安静，当在休息散步的场所需要谈话时，要注意秩序和谈话的内容。

胡晋接的"对于人之心得"，这对学生的修养很重要。比如，对师长宜恭敬，如在校园内外遇到师长要恭敬，并且要行敬礼，无论如何这点必须要做到。如遇到老师对学生训话，也要做到心平气和，并且从老师的言语中获取对自己有益的东西，不得冒昧打断老师的说话。在遇到老师惩戒的时候，必须要反省自己的过失，说明在学校内不得已的举动不是发自内心的，还要对老师加倍恭敬，以求师生情谊更加深厚并且情谊长存。和同学要相亲相爱，同学之间要互相切磋学习，无论如何，还是有一些注意的事项。和很大一部分的青年学生聚集在一起求学，不可避免的是同学当中会有一些不那么合群或不那么善解人意的人，孔子曾经说过，话语充满善意，这样才可以和大家相亲相爱，所以在和同学相处中不要轻易因为地域的关系而对同学充满偏见，这样不利于同学一起生活、学习。学生修学基本的活动场所是学校和家庭，从学校出去后就是回到家庭当中，在家庭中要尽到做晚辈的职责，做到为父母服务，剩下的时间要进行修学，这样才能获得父母的疼爱、兄弟姐妹的尊敬、家人的团结，这对于学生来说才是最大的幸福。

胡晋接的"对于物之心得"。凡是学生的学习用具，如，书籍、笔墨纸砚等等，必须要时常清洁，保持整齐，不可以乱七八糟沾上污秽，学生在使用这些学习用具时，要小心谨慎好好保管，不可以轻率、粗暴地对待学习用具，甚至将其损坏，为了避免和其他学生的用具混乱，可以在自己的用具上写上名字，而且必须要写得端正、精致，不要胡乱涂鸦。衣服、被褥要叠放整齐，并参照学校制定的叠放方法。学生在用钱方面最需要的是节俭，这样对于学生的各个方面都是有益处的，当然在学生的卫生和修学用钱方面是丝毫不可以怠慢的。对于学校的公共用品，要学会珍惜使用，而且不可以独占学校的公共资源，这是学生在校期间必须养成的公德心，这也是学生自身修养的一部分。

胡晋接的"对于时间之心得"。学生在校期间，上课时间是有规定的，请假也是有纪律的，无论是谁都得遵守。胡晋接提出让学生静坐，达到修身养性的目的，即使是假期，学生也是要锻炼身体，以秩序自由两不相妨为宜。胡晋接还倡导学生采用儒家自省的方法来修身养性。

四、胡晋接师范教育思想的影响和启示

（一）胡晋接师范教育思想的影响

1. 对徽州产生的影响

1913年，省立五师宣告成立，胡晋接担任校长。胡晋接对于徽州文化及教育，有着清楚明确的底线：以不破坏其旧时淳朴懿粹之美德为底线；一旦危及这个根本所在，胡晋接是不会轻易改变的。胡晋接在办学过程中一直注重对学生德育的教育，他提倡学生尊信义、重承诺、守责任的品德，从胡晋接以诚毅为校训，培养学生诚实、守信、耐劳的品格，以至在学生的道德思想上提出以儒家的"仁"为核心，这无不体现出胡晋接对传统思想的遵守，这在当时尤为难能可贵。

2. 对徽州师范教育产生的影响

1904年2月，经过积极筹办后，私立思诚两等小学堂在大仁里村正式开学。这是本村富商出资，胡晋接任堂长的新式小学堂，也是绩溪县创办新学的开始，拉开了徽州现代学校教育的序幕。由于师资力量充足，胡晋接积极创新、善于管理，培养出许多杰出的人才，省立二师对徽州教育的影响可见一斑。胡晋接顺应了时代的潮流，积极吸取新式的教育思想，并开展富有新意的教育实践，这些均影响和改变了徽州的师范教育，之前的徽州师范教育是教师关起门来教学生学习教育理论，而对本地区或本国现实的教育情况一无所知，培养的学生基本都是纸上谈兵，当到具体的教学实践中时，却发现其已经不能适应新的时代了。针对这一情况，胡晋接从教育思想、教育内容、教育方法等方面着手，积极吸取新的思想。胡晋接在具体的教育实践中提出了实用主义教学，这是之前徽州师范教育前所未

有的。胡晋接主持省立二师十余年，为徽州师范教育从教育思想、教育实践等方面打下坚实的基础，开启了新的徽州师范教育的时代。

（二）胡晋接师范教育思想的启示

胡晋接担任省立二师校长期间，结合徽州地区经济、社会发展实际和教育发展的现实需要，积极开展师范教育实践，逐步形成了颇具特色的师范教育思想，这些师范教育思想对现代师范教育改革与发展仍然具有一定启示。

1.师范教育理论与实践的互动、共生

回顾整个师范教育的进程，最初的是完全封闭式的教育，关起门来授课，教师所做的就是把书本上的知识原原本本地宣读给学生，学生所做的就是接受书本的知识，学校进行的是填鸭式教育，当学生走出校门面临具体的实践操作时，完全是一片空白，又需要从头学习，这就是单一机械化教学的弊端。

综观胡晋接的师范教育思想，在面对新旧文化交替的时代，胡晋接不仅保持传统的思想，面对时代的大转变，他也积极吸取新式的教育思想，并且在新旧教育思想的融合中，积极开展符合当时徽州实际情况的师范教育实践。通过胡晋接在省立二师的教育实践可以清楚地看出，省立二师的教育改革与实践就是一幅理论与实践互动、共生的生动画面。胡晋接在省立二师期间，一直致力于建构省立二师的师范教育体系，正是在这样互动、共生的过程中，胡晋接的师范教育思想得到了极大的丰富与完善。这些积极有效的教学方法对现在的师范教育教学也是有极大的帮助和启示的。现在的师范教育可以采取理论、实践相结合并且实践反馈到教育理论制定者处，更好修改教育理论，以此循环，达到教育理论和教育实践最大优化。

2.注重塑造师范生的人格

胡晋接在办学期间具体提出师范生人格，即培养德、智、体三者并重的学生。胡晋接重视传统教育的价值，认为好的品德应是品行高尚、行为端正。关于智育教育，胡晋接强调知识的充实、技能的熟练和才能的灵敏，胡晋接认为旧教育只偏重于知识，而忽视才能方面的培养。他认为作为一个学生，不仅仅要具备充足的知识，还要具有实用的才能。体育教育

也是胡晋接重视一个方面，他采取中西结合的方式，并且把体育列为学生的必修课，认为强健的身体是培养学生良好道德品质的根本，要培养学生强健的身体和富足的精神。胡晋接提出的师范生人格不仅在当时取得了巨大的成就，对现在的师范教育也有着积极的启发。当下的师范教育首先要明确所培养的师范生人格，师范生人格的确立，可以帮助教师和学生积极确立自己的目标，教师可以根据师范生的人格来安排自己的教学活动，学生根据师范生人格确定自己的学习目标。师范生人格是宽泛的概念，包容的内涵也很多，各个学校可以根据自己的培养目标制定出富有时代特色和学校特色的师范生人格。当下社会信息爆炸，如果没有端正的道德观念，往往容易让人迷失，从而出现各种各样的问题。体育在师范教育中也是不容忽视的，身体强健是根本。对于才能的培养，现在的师范教育也可以采取更多的课程安排，满足学生主动学习、注重技能的要求，学校可以设立一些动手的科目，培养学生探究实践的兴趣，并让学生在实践中学会创造。课程设计也要贴近学生的实际生活，培养学生运用知识的能力。这些做法也可以运用到实际的教学活动中，如开设一些美术、绘画等课程。

3.重视传统文化

随着新旧时代的更替，胡晋接顺应时代的潮流积极吸取新的教育思想和教育方法，同时在其教育思想里，仍然保留着传统文化的精髓，这一点从胡晋接在省立二师成立国学研究院就可以清楚看出。与此同时，胡晋接还在学校开设佛学，对于这一点，很多人认为胡晋接的思想过于守旧、顽固。对此，笔者有不同的看法。胡晋接在办学之初的师范教育思想是正确无误的，教育成果也是有目共睹的。黄炎培来省立二师参观时，也给予其极高的赞誉。正是在这样急剧的变化中，所有人的目光都在寻找新的变化，在当时比较混乱的局势下，大家对一些外来的东西难免会失去一定的判断力，抱着只要是外来的都是好的，都要全盘吸收的想法，而不顾自己的具体情况。胡晋接不是顽固守旧的人，他对新思想的接受是很快的，如：新学中的经济和科学的内容，针对经济和科学，胡晋接在师范教学中设立了相应的课程教学，这是新思想优势所在，抓住新思想适合我国和徽州的优势，追求新旧思想的平衡融合。在胡晋接看来新学的优势的确很多，也对我们产生了积极的影响。但是，中西文化的差异在于：西方关注更多的是生存，是技能性的东西，中国传统更看中人的心性，是人文性的东西。当时，新思想对徽州社会礼俗秩序发生极大的冲击，所以可以适当接受新学的优点，但是不能动摇我国的传统，这就是胡晋接对于新学的接受与保留。胡晋接认为借鉴西方必须要保留自己的本心，所以在具体办学过程中胡晋接秉承的是旧学商量、新学融贯的原则，既坚守传统文化道德，又积极吸取新思想带来的新改变。故而，胡晋接不是思想保守顽固，而是有度地吸取新思想带来的影响，这在当时来说却是难能可贵的。在当时一片学习新思想的声音中，需要的不是盲从，而是学会主动思考和有效利用。这对当下师范教育也有深远的影响。在现代师范教育课程中，学校可以开设一些传统文化的课程，并记入学分；学校可以定期聘请专门研究传统文化的学者来学校讲演，在讲演之后，教师要求学生写一份心得体会；学校还可以定期举行传统文化科目的展览，在这些展览中，博大精深的传统文化会潜移默化地影响学生的心性。这样，学生在学习先进科学技术的同时，还可以学习传统文化的博大精深。现在的社会发展迅速，科学技术也是日新月异，教学方法也会随着教育改革逐渐更新，但是传统文化的精髓仍应保留，这不仅仅是教育发展历史连续性的要求，更是民族精神传承的需要。

总之，胡晋接是安徽近现代史上杰出的教育家之一，他提出了内涵丰富的师范教育思想和具有鲜明特色的教学方法。这些教育思想和教学方法不仅在当时取得了很大的成就，对当下的师范教育改革与实践也有着重要的参考价值。

参考文献

[1]吴汝纶.吴汝纶尺牍[M].徐寿凯,施培毅,校点.合肥:黄山书社,1990.

[2]吴汝纶.吴汝纶全集:第四册[M].施培毅,徐寿凯,校点.合肥:黄山书社,2002.

[3]吴汝纶.吴汝纶全集:第一册[M].施培毅,徐寿凯,校点.合肥:黄山书社,2002.

[4]赵尔巽,等.清史稿:卷四四八—卷四九三[M].长春:吉林人民出版社,1998.

[5]吴汝纶.吴汝纶全集:第三册[M].施培毅,徐寿凯,校点.合肥:黄山书社,2002.

[6]陶行知.陶行知教育名篇[M].方明,编.北京:教育科学出版社,2013:67.

[7]吴闿生,房秩五.北江先生诗集·浮渡山房诗存[M].合肥:黄山书社,2009.

[8]殷训夫.办学公文稿[C]//郑德新.中国教育近代化的起步——以吴汝纶教育思想和实践为中心的考察.合肥:安徽教育出版社,2009:90.

[9]章士钊.初出湘[J].文史杂志,1941(5).

[10]黄晓虹.《安徽俗话报》研究[D].合肥:安徽大学,2010:49.

[11]陈独秀.开办《安徽俗话报》的缘故[N].安徽俗话报,1904(1).

[12]万嘉宁.我国清朝出版的一些心理学书籍[J].心理学报,1987,19(1):110.

[13]张耀翔.从著述上观察晚近中国心理学之研究[J].图书评论,1933,2(1):3.

[14]安徽大辞典编纂委员会.安徽大辞典[M].上海:上海辞书出版社,1992:450.

[15]浮山中学校史编写组.浮中七十年(1924—1994)[M].内部资料,

1994.

[16]浮山中学.浮中校史[EB/OL].(2014-08-23)[2016-12-04].http://www.ahfszx.com/DocHtml/1/Article_20148231039.html.

[17]田正平.中国教育史研究:近代分卷[M].上海:华东师范大学出版社,2009:73.

[18]汤志钧.康有为政论集:上册[M].北京:中华书局,1981:306.

[19]孙德玉.吴汝纶赴日考察对中国近代教育的影响[J].安徽师范大学学报(人文社会科学版),2009,37(3):369-370.

[20]陈学恂.中国近代教育史教学参考资料:上册[M].北京:人民教育出版社,1986:569.

[21]中央教科所教育史研究室.中华民国教育法规选编[M].南京:江苏教育出版社,1990.

[22]饬武.家庭教育[J].安徽俗话报,1904(6).

[23]多贺秋五郎.近代中国教育史资料:清末编[M].台北:文海出版社,1976:309.

[24]饬武.家庭教育[N].安徽俗话报,1904(7).

[25]饬武.家庭教育[N].安徽俗话报,1904(9).

[26]饬武.家庭教育[N].安徽俗话报,1904(12).

[27]薛昌津.无声的清泉[M].西宁:青海人民出版社,2004.

[28]饬武.家庭教育[N].安徽俗话报,1904(15).

[29]房秩五.整顿蒙学馆的法子[N].安徽俗话报,1904(2).

[30]叶澜.教育概论[M].北京:人民教育出版社,1991:19.

[31]饬武.蒙学应用各书的说[N].安徽俗话报,1904(4).

[32]饬武.蒙学应用各书的说[N].安徽俗话报,1904(5).

[33]枞阳县地方志编纂委员会.浮山志[M].合肥:黄山书社,1994:105.

[34]方中履.岩洞略记[M]//吴道新.浮山志.疏获,点校.合肥:黄山书社,2007:1.

[35]王守仁.王阳明全集:中册[M].吴光,等,编校.上海:上海古籍出版社,2012:611.

[36]方千."国宝"之浮山摩崖石刻[EB/OL](2013-05-24)[2016-12-04].http://epaper.anhuinews.com/html/ahrb/20130524/article_2937866.shtml.

[37]方明.陶行知教育名篇[M].北京:教育科学出版社,2005:59.

[38]徐承伦.安徽近现代历史人物论集[M].合肥:安徽大学出版社,2009:467.

[39]王赤生.回忆任锐老师[M]//中国人民政治协商会议安徽省枞阳县委员会文史资料研究委员会.枞阳文史资料:第一辑.1986:43.

[40]王恒.论本土教育家的生成机制:以安徽近代教育家房秩五为例[J].教育史研究,2014(4):10-14.

[41]中国人民政治协商会议安徽省委员会文史资料研究委员会.安徽文史资料:第24辑[M].合肥:安徽人民出版社,1985.

[42]季宇.铁血雄风——辛亥革命在安徽[M].合肥:安徽人民出版社,2011:14.

[43]欧阳跃峰.安徽公学的兴办及其影响[J].安徽师范大学学报(人文社会科学版),2005,33(6):658-661.

[44]安庆市地方志编纂委员会.安庆人物传[M].合肥:黄山书社,2001:140.

[45]政协安庆市委文史资料研究委员会《安庆文史资料》编辑部.安庆文史资料:第15辑[M].1986:9.

[46]钱叶全,王建生.枞阳历史文化名人[M].合肥:合肥工业大学出版社,2009.

[47]枞阳县地方志编纂委员会.枞阳县志[M].合肥:黄山书社,1998:655.

[48]李相珏.李光炯先生行述[J].学思,1943(7):17-20.

[49]旲天.桐城文派之演述[J].周行,1936(10):177-178.

[50]方兆本.安徽文史资料全书:安庆卷[M].合肥:安徽人民出版社,2007:1030.

[51]安庆市地方志办公室.吴汝纶考察日本学制史料[J].历史档案,1993,(1):55-58,47.

[52]傅葆琛.乡村平民教育大意——何谓乡村平民教育[J].教育杂志,1927(9):1.

[53]赵德庆.吾人办理乡村师范教育之意义[J].河南教育月刊,1932(3):14.

[54]庄泽宣.职业教育救国续[J].清华周刊,1919(158):11.

[55]杜威.杜威全集:早期著作(1882—1898)[M].杨小微,罗德红,等译.上海:华东师范大学出版社,2010:65.

[56]安徽省立第二中等职业学校稻作改良场教学实习联合办法[J].江苏教育,1933,2(4):12.

[57]高践四.三年来之中国乡村教育[J].江苏教育,1935,4(1-2):111.

[58]朱蕴山.朱蕴山诗文集[M].北京:团结出版社,2008:107.

[59]陈独秀.敬告青年书[J].新青年,1915(1).

[60]胡为雄."马克思主义哲学大众化第一人"应是高语罕[N].北京日报,2011-10-24.

[61]王军.高语罕传[M].北京:中共党史出版社,2011.

[62]高语罕.百花亭畔[M].上海:亚东图书馆,1933.

[63]王炳照,阎国华.中国教育思想通史:卷6[M].长沙:湖南教育出版社,1994:184.

[64]杨伯峻.论语译注[M].北京:中华书局,2010:183.

[65]耿云志.胡适遗稿及秘藏书信:31[M].合肥:黄山书社,2008:351.

[66]吴昌华.黄埔风云[M].北京:大众文艺出版社,2001:88.

[67]中国人民政治协商会议全国委员会文史资料研究委员会.文史资料选辑:第十八辑[M].北京:中国文史出版社,1989:28.

[68]宋东侠.张治中教育思想浅论[J].青海社会科学,2003(1):87.

[69]程慧东,刘萍.张治中教育思想综述[J].辽宁教育行政学院学报,2009,26(7).

[70]冯玉祥.我的生活[M].北京:世界知识出版社,2006:244.

[71]李华兴.民国教育史[M].上海:上海教育出版社,1997.

[72]董传芝.冯玉祥将军泰山轶事[M].泰安:山东省泰安市新闻出版局,1995.

[73]李元俊.冯玉祥在开封[M].开封:河南大学出版社,1995.

[74]陈立人.冯玉祥[M].北京:昆仑出版社,1998.

[75]修倩.冯玉祥教育思想研究[D].合肥:安徽大学,2010.

[76]佟亦非,熊先煜.冯玉祥的故事[M].重庆:重庆出版社,1986.

[77]杨树标,杨发祥.冯玉祥家事[M].南昌:江西人民出版社,2003.

[78]佟飞,石火.东方怪杰冯玉祥[M].郑州:河南人民出版社,1987:141.

[79]冯玉祥.冯玉祥自传[M].北京:军事科学出版社,1988.

[80]高兴亚.冯玉祥将军[M].北京:北京出版社,1982:43.

[81]谷丽娟.冯玉祥传[M].哈尔滨:哈尔滨出版社,1997.

[82]庄华峰.吴承仕研究资料集[M].合肥:黄山书社,1990.

[83]吴承仕.吴承仕文录[M].北京:北京师范大学出版社,1984.

[84]吴承仕同志诞生百周年纪念筹委会.吴承仕同志诞生百周年纪念文集[C].北京:北京师范大学出版社,1984.

[85]王道俊,王汉澜.教育学[M].北京:人民教育出版社,2000.

[86]方光禄,许向峰,章慧敏,等.徽州近代师范教育史:1905—1949[M].芜湖:安徽师范大学出版社,2013.

后　记

在近现代安徽这块热土上，可谓人才辈出、群星灿烂，尤其在教育界，涌现出一大批闻名遐迩的教育家，他们披荆斩棘、鞠躬尽瘁，为民族富强和人民幸福做出了杰出贡献！这些教育家在立功、立言、立德和时代影响力诸方面堪称一流，其充满生命力的教育思想和富有特色的教育实践业已成为安徽乃至全国教育的思想宝库。近现代皖籍教育家群体的形成，既源自皖境文化传统兴学重教风尚的传承，又得益于皖籍精英们的相互帮带，当然也与这一时期安徽社会政治、经济发展走势息息相关。尽管他们个体间存在较大的差异，但无论是个性特征还是办学理念，都深深地烙上鲜明的时代印记。

本书以近现代中国社会变革和安徽教育近代化转型为历史背景，以皖籍教育家中的各具特色的代表为研究对象，系统地考察他们的成长经历、教育实践活动和教育主张，从社会变革、教育改革等方面，多角度地阐述他们的教育思想和追求，评析了他们的历史地位及影响，总结并归纳出他们办学的特征。历史告诉我们，"教育家"不是传统的成名成家的那个"家"，而是能够按照教育规律办事，能够从教育规律的角度去确定自己办学思想的人。目前，虽然人们对教育家还没有明确统一的界定，但人们可以判断教育家并不等同于教育学家。我们认为，教育家至少应该同时具备两个条件：一是有较为系统的教育思想和独到的教育认识，并上升到理论层次，是教育领域的理论家；二是要有丰富的办学实践经验和突出的工作实绩。这两个条件缺一不可。

认识并研究近现代皖籍教育家，为当今教育改革提供历史借鉴，促成更多新时代教育家的崛起，其意义是不言而喻的。马克思曾引用爱尔维修的话说：每个社会时代都需要有自己的伟大人物，如果没有这样的人物，它就要创造出这样的人物来。社会对教育家的需求是教育家成长的根本动因；同时，特定社会还为教育家成长提供特定的条件。特定历史时期涌现出大量教育家，要从他们的潜能之所以被激发的社会环境上寻找原因。当我们将教育家置于一定的社会环境中，便能较充分地理解教育家与社会各层面的联系及相互影响；了解了教育家在不同历史时期的作用，更能全面、深刻地理解教育家的深刻内涵。"教育家"这个目标，虽然不是每一位教师都能够达到的，但要积极向着教育家的方向靠近。不管是校长还是教师，努力成长为教育家，应该成为每一位教育工作者的内心向往。

本书是集体劳动的成果，具体执笔如下。

第一章：孙德玉；第二章：王恒、孙德玉；第三章：唐瑜、孙德玉；第四章：戴少刚、孙德玉；第五章：郑梦雪、孙德玉；第六章：丁宇、孙德玉；第七章：骆成、孙德玉；第八章：汪小红、李宜江。

本书的出版得到了安徽省教师教育协同创新中心的大力资助，得到了安徽师范大学出版社领导的大力支持！感谢安徽师范大学教育学博士、教授、博士生导师朱家存先生为本书倾情作序！感谢编辑王一澜老师的辛勤付出！我们在写作过程中参考并引用了诸多同人的研究成果，在此一并表示衷心的谢忱！囿于作者水平，书中一定存在不少缺陷，恳望得到大家的批评指正！

孙德玉

2016年9月21日